ALLEIN
UNTER
TÜRKEN

Impressum

© 2010 by Südwest Verlag, einem Unternehmen der Verlagsgruppe
Random House GmbH, 81637 München.

Die Verwertung der Texte und Bilder, auch auszugsweise, ist ohne
Zustimmung des Verlags urheberrechtswidrig und strafbar. Dies gilt
auch für Vervielfältigungen, Übersetzungen, Mikroverfilmung und für
die Verarbeitung mit elektronischen Systemen.

Hinweis
Die Ratschläge/Informationen in diesem Buch sind von Autor und
Verlag sorgfältig erwogen und geprüft, dennoch kann eine Garantie
nicht übernommen werden. Eine Haftung der Autoren bzw. des Verlags
und seiner Beauftragten für Personen-, Sach- und Vermögensschäden ist
ausgeschlossen.

Umschlaggestaltung und Umschlagmotive
Christian M. Weiß, München

Layout und Gesamtproducing
Lore Wildpanner, München

Projektleitung
Dr. Harald Kämmerer

Redaktion
Dr. Annette Hansen

Bildnachweis
Alle Illustrationen sind von Christian M. Weiß

Druck und Bindung
GGP Media GmbH, Pößneck

Printed in Germany

Verlagsgruppe Random House FSC-DEU-0100
Das für diese Buch verwendete FSC®-zertifizierte Papier
Munken Premium Cream liefert Arctic Paper Munkedals AB, Schweden

ISBN 978-3-517-08668-2

9817 2635 4453 6271

Werner Felten

ALLEIN UNTER TÜRKEN

Mittendrin
statt von oben herab

südwest°

Inhalt

Warum arbeiten Sie für Türken?

Eine Übung in Demut

»Warum arbeiten Sie denn für Türken?«, fragte mich ein deutscher Innenminister skeptisch und musterte mich dabei so genau, als wolle er herausfinden, ob ich vielleicht selbst türkische Wurzeln hätte. Ich hatte ihn um eine Audienz gebeten, um die Möglichkeiten für ein türkischsprachiges Radioprogramm in Deutschland auszuloten. Eine solche Frage kommt auf den ersten Blick vielleicht ganz harmlos daher, bei genauerer Betrachtung hat sie aber denselben Stellenwert wie die Ansicht, dass man mit Migranten lieber keine Geschäftsbeziehungen eingeht.

Eine entsprechende Antwort verkniff ich mir, schließlich wollte ich etwas mit diesem Gespräch erreichen. Also antwortete ich etwas lahm mit der Gegenfrage: »Wenn Sie ein Auto eines japanischen Herstellers kaufen wollen, erwarten Sie dann etwa, dass der Autoverkäufer immer ein Japaner ist?«

Leider hatte mein Gegenüber den Zusammenhang nicht begriffen. Immerhin ließ er seine und meine Gegenfrage erst einmal im Raum stehen. Trotz meiner freundlichen Zurückhaltung war der Minister nicht dafür zu begeistern, dass die Türken jetzt auch noch ein eigenes Radioprogramm hören sollten. »Die sollen Deutsch lernen«, gab er mir nach unserer kurzen Unterredung zum Abschied mit auf den Weg.

Das war übrigens nicht das erste und auch nicht das letzte Mal, dass ich gefragt wurde, warum ich für Türken arbeite. Zu Beginn meiner Tätigkeit für die türkische Gemeinschaft hat mich diese Frage noch gewundert. Ich war davon ausgegangen, dass die Deutschen die Integration der Türken in die deutsche Gesellschaft befürworteten und froh wären, wenn auch einer von ihnen mal in die türkische Gesellschaft eintauchte.

»Die sollen Deutsch lernen.«

Eine ganz andere Frage stand am Beginn meiner Tätigkeit für das türkische Radio: Kennen Sie Türken? Nein, ich kannte keinen. Wahrscheinlich wollte man herausfinden, ob ich irgendwelche Vorbehalte gegen diese Volksgruppe hätte. Denn da sind Sie dann allein unter Türken, wurde mir gesagt. Das klang wie eine Drohung.

Vielleicht hatte man mich nur ausgewählt, weil ich zuvor drei Jahre in der größten Randgruppe der deutschen Gesellschaft gearbeitet hatte: in Ostdeutschland. Schon damals hatte man mir tröstend gesagt, die harten Jahre der Aufbauarbeit im Osten des Landes würden sich später für mich bezahlt machen. Das würde als zusätzliche Qualifikation gewertet werden. Welche das sein sollte, war mir zunächst nicht ganz klar geworden. Jetzt aber fiel es mir wie Schuppen von den Augen: Ich hatte mit meinem Aufenthalt im Osten eine Ausbildung als Spezialist für Randgruppen in der deutschen Gesellschaft durchlaufen. Das war also der Grund, warum gerade ich angesprochen worden war, einen türkischsprachigen Radiosender in Berlin zu übernehmen. Ich hatte mich schon einmal in einer Parallelgesellschaft aufgehalten, aus der ich, nach meiner Meinung wenigstens, unbeschadet davongekommen war. Nun sollte ich in die zweitgrößte Randgruppe eintauchen.

***

Ich bin in einer türkenfreien Provinz aufgewachsen. In den Siebzigerjahren, in einer Stadt mit Bischof und vielen Kirchtürmen, die lange Schatten warfen. Frauen unter 21 Jahren, die uneheliche Kinder hatten, nannte Mann noch »gefallene Mädchen«. Deren Kinder wurden in Heime gegeben, wo sie so erzogen wurden, dass sie bleibende Schäden an Leib und Seele davontrugen. Die frommen katholischen Frauen trugen beim Kirchgang ein Kopftuch, um ihr Haupthaar züchtig zu bedecken. Man lauschte andächtig den Predigten der Priester und betete für die amerikanischen Soldaten in Vietnam. Für die Vietnamesen betete man nicht. Es gab eine Fastenzeit, die man nicht Ramadan nannte, und wer sich nicht darin hielt, wurde schief angesehen. Die deutschen Väter bewachten ihre heranwachsenden Töchter und lasen heimlich den Playboy.

Ich hatte mit meinem Aufenthalt im Osten eine Ausbildung als Spezialist für Randgruppen in der deutschen Gesellschaft durchlaufen.

Die Schulen waren nach Geschlechtern getrennt. In ihnen unterrichteten Lehrer, die das Dritte Reich noch aktiv mitgestaltet hatten. Sie waren Autoritäten, weniger bei den Schülern, eher bei den Eltern. Die ersten Jungs, die sich mit langen Haaren in die Schule wagten, wurden einfach schlechter benotet, denn als frischer Demokrat durfte man sie nicht mehr züchtigen. Langhaarige waren Kommunisten oder Gammler oder beides. Das Aufbegehren in den Achtundsechzigern hatte in dieser Stadt nie stattgefunden. Hier war alles ordentlich geblieben. Das wichtigste Wort in diesem Jahrzehnt war die demokratische Grundordnung: Man hatte so viel Angst davor, dass die Demokratie wieder abhanden gehen könnte, dass man gar nicht dazu kam, sie zu leben.

Das ist alles noch keine vierzig Jahre her. Das sollte man sich gut in Erinnerung rufen, bevor man wieder diesen bei den Deutschen sehr beliebten Aber-Satz von sich gibt: »Ich habe ja nichts gegen diese fremden Kulturen und auch die Türken sind ja eine wahre Bereicherung für unser Land, aber …«

Der einzige Nicht-Deutsche, den ich kannte, war ein jugoslawischer Mitschüler. Dass es Jugoslawien gar nicht gab, wussten wir nicht. Das haben wir erst viel später erfahren, als die Jugoslawen versuchten, sich gegenseitig umzubringen.

Die Türken hatten die Provinz noch nicht erreicht, sie waren in den Industriezentren stecken geblieben. Aber die Italiener waren da. Sie waren ja schon früher zugewandert und in der Provinz bereits angekommen.

Ja, die Italiener, die mochte man, die besaßen Eisdielen und backten Pizzas. Die Liebe der Deutschen zu allem Italienischen war seit Winkelmann und Goethe nie erloschen. Außerdem war man ja vor nicht allzu langer Zeit als Waffenbrüder verbündet gewesen. Italienisch essen zu gehen war der Inbegriff des gehobenen Lebensstils. Man machte dort Urlaub und war mächtig stolz, wenn man einige Worte Italienisch sprach. Sie gingen in die gleichen Gotteshäuser wie die Deutschen. Der Papst wohnte in ihrem Land. Eigentlich waren sie sogar die Erfinder des Katholentums – und der Spaghetti.

Überhaupt waren die Italiener so richtig sympathisch. Sie aßen Schweinefleisch, welches in den Sechziger- und Siebzigerjahren eine existenzielle Bedeutung für die Deutschen hatte. Denn wer Schwein auf dem Teller hatte, der hatte es auch im Leben. Und eine Piccata milanese war nicht zu verachten. Italiener tranken auch Alkohol. Leute, die keinen Alkohol tranken, waren verdächtig. Wie ließ es sich denn überhaupt ohne Alkohol leben! Sie sprachen zwar nur gebrochen Deutsch, aber darüber hörte man großzügig hinweg. Ihre Kinder waren auf höheren Schulen nicht anzutreffen. Darüber wunderte man sich aber nicht. Vierzig Jahre später wundert man sich immer noch nicht.

»Ich habe ja nichts gegen diese fremden Kulturen und auch die Türken sind ja eine wahre Bereicherung für unser Land, aber ...«

So war das in dieser Stadt und man glaubte, dass das überall so in Deutschland sei. Und diesen Glauben nahm man mit, wenn man wegzog und sich in anderen Städten niederließ. Dort stieß man dann auf Asiaten. Die sahen ein bisschen anders aus, aber die hatten auch leckeres Essen. Dass sie kein Deutsch sprachen, nahm ihnen niemand übel. Sie waren ja so freundlich. Und sie hatten nicht nur Schlitzaugen, sondern sie waren auch Schlitzohren und hatten einfach die Speisen auf ihrer Menüliste durchnummeriert. So nannte man einfach die Zahl für das Essen, das man haben wollte. Dummerweise konnten die asiatischen Kellner oft noch nicht einmal die deutschen Zahlwörter verstehen.

Freundlich reicht die junge Asiatin dem Gast die Speisekarte. »Ich hätte gern die Ente nach Kanton Art.« Sie lächelt. »Hä?« – »Ich hätte gerne Nummer 52.« – »Hä?« Sie lächelt noch immer. Der Gast zeigt mit dem Finger auf die Zahl in der Speisekarte. Sie lächelt begeistert: »Du tlinkel?« Jetzt sagte der Gast: »Hä?« – »Du tlinkel?« – »Ach so, ich hätte gern eine große Apfelsaftschorle.« Fünf Minuten später bringt sie ein kleines Wasser und Ente süß-sauer. Reklamation zwecklos.

Leute, die keinen Alkohol tranken, waren verdächtig.

Solche Szenen fanden nicht nur zu Zeiten der Boat-people, die in den Siebzigerjahren nach Deutschland ge-kommen sind, statt, sondern es gibt sie auch heute noch.

Asiaten essen ebenfalls Schweinefleisch. In allen er-denklichen Varianten, getreu dem Motto der asiatischen Küche: Man kann alles essen, es muss nur klein genug geschnitten sein. Nett, dass immer so kleine Hausaltär-chen mit einem freundlich lächelnden Buddha in ihren Restaurants stehen. Wirklich niedlich anzuschauen, der dickliche Gott. Ihre Kinder waren auf höheren Schulen nicht anzutreffen. Vierzig Jahre später wundert man sich immer noch nicht.

***

Mein bisheriges Leben hatte also ohne Kontakt zu Aus-ländern stattgefunden. Ich kannte keine Italiener und kei-ne Asiaten, ich kannte keine Türken. Ergo hatte ich auch keine Erfahrungen mit Ausländern. Ich wurde trotzdem mit dem Aufbau des ersten türkischsprachigen Radiopro-gramms in Deutschland beauftragt.

Das Erste, was ich sofort merkte, war, dass dieses Radio nicht einfach ein Radioprogramm in türkischer Sprache und mit türkischer Musik ist, sondern ein gesellschaft-liches Politikum. Die türkische Sprache des Radiopro-gramms war in den Ohren der deutschen Verantwort-lichen ein Misston. Sie befürchteten schlimme Dinge. Kurdische Freiheitskämpfer könnten das Mikrofon er-obern und Aufruhr unter den Türken anzetteln. Oder gar mit deutschlandfeindlichen Parolen die Hörer in Geg-nerschaft zur deutschen Verfassung bringen. Die Hörer

würden nur Informationen aus der Türkei erhalten und
so noch mehr in eine von der deutschen abgespalteten
Parallelgesellschaft driften. Über die Deutschen könnten
böse Witze gerissen werden. Kurzum, so ein Programm
hinderte die Integration der Türken in die deutsche Gesellschaft.

Kurdische Freiheitskämpfer könnten das Mikrofon erobern und Aufruhr unter den Türken anzetteln.

Nun muss man wissen, dass nicht irgendjemand in
Deutschland einfach so ein Radioprogramm senden kann.
Sei es auch nur ein Jazz-Radio. Um an die Erlaubnis zur
Ausstrahlung zu gelangen, müssen Gremien durchlaufen
werden, die sich aus relevanten Vertretern der deutschen
Öffentlichkeit zusammensetzen. Dort wird dann mehrheitlich entschieden. Die Entscheidung für ein türkischsprachiges Radio war einige Jahre vor dem 11. September
2001 gefallen, als man die Türken noch als eine Bereicherung der deutschen Gesellschaft ansah.

***

Ab dem 11. September 2001 wurde ich von den deutschen
Journalisten als eine Art Fachmann für das Türkentum
angesehen. »Stimmt es, dass die Türken in Kreuzberg
Freudenfeste feiern?« Die Stimme der Anruferin war
streng und ihre Frage eher eine Feststellung. Es war der
12. September 2001 und die Anruferin gab sich als Jour-
nalistin einer öffentlich-rechtlichen Rundfunkanstalt aus.
Ich fragte zurück:»Warum sollen die Türken Freudenfeste feiern?« Daraufhin meinte sie, weil Muslime in New
York die Amerikaner angegriffen haben und die Türken
ja auch Muslime seien.

Ich glaubte, ich hätte nicht richtig gehört. »Glauben Sie
ernsthaft, dass Christen sich freuen, wenn irgendwelche

selbst ernannten christlichen Befreiungskrieger in der Welt 3.000 Menschen zu Tode bringen? Die Türken sind genauso betroffen, wenn irgendwo auf der Welt Menschen aus solch niedrigen Beweggründen zu Schaden kommen.« Die Reporterin war enttäuscht, dass ich ihre irrsinnige Vermutung nicht bestätigt hatte.

Ab dem 11. September 2001 wurde ich von den deutschen Journalisten als eine Art Fachmann für das Türkentum angesehen.

Aber von der Paranoia, die nach diesem Tag ausbrach, wurden auch die Türken erfasst: Aufgeregt kam am Morgen des 14. September 2001 die Moderatorin Ayse S. in mein Büro gerannt. Der Busfahrer war, als er sie an der Haltestelle gesehen hatte, einfach weitergefahren. Ayse war sich sicher, dass er sie als Muslima und damit als mögliche Attentäterin stehen gelassen hatte. Ich fragte sie:»Woran soll er denn erkannt haben, dass du Muslima bist?« Ayse S. sah ganz und gar nicht aus, wie Deutsche sich Muslime vorstellen, schon allein weil sie kein Kopftuch trug. Ich beruhigte sie, dass er sie wohl einfach übersehen hätte. Außerdem sind Busfahrer in Berlin mit einiger Wahrscheinlichkeit selbst Muslime.

Die Zeit, in der Multikulti als eine Bereicherung empfunden wurde, war jedenfalls vorbei. Vorher war es eher kulinarisch verstanden worden. Restaurantvielfalt, fremdländische Spezialitäten, dazu Straßenkarneval mit Sambatänzern in farbenfrohen Kostümen. Die Welt der Kulturen in ihrer Fröhlichkeit. Für all die Redakteure, Pädagogen, Alternativen und weiteren Gutmenschen waren die ethnischen Gruppen Farbkleckse in ihrer eigenen grauen Alltagswelt. Ein bisschen Urlaub vor der eigenen Haustür. Dass die Türken bei dem Multikulti gar nicht mitmachten, fiel niemandem auf. Ihnen war gar nicht bewusst, dass auch sie damit gemeint waren. Sie dachten, dieser Zirkus gelte nur anderen ethnischen Gruppen. Ihre eigene Kultur sehen sie auch heute nicht als bunten Farbklecks im tristen Alltag. Wenn sie an den Straßenumzügen teilnahmen, dann nur, um dem deutschen Publikum am Straßenrand Döner und Tee zu verkaufen.

Gutmenschen erkannte man damals wie heute an ihren Autos. Der Aufkleber »Wir sind Ausländer – fast überall« hatte den Kleber »Atomkraft – nein danke« abgelöst oder ihn ergänzt. Mit dem »fast überall« dachten sie eher an ihren eigenen Urlaub im Hotel in Thailand oder an ihren Studienaufenthalt an der Universität Havanna. Sie dachten weniger daran, wie es sein könnte, wenn man als Deutscher nach Ankara auswandern muss, um dort die Arbeit eines Straßenreinigers zu erledigen. Und wie es wäre, wenn einen die Bevölkerung von Ankara auffordern würde, einmal im Jahr im Trachtenanzug durch die Straßen zu ziehen.

Die Zeit, in der Multikulti als eine Bereicherung empfunden wurde, war jedenfalls vorbei.

Als die Begeisterung für Multikulti vorüber war, wurden die Aufkleber an den Autos abgenippelt und die Gutmenschen wurden böse. Sie stellten mit Entsetzen fest, dass die Türken gar nicht so leben wie sie selbst. Die Toleranz und Philanthropie der Vergangenheit wurden nun als großer· Irrtum gesehen. Alles, was man vierzig Jahre lang großzügig übersehen hatte, wurde nun scharf unter die Lupe genommen. Und da kam einiges zum Vorschein: Die türkischen Männer sind Machos, die ihre Frauen schlagen und sie zwingen, als Zeichen der Unterdrückung ein Kopftuch zu tragen. Türkische Jugendliche sind kriminell und verprügeln deutsche Rentner. Und sie alle beherrschen nicht die deutsche Sprache.

Die Türken wussten gar nicht, wie ihnen geschieht. Sie wurden von ihren treusten Freunden einfach verlassen. Anfangs verstanden sie gar nicht, warum. Sie fragten mich, was denn passiert sei, sie wären doch genauso wie vorher. Die Deutschen haben nur gemerkt, dass Türken Muslime sind, antwortete ich ihnen. Und ab jetzt steht ihr unter Beobachtung. Welche Kapriolen dieser Generalverdacht auslösen sollte, konnten weder sie noch ich damals ahnen.

***

Helmut Schmidt beklagte im Jahr 2004, dass es ein großer Fehler gewesen sei, die Türken nach Deutschland geholt zu haben. Nicht beklagt hat er die Anwerbeabkommen mit Italien, Griechenland, Marokko, Portugal, Tunesien und Jugoslawien. Auch die Vietnamesen blieben unerwähnt.

Die türkische Kultur passe nicht nach Deutschland und Multikulti würde nur in obrigkeitsgeprägten Staaten funktionieren. Der Beifall von rechts war Schmidt gewiss. Die Deutschtürken in der SPD schäumten. Schmidt hatte vergessen, dass es oft genug die türkischstämmigen Wähler gewesen waren, die die SPD bei so mancher Wahl vor dem Gang in die Opposition bewahrt hatten. Aber sprach er vielleicht nur das aus, was viele denken? Oder ist es nur dieses Unbehagen, welches viele Deutsche befällt, wenn sie sich mit dem türkischen oder eigentlich muslimischen Thema auseinandersetzen müssen? Der alte Konflikt Abendland gegen Morgenland und der Kampf der Religionen schimmert bei diesen Äußerungen immer durch.

Die Türken waren überwiegend aus den Bergen Anatoliens, die 2.500 Kilometer von Deutschland entfernt liegen, gekommen, um einfache Arbeiten in Deutschland zu erledigen. Als Bauern konnten sie als ungelernte Hilfskräfte Arbeit in der deutschen Schwerindustrie bekom-

Die türkische Kultur passt angeblich nicht
nach Deutschland und Multikulti funktioniert
nur in obrigkeitsgeprägten Staaten.

men. Die Kommunen hatten ihnen Wohngebiete zugewiesen, damit sie schön unter sich blieben und nicht mit
den deutschen Nachbarn in Berührung kamen. So haben
die deutschen Behörden die heute noch bestehenden Gettos geschaffen. Deren Existenz wird heute den Türken als
böse Absicht und Zeichen mangelnden Integrationswil-
lens unterstellt. Ob Köln-Nippes, Berlin-Kreuzberg oder
Hamburg-Altona, die Türken sollten unter sich bleiben.
Wollten sie auch. Schnell stellten sie fest, dass die Deutschen oft nicht sonderlich freundlich sind und eher verbissen ihren Lebensplan abarbeiten. Türken sind sehr
gastfreundliche und höfliche Menschen, in der Türkei
und in Deutschland. Wenn sie spüren, dass man keinen
Kontakt mit ihnen wünscht, sehen sie sich auch nicht ver-
anlasst, den Kontakt zu Deutschen zu suchen.

***

Nie hätte ich gedacht, dass sich so viele deutsche Menschen und Behörden, und damit meine ich nicht nur die
Ausländerbehörden, mit dem Thema Türken beschäfti-
gen: Ausländerbeauftragte, Mitglieder von Kommissio-
nen, Ausrichter von Preisen zur Integration, Stiftungen
zur Förderung der Integration, Institute sowie Abgeord-
nete des Bundes- und Landtages und der kommunalen
Versammlungen, die jeweils Ausschüsse zum Thema
gebildet haben. Dann die Integrationsbeauftragten der
öffentlich-rechtlichen Rundfunkanstalten, Industriestif-
tungen, Gesundheitsfürsorge für Türken, Podiumsteil-
nehmer zum Thema »deutsche Sprache, schwere Sprache«.

Alle diese guten Menschen verkaufen uns dann Lösun-
gen für Probleme, die sie selbst in den oben genannten

Kreisen herbeidiskutiert haben. Prügeln sich zwei Berliner Jugendliche mit Migrationshintergrund auf einem Berliner Schulhof, sehen sie sofort Zustände wie in brennenden Pariser Vorstädten auf uns zukommen. Das Kanzleramt ist alarmiert. Nach einer Krisensitzung kommt man zu dem Schluss, dass der Aufruhr nur zu verhindern sei, wenn ein millionenschweres Programm zur Prävention aufgelegt wird. Die beiden Kontrahenten sitzen dann schon längst gemeinsam an der Dönerbude und lachen sich halb krumm über die Betroffenheit der Deutschen.

***

Aber das größte Problem ist und bleibt die rudimentäre bis fast gar nicht vorhandene Sprachkenntnis vieler Türken. Nun ist es absolut unstrittig, dass eine gute Kenntnis der deutschen Sprache für das wirtschaftliche und gesellschaftliche Fortkommen unerlässlich ist. Viele sind deshalb der Auffassung, dass mit dem Erlernen der Sprache alle Probleme gelöst seien. Viele Mittel werden dazu eingesetzt. Aber es will einfach nicht gelingen!

Die Gettos seien daran schuld, heißt es. Türken könnten in Deutschland leben, ohne ein Wort Deutsch sprechen zu müssen. Die türkischsprachigen Medien tragen ihren Teil dazu bei, heißt es. Manche verweigern schlicht die Angebote zum Erlernen der Sprache.

Nun benötigt man aber zum Lernen einige grundsätzliche Eigenschaften, damit es Früchte trägt: Zeit zu lernen und eine gewisse positive Einstellung zum Lernen. Mit der Zeit hat es bei der ersten und auch teilweise bei der zweiten Generation gehapert. Sie musste hart arbeiten, sich in einer völlig fremden Welt zurechtfinden, die Familie wirtschaftlich über Wasser halten und die Kinder großziehen. Außerdem hatten diese Menschen nie gelernt, wie man lernt. Dies hatte leider zur Folge, dass diese Fähigkeit oft auch nicht an die nächste Generation weitergegeben werden konnte.

Und wer hat schon Lust zu lernen, wenn erste Erfolge nicht gelobt, sondern nur belächelt werden? Wenn die anderen sich über die ersten Sprachversuche lustig machen, statt aufzumuntern?

Manche verweigern schlicht die Angebote zum Erlernen der Sprache.

Wenn kickende Millionäre nach Spielschluss vor die Kamera gezerrt werden und sagen: »Wir gut, Coach sagt Ball, ich lauf, bumm Tor, hab Vertrag ein Jahr, dann Geld mehr.« Dann runzeln wir Deutsche die Stirn. In anderen Ländern würde man dem jungen Mann gratulieren und sich über seinen Erfolg genauso freuen wie darüber, dass er die Landessprache überhaupt verwendet, egal wie, und damit sogar mühelos das Sprachniveau mancher einheimischer Politiker erreicht.

***

Ich bin den umgekehrten Weg gegangen. Wenn ich unter Türken leben sollte, wollte ich auch Türkisch lernen. In Deutschland. Ich wollte auch wissen, wie sich das anfühlt, wenn alle Welt von einem Menschen fordert, er solle neben seinem Beruf und im fortgeschrittenen Alter einfach mal so eine neue Sprache erlernen. Viele Menschen, die diese Forderung an die Türken stellen, können selbst keine Fremdsprache. Darauf aufmerksam gemacht, führen sie meistens ihren anstrengenden Beruf als Entschuldigung an. Die türkische Sprache ist ein teuflisches Ding. Sie hört sich nicht nur schwer an, sie ist auch verdammt schwer. Kein Wort kann man irgendwie aus einer anderen Sprache erkennen. Und dann auch noch die große und kleine Lautlehre. Die Artikel werden an die Substantive angehängt, sowohl im Plural als auch im Singular. Kein Wunder, dass die Türken die Präpositionen im Deutschen ganz weglassen.

Meine Lernerfolge waren dann auch eher fragwürdig. Bir fıçı sirkeden ziyade bir damla bal ine sinek tutulur, dachte ich mir und warf mich todesmutig auf diese Aufgabe, denn »mit einem Tropfen Honig fängt man mehr Fliegen als mit einem Fass voll Essig«. Und ohne Fleiß kein Preis. Also lernte ich Vokabeln, konjugierte Verben und kämpfte mit den türkischen Substantiven, die sich zu elendigen Bandwürmern entwickeln können. Als ich dann so leidlich radebrechend Türkisch sprach, gab mir meine Türkischlehrerin mit auf den Weg, bloß nicht mit Türken in Deutschland Türkisch zu sprechen. Ich war irritiert – und hörte nicht auf sie.

»Na also, geht doch, hier spricht man Deutsch.«

Stolz marschierte ich in den nächsten türkischen Lebensmittelladen und bestellte an der Fleischtheke Kuzu (Lammfleisch) ve (und) tavuk (Huhn). Der Fleischer schaute mich an, als hätte ich ein halbes Dutzend Pickel im Gesicht: »Wat wolln Sie?« Ich wiederholte brav, aber etwas unsicher meine türkische Bestellung. »Könnse kein Deutsch?« Ich gab auf und sagte meine Wünsche in deutscher Sprache. »Na also, geht doch, hier spricht man Deutsch.« Demoralisiert verließ ich das Geschäft.

»Ich habe es Ihnen doch gesagt«, ließ meine Lehrerin am Telefon verlauten, ich hatte sie sofort nach dem Vorfall angerufen. »Die Türken in Deutschland wollen nicht, dass man mit ihnen Türkisch spricht. Das halten sie für ungehörig, da man ihnen beigebracht hat, dass sie Deutsch lernen sollen, und jetzt kommen Sie als Deutscher daher und sprechen in Deutschland Türkisch, das verstehen sie nicht.«

Der erste Versuch meiner Integration mittels Sprache in die türkische Gesellschaft war kläglich gescheitert. Ich war an die Demarkationslinie der deutsch-türkischen Integration geraten. Nicht nur der deutsche Innenminister hatte sich über mich gewundert, sondern auch der türkische Metzger. Ausnahmsweise waren beide einer Meinung. Eigentlich schade, dass sich die beiden nie begegnet sind und es auch niemals werden. Denn Minister wechseln in Deutschland, aber der türkische Metzger bleibt.

Eines Abends kam ich aus Wien eingeflogen. Es war ein schöner, warmer Sommerabend. Die Taxifahrer standen vor ihren Wagen und rauchten. Es waren Deutsch-Türken. Aus den Autoradios scholl die Musik des türkischsprachigen Radiosenders Radyo Metropol. Ich ging zum ersten Wagen und nickte dem Fahrer zu. Kaum war ich eingestiegen, drehte der Fahrer den türkischen Sender weg und stellte einen deutschen Sender ein. Türkische Taxifahrer überall in Deutschland glauben, sie würden ihre deutschen Fahrgäste mit ihrer türkischen Musik belästigen. Ich sagte ihm, er solle doch weiter Metropol hören. Erstaunt sah er mich durch den Rückspiegel an und fragte mich, woher ich denn diesen Sender kennen würde. In Türkisch antwortete ich ihm, dass ich der »genel müdür« (Geschäftsführer) dieser Radiostation sei. Ungläubig starrte er mich an. Dann schlug er sich vor Lachen mit der rechten Hand auf seinen Oberschenkel und sagte in Deutsch, wenn ich als Deutscher der Chef von einem türkischen Radiosender sei, dann wäre er Kaiser von China.

Türkische Taxifahrer überall in Deutschland glauben, sie würden ihre deutschen Fahrgäste mit ihrer türkischen Musik belästigen.

Während der Fahrt verfiel er in Schweigen und wir lauschten den traurigen Liedern von Sezen Aksu, Ibrahim Tatlıses und Ebru Güneş. Als er mich an meiner Wohnung absetzte, wünschte ich ihm zum Abschied einen »iyi akşamlar« (schönen Abend), er dagegen wünschte mir gute Besserung. Er glaubte, er hätte gerade einen Irren in seinem Wagen befördert.

So scheiterte auch der zweite Versuch, den Türken dafür zu begeistern, dass ich nun als erster Deutscher in die türkische Gesellschaft eingewandert war. In meiner ersten Verzweiflung überlegte ich, ob ich dem Rat des guten Mannes folgen sollte, einen Arzt aufzusuchen.

**

Der erste Eindruck ist der entscheidende, sagt man. Das ist vielleicht auch so. Doch das alte Motto »Kennste einen, kennste alle« wollte ich für mich nicht gelten lassen. Ich beschloss, dass es für mich keinen ersten Eindruck gibt, sondern dass ich so viele Eindrücke wie möglich sammeln wollte.

Allein unter Türken zu sein, bedeutet, komplette Denkmuster, die man sich jahrelang aufgebaut hat, einfach über Bord zu werfen. Wenn man ein berufliches Treffen mit einem Türken verabredet hat, darf man sich nicht wundern, wenn auf einmal fünf Personen erscheinen, von denen vier einfach nur so mitgekommen sind und mit der Thematik des Gesprächs eigentlich nichts zu tun haben. Oder wenn der Gesprächspartner von heute auf morgen verschwindet. Er sei in der Türkei, heißt es dann nach schwierigen Nachforschungen über seinen Verbleib.

Damit ich nicht allein unter Türken blieb, startete ich den Versuch, meine anerzogenen deutschen Tugenden mit den Eigenschaften der türkischen Kultur wenigstens ansatzweise in Einklang zu bringen. Ein schwieriges Unterfangen. Im Bezug auf die Pünktlichkeit meiner neuen türkischen Freunde habe ich ganz schnell resigniert. Ich habe mir einfach ein Tässchen türkischen Tee eingeschenkt und in aller Demut abgewartet.

Der Arbeiter als Gast
Warum die Türken kamen und warum
sie geblieben sind

In Deutschland leben 16 Millionen Menschen nicht-deutscher Herkunft. Tendenz steigend. Weniger weil immer mehr Leute hinzuziehen, sondern weil diejenigen, die hier im Land sind, viele Kinder bekommen.

Diese Menschen leben aus unterschiedlichen Gründen in Deutschland. Damit sie aber sofort erkannt werden, werden sie in bestimmte Kategorien eingeteilt. So kann eine Verwechslung mit den Deutschen erst gar nicht passieren. Ordnung muss sein. Dabei ist es gar nicht so einfach, am Ball zu bleiben. Denn die vielen Nicht-Deutschen entwickeln doch glatt immer neue Kategorien. Und immer neue Schubladen müssen her.

In Deutschland leben 16 Millionen Menschen nicht-deutscher Herkunft.

Was nur wenige wissen: Die Türken, die als Gäste in den Sechzigerjahren nach Deutschland kamen, waren beileibe nicht die Ersten. Vor ihnen waren schon die Beutetürken da gewesen. Das waren die Türken, die in den osmanischen Kriegen des 17. und 18. Jahrhunderts gefangen genommen und nach Deutschland und Österreich verschleppt worden waren. Es galt als wahnsinnig schick, seinen Hof mit einem exotisch aussehenden Türken zu schmücken.

Im Land regierte das Prinzip »cuius regio, eius religio«. Mit anderen Worten: Das, was der Chef glaubte, mussten auch die Untertanen glauben. Da noch keine Demokratie herrschte, wurden die Beutetürken zwangsweise einem intensiven Unterricht in deutscher Sprache und christlicher Religion unterzogen. Dann wurden sie getauft. Diese Türkentaufen sollen ein großer Spaß gewesen sein – für das Publikum. In ihrer Beliebtheit hatten sie einen ähnlichen Stellenwert wie die Vollstreckung von Todesstrafen und das Verbrennen von Hexen. Der Türke musste zwar vor seiner Taufe ausrufen, dass er ein »Türck« und ein verdammter Mensch sei, das war es dann aber auch schon, denn das christliche Weihwasser erlöste ihn später von seinem jämmerlichen türkischen Zustand. So einfach war das damals mit der Integration. Manch einer von ihnen machte Karriere und gelangte zu einem Adelstitel: Ludwig Maximilian Mehmet von Königstreu ist ein schönes Beispiel hierfür. Und irgendwann hatten sich die Beutetürken so assimiliert, dass sie in der deutschen Kultur regelrecht aufgingen. Insgesamt war dies also eine überaus positive Erfahrung mit der Integration.

Dann kamen die Gastarbeiter. Ein schöner Begriff für Leute, die man eigentlich gar nicht haben will. Der Arbeiter als Gast? Der Gast als Arbeiter? Wie soll das gehen? Ist die polnische Putzfrau, die bei uns zu Hause unterbezahlt die Wohnung säubert, unser Gast? Geht man mit Gästen nicht eigentlich ganz anders um? Bewirtet man sie nicht, ist höflich zu ihnen und schaut, dass es ihnen an keiner Bequemlichkeit fehlt? Korrekterweise hätte der

Gastarbeiter als zeitlich begrenzte Arbeitskraft bezeichnet werden müssen oder so ähnlich. Zu einem Lebensabschnittspartner sagt man ja auch nicht Gastgatte. Und zu einem Leihwagen nicht Gastauto.

Geht man mit Gästen nicht eigentlich ganz anders um?

Ob die Gastarbeiter sich als Gäste gefühlt haben, ist nicht bekannt, sicher aber ist, dass sie nicht wie solche behandelt wurden. Denn unter Gastfreundschaft verstehen die Türken in ihrer eigenen Kultur etwas komplett anderes. Die Deutschen eigentlich auch. Mir persönlich allerdings gefällt das gut, wenn Gäste arbeiten müssen. Ich müsste mal wieder meinen Keller aufräumen. Da lade ich mir doch gern ein paar Gäste ein.

Nun, die Gäste aus der Türkei sperrte man in unwirtliche Wohnheime und gab ihnen die Arbeiten, die die Deutschen nun wirklich nicht mehr machen wollten. Man siedelte sie in Gettos an, damit sie ja nur unter sich blieben und damit die Deutschen nicht mit ihnen in Berührung kamen.

Gastarbeiter traf man oft auf deutschen Bahnhöfen. Nicht dass von Köln aus Züge nach Gaziantep oder Erzurum gefahren wären. Nein, der Gastarbeiter holte sich dort seine drei Tage alte türkische Tageszeitung und bei diesem Einkauf traf er seine Kollegen. Da ein deutscher Bahnhof, es ist kaum zu glauben, oft gemütlicher war als der Bretterverschlag, in dem sie untergebracht waren, blieben sie alle zusammen gleich für ein paar Stunden dort. Irgendwie musste ja der christliche Sonntag herumgebracht werden. Gott und Allah sei Dank wurde in den Sechzigerjahren in Deutschland noch richtig gearbeitet. Auch samstags wurde in die Hände gespuckt, so blieb nur wenig Zeit für Heimweh und Sehnsucht.

Der Gastarbeiter konnte sich seinen Wohnort nicht selbst aussuchen. Auch nicht die Art der Arbeit. Er wurde von einer beliebigen Firma in Deutschland angefordert. Es konnte ihn in eine Großstadt, in eine Kleinstadt oder auf das platte Land verschlagen. In einen Gelsenkirchener Kohleflöz 800 Meter unter der Erde oder ans Fließband in Sindelfingen.

Gott und Allah sei Dank wurde in den Sechzigerjahren in Deutschland noch richtig gearbeitet.

Besonders beliebt war es, die Gastarbeiter nach Berlin zu holen, denn da wollten nur die allerwenigsten Deutschen hin. Zumindest solange die Stadt wie eine Insel in der DDR lag. So wurde dann Berlin die größte türkische Stadt außerhalb der Türkei. Das machte die Stadt bei den Westdeutschen noch unbeliebter. Immerhin hielten diese Menschen die Stadt irgendwie auch am Leben. Trotzdem wurde in diesen Zeiten über die türkische Population gerne hinweggesehen.

Die Kommunisten im Osten nahmen die Türken in Westberlin natürlich auch wahr. Als natürliche Freunde! Denn da hatte sich doch die klassische Arbeiterklasse eingefunden, die nur mit den richtigen Parolen auf den richtigen sozialistischen Weg gebracht werden musste. Flugs stellten die Genossen im Osten einen Sendemasten auf und beschallten die Empfänger mit ihrer frohen Botschaft via Radioprogramm. Das war wohl der erste türkischsprachige Radiosender in Deutschland. Das hat aber nichts genutzt, denn die Gastarbeiter konnten mit den gott-losen Inhalten aus dem Osten nichts anfangen. Mit ihrer wertkonservativen Einstellung müssten die Türken in Deutschland eigentlich klassische Wähler der christlichen Parteien sein. Aber das ist eine andere Geschichte.

Weg kamen die Türken aus der Stadt so gut wie nicht mehr. Noch heute sind sie in Deutschland immobil. Wenn sie nicht gerade Verwandtschaft in einer anderen Stadt oder Region haben, bleiben sie lieber dort, wo sie zu Hause sind. Das führt dann dazu, dass sie ein sehr einseitiges Bild von Deutschland haben. Ein Berliner Türke kann sich nicht vorstellen, dass in Süddeutschland junge Deutsche in freiwilligen Feuerwehren, Trachtenvereinen oder traditionellen Musikgruppen aktiv sind. Für ihn sind alle deutschen Jugendlichen so, wie er sie aus Berlin Neukölln und Kreuzberg kennt. Für ihn ist schon Dahlem ein fremder Bezirk, den er nicht freiwillig betreten würde. Da hat der Türke leider die gleiche Sichtweise, die auch dem Deutschen und vielen Menschen auf der Welt zu eigen ist: Kennste einen, kennste alle!

Mit ihrer wertkonservativen Einstellung müssten die Türken in Deutschland eigentlich klassische Wähler der christlichen Parteien sein.

Aber zurück in die Sechziger- und Siebzigerjahre: Fliegen war unbezahlbar. Für einen Gastarbeiter erst recht. Für die meisten deutschen Westberliner war auch per Auto eine Reise nach Italien oder Spanien undenkbar. Sie machten ihren Urlaub höchstens in Osthessen oder Nordbayern. Nur die heimwehkranken Türken waren verrückt genug, mit dem Auto von Westberlin in die Türkei zu fahren. Drei Tage dauerte die Fahrt in die anatolische Heimat. Die Strapaze fing aber schon vorher an. Im Vorfeld mussten Visa beantragt werden, denn die Gastarbeiter und auch ihre Frauen und Kinder waren in dieser Zeit noch durchweg türkische Staatsbürger. Also hieß es für Österreich, Ungarn und Bulgarien ein Visum zu beantragen, eine zur damaligen Zeit äußerst langwierige bürokratische Angelegenheit. Dann ging es im überladenen Ford Transit erst mal auf dem Transitweg durch die DDR, dann quer durch den ganzen Balkan – eine quälende Angelegenheit. Und nach der Überquerung des Bosporus waren es dann noch einmal gute 1.000 Kilometer.

Wie war das eigentlich für einen Menschen aus Anatolien, genauer: aus Kurdistan, der sich in den Sechzigerjahren aufmachte, um den Deutschen bei ihrem Wirtschaftswunder zu helfen? Ein Bus fährt in einen kleinen Weiler in den kurdischen Bergen. In diesem Bus sitzen türkische Staatsbeamte, die die kurdischen Menschen auffordern, ihre Heimat zu verlassen. Darunter auch Mehmet. Er soll für einige Jahre in ein fremdes Land gehen, um dort viel Geld zu verdienen, und dann später wieder zu seiner Familie in die Heimat zurückkehren. Es war nicht so, dass Mehmet in seinen Bergen am Samstagmorgen die Stellenangebote der Frankfurter Allgemeine Zeitung las und sagte: Hey, tolles Stellenangebot, da geh ich jetzt mal hin! Nein, er wurde eingesammelt und nach Deutschland verfrachtet. Er wusste noch nicht einmal, in welche Stadt er kommen würde, als ihm gesagt wurde, er hätte jetzt eine Arbeit bei Ford oder Daimler. Woher sollte er auch den Unterschied zwischen Berlin, Bochum oder Sindelfingen kennen?

Mehmet. Er soll für einige Jahre in ein fremdes Land gehen, um dort viel Geld zu verdienen, und dann später wieder zu seiner Familie in die Heimat zurückkehren.

Und dann war Mehmet in Berlin, in einer Stadt, die er eigentlich so schnell wie möglich wieder verlassen wollte. Er war alleine und musste hart arbeiten und vermisste seine Familie. Aber mit der Zeit schmolz der Wille, in die Heimat zurückzukehren, dahin. Das hatte mehrere Gründe: erstens hatte er noch nicht genug Geld verdient und wollte noch mehr Geld verdienen. Außerdem stellte er bei seinen Heimatbesuchen schnell fest, dass es in seinem Heimatdorf an jeglicher Infrastruktur fehlte. Das war ihm vorher gar nicht aufgefallen. Mit all dem verdienten Geld konnte er dort gar nichts anfangen. Mit gesparten 25.000 DM ein Geschäft in der anatolischen Provinz aufzubauen, in der es noch nicht mal Strom und Wasseranschluss gab, das war offensichtlich Nonsens.

Also kehrte er nicht in die Heimat zurück, sondern holte sie sich nach Deutschland. Er ließ Schritt für Schritt seine Familie nachkommen. Bei Türken heißt das nicht nur die Frau und die Kinder, sondern auch die Brüder und Schwestern und deren Kinder usw. Wie Mehmet haben es viele Türken gemacht, so entstand dann in Köln, Stuttgart, Berlin und vielen anderen Städten Deutschlands ein Stück Türkei.

Also kehrte er nicht in die Heimat zurück, sondern holte sie sich nach Deutschland. Er ließ Schritt für Schritt seine Familie nachkommen.

In Berlin wurden mit der Zeit nicht mehr so viele Gastarbeiter benötigt. Im Gegenteil. Die großen Firmen der Stadt fingen an, ihr Personal abzubauen. Und davon war auch Mehmet betroffen. Er bekam eine Abfindung. Zusammen mit seinem Ersparten war eine recht große Summe zusammengekommen. Natürlich ging er auch jetzt nicht mit dem Geld zurück in seine Heimat. Mittlerweile war ja die ganze Familie in Berlin heimisch geworden. Sie entschlossen sich, dann lieber gleich ein kleines Gewerbe in Berlin zu eröffnen. Das war die Geburtsstunde der Dönerbude. Die ganze Familie arbeitete mit. Und die Berliner Boulette starb einen sanften Tod.

Bloß nicht – das türkische Essen schlecht finden

Wenn wir schon beim Essen sind … Der Wahn, eine andere Küche besser zu finden als die eigene, ist bei den Deutschen besonders ausgeprägt. Nun ist es so, dass viele Nationen und Völker, mit Ausnahme der Engländer, stolz auf ihre eigene Küche sind. Das ist bei den Türken genauso. Und wie Türken sowieso auf alles stolz sind, was von ihnen kommt, gilt das insbesondere für die lokale Küche. Auch bei den Deutschtürken. Sie halten ihre kulinarischen Errungenschaften – zusammen mit denen der italienischen und asiatischen Küche – für die beste der Welt. Warum sie die französische nicht dazuzählen, ist ein Geheimnis.

Halten Sie bitte nicht den Dönerimbiss an der Ecke oder das, was Sie in einem Klub an der türkischen Küste zu essen bekommen, für türkische Küche. Nein, es ist viel schlimmer: Grundsätzlich schmeckt alles nach Frittenbude, weil gegrilltes Fleisch und Fisch als Höhepunkt der türkischen Ernährung gilt. Es gibt ja fast nur Imbisse und fast keine türkischen Restaurants in Deutschland. Wenn es welche gibt, dann sind sie ausschließlich für Deutsche gemacht. Der Dönerimbiss ist in Wirklichkeit die Rache der Türken an den Deutschen, weil diese die Türken nicht lieb haben. Sie zahlen es den Deutschen mit einer schleichenden Lebensmittelvergiftung heim. Ganz selten wissen die Betreiber dieser Giftküchen, dass man Döner auch aus Fleisch herstellen kann. Wenn man prozentual die italienischen Restaurants mit dem Anteil der Italiener an der deutschen Bevölkerung mit dem der türkischen vergleicht, sind die Türken absolut im Nachteil.

Türkische Küche ist: nein, kein Kümmel oder Knoblauch, sondern einfach nur fett und süß und mit viel Zwiebeln angereichert. Dazu noch frisches warmes Brot – die Folge ist eine ungehemmte Flatulenz. Das Gebäck Baklava und die türkischen Nachspeisen sind eine sich immer wieder erneuernde Geschäftsgrundlage für Zahnärzte. Und wenn Sie dann mal ein wirklich originales türkisches Restaurant in Deutschland besuchen, das auch von Deutschtürken besucht wird, dann wundern Sie sich nicht, dass dort ein ohrenbetäubender Gesang über eine völlig übersteuerte Beschallungsanlage verbreitet wird. Setzten Sie sich so weit es geht von den dröhnenden Boxen weg. Zu allem Überfluss springen die Deutschtürken auch noch während des Essens auf und fangen an zu singen und zu tanzen. Wenn Ihnen nicht schon vom Essen schlecht ist, so wird es Ihnen jetzt übel. Und keine Schweinshaxe weit und breit.

Der Begriff »Gastarbeiter« war bis zum Ende der Achtzigerjahre die gängige Bezeichnung für Menschen, die aus anderen Ländern stammten und damit beschäftigt waren, den Lebensstandard der Westdeutschen aufrechtzuerhalten. Um sie wieder loszuwerden, als es nicht mehr so gut lief, versuchte man ein bisschen nachzuhelfen. In der Hoffnung, dass sie die D-Mark in die Türkei tragen würden, um dort ein Hotel, ein Geschäft, oder sonst irgendetwas zu eröffnen, zahlte man ihnen ein wenig aus ihrer Rentenkasse aus. Das hat aber nicht funktioniert. Die Allermeisten blieben trotzdem hier.

Gastarbeiter nannte man Menschen, die aus anderen Ländern stammten und damit beschäftigt waren, den Lebensstandard der Westdeutschen aufrechtzuerhalten.

Wie wir alle wissen, wurde 1989 die deutsche Welt auf den Kopf gestellt. Danach war nichts mehr so, wie es vorher gewesen war. Das deutsche Volk teilte sich nun in zwei Gruppen, die es neu zu benennen galt. Ab jetzt sprach man von Ossis und Wessis. Da war es an der Zeit,

auch den Gastarbeitern eine neue Bezeichnung mitzuge-
ben. Und seitdem sind für unsere Freunde aus der Türkei
viele gängige Begriffe auf dem Markt.

*Eines aber ist sonnenklar: Die Türken sind
angeworben worden, sie wurden in dieses
Land gelockt.*

Unter den Top Ten: Der Migrant. Das ist ein Mensch,
der sich mehr oder weniger freiwillig in einem anderen
Land auf Dauer niederlässt. Dabei erhält er die Staatsbürgerschaft des jeweiligen Landes. Aus Sicht des Auf-
nahmelandes heißt er Immigrant. Wenn er sich weniger
freiwillig auf die Reise gemacht hat, kann der Grund für
seine Flucht aus der Heimat wirtschaftliche Not, rassis-
tische oder politische Verfolgung, aber auch Furcht vor
einer strafrechtlichen Verfolgung gewesen sein.

Eines aber ist sonnenklar: Die Türken sind angeworben
worden, sie wurden in dieses Land gelockt. Sie sind also
keineswegs Flüchtlinge, denen Deutschland großmütig
Unterschlupf gewährt. Also waren und sind Türken in
diesem Sinne keine Immigranten und damit auch keine
Migranten.

***

Ein weiterer Griff aus der Etikettenkiste ist der Deutschtürke. Was ist denn das nun wieder? Deutscher oder Türke oder beides? Geht das überhaupt? Das geht natürlich
nicht. Diese Bezeichnung löst das Problem nicht. Also ein
untauglicher Begriff. Trotzdem sehr verbreitet und auch
heute noch äußerst beliebt. Die Bezeichnung wird aber
nur für Menschen türkischer oder russischer Herkunft
in Deutschland verwendet. Deutschspanier oder Italien-
deutsche gibt es nicht.

Als politisch korrekt und somit besonders bei den Gutmenschen beliebt, hat sich die charmante Bezeichnung

»Deutscher türkischer Herkunft« durchgesetzt. Das heißt, wir haben es mit einem deutschen Staatsbürger zu tun, der türkischer Abstammung ist. Aber damit ist immer noch nicht geklärt, was er denn jetzt ist: schon ein Deutscher oder doch noch ein Türke? Damit sitzen die Gegenstände der verzweifelten Wortfindungsversuche wieder zwischen allen Stühlen.

Deutschtürke. Was ist denn das nun wieder?

Warum bloß werden die Dinge nicht beim Namen genannt? Wenn jemand die deutsche Staatsbürgerschaft hat, ist er ein Deutscher. Und wenn er die türkische Staatsbürgerschaft hat, ist er ein Türke. Basta. Oder etwa nicht? Er ist es anscheinend nicht, denn sonst würde man in Deutschland seine Herkunft nicht geradezu zwanghaft dazupacken. Aber wieso, frage ich mich, habe ich noch nie in den Medien gelesen oder gehört, dass der Täter ein Deutscher vietnamesischer Herkunft ist, der Zahnarzt Deutscher mit serbischen Wurzeln ist oder der Steuerberater einen isländischen Migrationshintergrund besitzt? Das ist Ihnen auch noch nicht passiert, richtig? Denn es trifft meist nur die Türken. Wann immer etwas Furchtbares passiert ist, wird wie folgt berichtet: Der Deutsche mit Migrationshintergrund hat dieses und jenes getan. Dann ist klar: aha, ein Türke. Ein diskreter Hinweis darauf, dass Türken halt so sind, Türken machen das eben so. Das kennt man ja. – Feiner Trick.

***

Nun gehen Begriffe auch mit der Zeit. Jetzt gibt es eine neue Bezeichnung für Türken, die die deutsche Staatsbürgerschaft haben oder schon als Deutsche geboren worden sind: Migrationsbürger. Das ist schon ein großer Fortschritt, denn jetzt gibt nimmt man diese Menschen wenigstens schon mal als Bürger wahr und impliziert mit diesem Begriff, dass sie in diesem Land auch über bürgerliche Rechte verfügen. Warum man dennoch das Wort Migration vor den Bürger setzen muss, entzieht sich meiner Kenntnis. Wahrscheinlich weil dann nicht mehr erwähnt werden muss, dass dieser Mensch über einen Migrationshintergrund verfügt. Hauptsache, man weiß Bescheid.

Ein weiterer hübscher Begriff ist der des Neubürgers. Der hat schon Klasse. Man kann nur ahnen, was das ist. Also ein Neubürger ist derjenige, der vorher kein Bürger war. Vorher war er ein Nichtbürger, also ein Mensch, der in diesem bürgerlichen Land gar nicht existent war. Nun wollen wir mal ordentlich sein. Ein Neubürger ist derjenige, der die deutsche Staatsbürgerschaft angenommen hat. Aber warum muss man das ausdrücken? Ein Bürger ist ein Bürger. Was er vorher war, ist nicht von Interesse. Eine Frau, die vorher ein Mann war, bezeichnet man ja auch nicht als Neu-Frau oder umgekehrt. In den Medien hieße das dann: »Der Neu-Mann, der eigentlich vorher eine Frau war, hat die Sparkasse in Niederlauringen überfallen, aber ein Migrationshintergrund liegt nicht vor.« Der Zeitraum, wie lange der Mensch Neubürger bleibt, bevor er sich dann Bürger nennen darf, ist übrigens nicht definiert.

Ein Neubürger ist derjenige, der die deutsche Staatsbürgerschaft angenommen hat.

Schon fast wieder aus der Mode gekommen ist dagegen der Begriff Asylant. Asylanten wird Asyl gewährt. Das ist eine großartige Geste. Denn diese Menschen suchen Schutz. Dieser Schutz wird ihnen aber nur für eine bestimmte Zeit gewährt, so lange, bis die Gründe, deretwegen sie Asyl gesucht haben, nicht mehr bestehen. Leider werden die Asylanten nicht gerade als Bereicherung gesehen. Denn sie leben in Heimen. Ihnen ist es untersagt,

Restaurants zu eröffnen. Wieder eine Möglichkeit verpasst, die deutsche Kultur zu verfeinern! Inständig wird gehofft, dass sie bald wieder gehen. Großmut und Hilfsbereitschaft ist auf die Dauer teuer und lästig.

Zum Problem wird der Begriff Asylant, wenn jemand um Schutz bittet, weil es in seiner Heimat zum Beispiel kein Trinkwasser mehr gibt. Nun ist nicht so einfach zu sagen: Na wird schon wieder mal regnen, dann kann er ja zurückgehen. Aus dem Asylanten wird ein Migrant, vielleicht ein Neubürger mit sudanesischem Hintergrund. Weil sich kein Mensch irgendetwas unter dem Sudan vorstellen kann, wird er aber eher unter Migrationsbürger mit afrikanischem Hintergrund laufen. Das ist für deutsche Verhältnisse zwar ein bisschen ungenau, aber wo Afrika liegt, weiß wenigstens jeder.

**

Der Adoptionsdeutsche ist eine ganz seltene Spezies in Deutschland. Dieser Typ ist der beliebteste. Beruhigt kann man sich zurücklehnen, weil es sich um einen echten Deutschen handelt. Er ist oft nicht von den anderen Ausländern zu unterscheiden, außer am meist eindeutigen deutschen Nachnamen. Diesen bekommt der Adoptierte von seinen deutschen Eltern. Die Adoption von Kindern aus anderen Kulturen ist in Mittel-, West- und Nordeuropa weitverbreitet und hat viele Gründe. Manche Adoptionseltern möchten eigene Kinder haben, können sie aber nicht bekommen. Es kann sich auch um den Wunsch handeln, die eigene Familie zu ergänzen. Auch Hilfsbereitschaft kann der Beweggrund sein. Ganz abwegig ist es dagegen, sein schlechtes Gewissen beruhigen zu wollen, weil es einem hier so gut und den anderen da drüben so schlecht ergeht. Und noch abwegiger ist es, via Adoptivkind zeigen zu wollen, was für ein guter Mensch man ist.

Schafft es einer dieser Adoptionsdeutschen, sei es in Sport, Kunst oder Politik, den Sprung in die mediale Öffentlichkeit, so wird gleich erklärt, warum er als Deutscher gar nicht aussieht wie ein Deutscher. Die Story wird gleich mit dazu geliefert. Denn Ordnung muss sein. Ein wenig Rührung und Herzschmerz ist auch dabei.

Einfacher wird es, wenn wir uns der Wissenschaft bedienen. Dort ist ein Mensch, der aus einem bi- oder multikulturellen Hintergrund stammt, ein Kulturhybrid.

Stellen Sie sich Folgendes vor: Ein Afghane heiratet eine Schwedin, diese bekommen ein Kind und dieses Kind verheiratet sich mit einem Spanier aus Wuppertal. Was ist das denn jetzt? Ein Neubürger, ein Migrant oder ein Mensch mit Migrationshintergrund? Mit welchem Migrationshintergrund? Da könnte man berichten, dass derjenige, der in Niederlauringen die Sparkasse überfallen hat, ein Mensch mit Multikulti im Hintergrund war. Das ist dann ganz schlimm, denn wir wissen ja: Es ist Schluss mit Multikulti!

Einfacher wird es, wenn wir uns der Wissenschaft bedienen. Dort ist ein Mensch, der aus einem bi- oder multikulturellen Hintergrund stammt, ein Kulturhybrid. Der Begriff stammt aus der amerikanischen Soziologie. Da kann man nur feststellen: Fröhliche Wissenschaft. Dieser Ausdruck stammt wiederum von dem deutschen Philosophen mit dem Schnauzbart: Friedrich Nietzsche. Für ihn war Wissenschaft fröhlich. Und richtig, dieser Begriff entstammt zweifellos einer fröhlichen Wissenschaft. Unzählige Deutschhybriden sind in den letzten Jahren entstanden, gingen doch viele Ostdeutsche Mischehen mit Westdeutschen ein.

Im Gegensatz zum Gastarbeiter, der in den Achtzigerjahren ausstarb, hat es der Saisonarbeiter bis in unsere Zeit geschafft. Eine überaus beliebte Form der Arbeitskraft, denn die Aufenthaltsdauer ist von vornherein fest definiert. Saisonarbeiter werden gerne in der Landwirtschaft und der Gastronomie eingesetzt, denn hier werden nur zu bestimmten Jahreszeiten eine große Anzahl von Arbeitskräften benötigt, aber dies jedes Jahr aufs Neue.

Berühmt sind die polnischen Spargelstecher, die zu Hause als Professoren und Doktoren keine Stelle bekommen und deshalb hierzulande diese wirbelsäulenbrechende Tätigkeit verrichten. Sie werden den Sozialleistungen in Anspruch nehmenden Deutschen gerne als Heroen der Demut und des Fleißes vorgehalten. Das macht sie in diesen Kreisen nicht sonderlich beliebt. Ob sie wirklich über einen akademischen Bildungshintergrund verfügen? Das hat natürlich keiner überprüft. Es lohnt sich auch nicht mehr, denn da sich in ihrem Heimatland die wirtschaftliche Lage deutlich gebessert hat, sind mittlerweile auch die Saisonarbeiter vom Aussterben bedroht.

In Österreich werden die Gastarbeiter übrigens immer noch so genannt. Dabei handelt es sich aber meist um Saisonarbeiter, die in der Gastronomie arbeiten. Überwiegend stammen sie aus dem Anatolien Deutschlands: aus Ostdeutschland. Ossis kellnern für die Ösis. Kleines Gedankenspiel am Rande: Was wäre, wenn ein Ossi, also ein Deutscher, sich mit einem Österreicher zusammentut und sich auf biologischem Wege vermehrt? So richtige Kulturhybriden sind deren Nachwuchs aber nicht. Es sind eigentlich Semi-Kulturhybriden. Aber diese neue Kategorie wollen wir jetzt nicht auch noch aufmachen.

Sondern lieber einen Sammelbegriff für diese ganzen Bezeichnungen finden. Dazu nähere ich mich über das Beispiel Käse an. Käse ist etwas Wunderbares. Er wird aus Milch hergestellt. Bei uns meist aus fetter und leckerer Kuhmilch, die aus dem Euter einer lebendigen Kuh gemolken wird. Daraus wird dann mithilfe von allerlei natürlichen Chemikalien und freundlichen Mikroorganismen delikater Käse gemacht. Ein Käse, der wohlriechend und schmackhaft ist. Der als Zutat für viele köstliche Speisen dient und ein mehrgängiges Menu abschließend krönt. Und dann gibt es da noch den Analogkäse. Er sieht aus wie Käse und schmeckt auch ein wenig danach. Aber der analoge Käse ist kein Käse. Er wird aber als Käse bezeichnet und als Käse benutzt. Analogkäse besteht aus allem, nur nicht aus Käse. Er ist eine Erfindung der Lebensmittelindustrie, billig und leicht herzustellen, etwa aus Bakterieneiweiß, Emulgatoren, Aromen, Farbstoffen und Geschmacksverstärkern. Aus den deutschen Kühlregalen ist er nicht mehr wegzudenken.

Lasst sie uns Analog-Deutsche nennen, die Deutschen, die eben doch nicht so richtig deutsch sind.

Deutschtürken, Neubürger, Deutsche mit Migrationshintergrund, Deutsche türkischer Herkunft, Adoptionsdeutsche, Kulturhybriden, Asylanten – das sind ja auch alles keine echten Deutschen, sondern nur nachgemachte. Es sind Analog-Deutsche, so werden sie zwar nicht genannt, aber so werden sie angesehen. Deshalb der Vorschlag: Lasst sie uns Analog-Deutsche nennen, die Deutschen, die eben doch nicht so richtig deutsch sind. Dann weiß man, was man hat. Endlich haben wir das Problem gelöst! Zumindest das Problem der Bezeichnung.

***

Wie gehen nun Deutsche und Türken mit der Integration des jeweils anderen in die eigene Kultur um? Zuerst zur türkischen Seite: Als ich für das deutsch-türkische Radio in Berlin arbeitete, war ich auch ein Gastarbeiter in der türkischen Welt. Nur wurde mit mir anders umgegangen. Wäre ich so behandelt worden, wie damals die Deutschen ihre türkischen Gastarbeiter behandelt haben, hätte ich wahrscheinlich bereits am nächsten Tag aufgegeben. Nein, ich wurde wirklich wie ein Gast behandelt. Dazu gehörte von meiner Seite natürlich auch, dass ich die Gewohnheiten und Gebräuche meiner Gastgeber akzeptierte.

Da ich die meiste Zeit während meiner Zeit in Berlin nicht über ein Auto verfügte, nahmen mich Kollegen oder Kolleginnen, die in meine Richtung fuhren, mit. Ich wurde gar nicht gefragt. Es war einfach selbstverständlich. Eines Nachmittags hörte ich, wie eine Kollegin die andere fragte: »Nimmst du Baba heute mit?« Dass sie mich Baba (Papa) nannte, wunderte mich sehr, und ich muss gestehen, es kränkte mich auch ein wenig in meiner männlichen Eitelkeit. Die beiden merkten, dass ich es gehört hatte. Ich solle mir nichts dabei denken, dass sie mich so nennen würden, sagten sie, im Türkischen würde jede männliche Respektsperson so genannt. Also, so naiv bin ich dann auch nicht. Aber ich habe mich natürlich weiter fahren lassen.

Apropos Respekt: Selbstverständlich wurde ich nicht nur beruflich bedingt zu türkischen Festen und Events eingeladen. Auf diesen Festen wird nicht nur gegessen, sondern auch gesungen und getanzt. Regelmäßig wurde ich aufgefordert mitzumachen. Genauso regelmäßig habe ich mich geweigert. Denn als Deutscher gibt man sich nicht so gern in der Öffentlichkeit den Emotionen hin. Außerdem stehe ich beim Tanzen immer auf dem falschen Fuß. Das wurde registriert, akzeptiert und dann wurde ich in Ruhe gelassen. Dafür bin ich heute noch dankbar.

Denn als Deutscher gibt man sich nicht so gern in der Öffentlichkeit den Emotionen hin.

Schwierig wurde es jedoch bei Veranstaltungen geschäftlichen oder politischen Charakters, bei denen nur

Türken anwesend waren. Sie fühlten sich durch meine Anwesenheit ein wenig gestört, weil sie glaubten, sie müssten sich mir zuliebe auf Deutsch unterhalten – obwohl ich damals schon ganz passabel Türkisch sprach. Dieser Akt der Höflichkeit fiel ihnen dann doch schwer. Ich wurde das Gefühl nicht los, dass sie insgeheim hofften, dass ich bald ginge, damit sie ihre Angelegenheiten wieder auf Türkisch besprechen konnten. Da fühlte ich mich dann wirklich als Gast.

Bei diesen Gelegenheiten wurde mir klar: Auch wenn du ihre Sprache sprichst, bist du noch lange keiner von ihnen. Mit dieser etwas schmerzlichen, aber schlicht realistischen Erkenntnis bin ich ganz offensichtlich nicht alleine.

Denn wer angekommen ist, muss aufgenommen worden sein.

Nun zur deutschen Seite: Der Deutsche Fußballbund rühmt sich laut und deutlich für seine Integrationsarbeit. Das ist auch richtig so. Denn wir wissen ja: Tue Gutes und sprich darüber! Es geht aber auch subtiler. Da schwenkt bei Länderspielen beim Abspielen der deutschen Nationalhymne die Kamera über die Gesichter der Nationalspieler. Der dusselige Kommentator kann sich dann die Bemerkung nicht verkneifen, dass der eine oder andere kickende Kulturhybrid nicht mitsingt. Er beklagt es nicht, er stellt es nur mal so in den Raum. Mesut Özil singt nicht. Warum kann der Berufsquassler während der Nationalhymne nicht einfach mal die Klappe halten?!
Meinen Freund Özgür freut es. In seiner türkischen Brust schlägt ein menschliches Herz. Kein nationales Herz. Klasse, dass auch welche von uns dabei sind, sagt er. Außerdem ist es ihm völlig egal, mit welcher Fahne er durch die Gegend läuft. Hauptsache es ist eine Fahne. Okay, die

englische oder holländische würde er vielleicht nicht so gern in die Hand nehmen.

Es ist schon toll, wenn ein Enkelkind eines Gastarbeiters ein Tor für seine Gastgeber schießt: Er ist dann bestimmt mit dem Herzen dabei. (Hoffentlich schießt er nicht daneben.) So ein kickendes Gastarbeiterkind ist spätestens mit der Aufnahme in die deutsche Fußballnationalmannschaft bei uns angekommen. Au weia. Bei solch einem Satz dreht sich bei mir der Magen um. Es sind, wenn überhaupt, die Enkelkinder. Außerdem: Wenn ein Deutscher oder eine Deutsche türkischer Herkunft und muslimischen Glaubens Fußballer oder Ministerin wird und das noch mit dem Nationaltrikot oder dem Ticket einer christlichen Partei, dann müssen bei diesem Mann oder dieser Frau die Gene in Ordnung gewesen sein. Keine Frage. Aber zu behaupten, er oder sie sei wirklich angekommen, das ist schon keck. Denn wer angekommen ist, muss aufgenommen worden sein.

Der Türke, das unbekannte Wesen
Alles Wissenswerte für einen besseren
Umgang mit Türken

Das Gute an den Türken ist: Jeder Deutsche kennt einen. Und wie der Mensch so ist, schließt er dann von diesem einen auf alle anderen: Kennste einen, kennste alle. Sie ahnen es: So einfach ist es natürlich nicht! Es gibt nicht *den* Türken! Es gibt nur türkische Staatsbürger. Und davon ganz viele verschiedene. So wie es auch nur eine Vielzahl deutscher Staatsbürger gibt und nicht *den* Deutschen. Schließlich haben die Bewohner der Insel Rügen außer der Staatsbürgerschaft nichts mit der Urbevölkerung des Tegernsee-Ufers gemeinsam. Eine gemeinsame Sprache am allerwenigsten.

Und doch werden die Türken in Schubladen gesteckt. In welche genau, ist ganz davon abhängig, wie die erste Begegnung eines Deutschen mit seinem Türken stattfindet. Für manche Polizisten sind Türken grundsätzlich kriminell, sie kennen sie nur als Straftäter. Für viele Lehrer sind Türken notorische Schulverweigerer und Unruhestifter. Politiker finden sie schlichtweg integrationsunwillig. Der Feinschmecker dagegen schätzt ihre Küche und für die Gutmenschen waren sie bis vor Kurzem einfach wunderbar bunte Kleckse im tristen Teutonengrau.

So viele Schubladen gibt es gar nicht, dass für jeden die passende dabei wäre.

Doch es ist natürlich alles ganz anders! In Deutschland tummeln sich Kurden, Tscherkessen, Rumeli-Türken und Lasen, um nur einige zu nennen. Es gibt hier Mohammedaner, genauer: Sunniten, Schiiten, Aleviten, daneben aber auch Christen, Juden, Jesiden und viele, viele mehr. Es gibt Kopftuchträgerinnen und Patriarchen aus den hintersten anatolischen Dörfern, aber auch intellektuelle Türken, die sich in Metropolen am wohlsten fühlen. Es gibt in Deutschland türkische Unternehmer, Fließbandarbeiter, Akademiker, Selbstständige, Ärzte, Schwerverbrecher, Sportler und Politiker. So viele Schubladen gibt es gar nicht, dass für jeden die passende dabei wäre. Das ist eigentlich klar. Aber wollen Sie das wissen?

***

Heute leben schätzungsweise 500.000 bis 800.000 Menschen kurdischer Herkunft in Deutschland. Sie sind überwiegend in Berlin, Stuttgart und Wiesbaden anzutreffen. Wiesbaden? Ja, Wiesbaden; das hat mit der Nähe der Stadt zu Rüsselsheim zu tun. Und dort stehen die Opel-Werke. In Wiesbaden ist jeder zehnte Einwohner Türke, die meisten von ihnen kurdischer Herkunft.

Seit weit über hundert Jahren reisen Bücherratten mit Karl May durchs wilde Kurdistan und sind auf diesem Wege profunde Kenner der Kurden geworden. Genauso gut kennen sie sich übrigens bei den Apachen aus. Der Deutsche erkennt einen Kurden ganz leicht: Er sieht so aus wie ein Türke. Fortgeschrittene identifizieren sie auch an ihren Namen: Öcalan und Barzani zum Beispiel. Den Namen Atatürk hingegen hören sie nicht gerne. Denn es ist eine ihrer Eigenheiten, dass sie den türkischen Staat nicht mögen. Das beruht übrigens auf Gegenseitigkeit.

Die Kurden fühlen sich betrogen von Mustafa Kemal, genannt Atatürk, dem Begründer des modernen türkischen Staates nach dem Ersten Weltkrieg. Einst kämpften die Kurden auf der Seite der Türken erfolgreich gegen die Folgen des Vertrages von Sèvres, der 1920 eine Zerstückelung der Türkei vorsah. Vielleicht hatte Atatürk es ihnen versprochen, vielleicht hofften sie auch nur, dass sie dafür einen eigenen Staat erhalten. Daraus ist jedenfalls nichts geworden. Das ist eine alte Geschichte, die heute noch wehtut und zu der man als Deutscher stehen kann, wie man will. Aber man sollte sie zumindest kennen.

Zu Beginn meiner Laufbahn wollte einmal der oberste Kurdenführer den Radiosender besuchen. Damals war ich mit den vielen türkischen Parallelgesellschaften noch alles andere als vertraut. Alle Mitarbeiter des Radiosenders waren – bis auf mich – zwar türkischstämmig, aber alles andere als kurdisch. Und die fanden das Ansinnen gar nicht lustig. Eine knifflige Angelegenheit für mich. Meine Rettung: Der Mann war gleichzeitig Abgeordneter im Berliner Senat. Also griff ich zu einem protokollarischen Kniff und erklärte, dass ich ihn nicht als Kurdenführer, sondern als Vertreter des Berliner Senats empfangen würde. Dagegen konnte ja nun wirklich niemand etwas sagen.

Der Besucher entpuppte sich als ein Herr um die fünfzig, der mir erst nach längerem Anlauf den eigentlichen Zweck seiner Visite erläuterte: Ob man nicht vielleicht ein wenig kurdische Musik mit in das Programm aufnehmen könne. Ein nachvollziehbares und ehrenwertes Anliegen, aber mittlerweile wusste ich um die Vorbehalte meiner Mitarbeiter. Eine Antwort blieb ich ihm erst einmal schuldig. Stattdessen schlug ich ihm vor, den Sender zu besichtigen. In der Musikredaktion angekommen, fragte ich die dort arbeitende junge Berliner Deutschtürkin nicht-kurdischer Herkunft, ob wir denn auch kurdische Musik im Archiv hätten. Leider hatte ich den Besucher weder mit seinem Namen noch mit seiner Funktion vorgestellt. »Von diesen Verbrechern spielen wir nix«, war ihre kurze Antwort. Gott sei Dank verstanden die unbedachte Musikredakteurin und ich keine Flüche in kurdischer Sprache.

»Von diesen Verbrechern spielen wir nix«,
war ihre kurze Antwort.

Kurden und Türken stehen sich also nicht gerade wohlgesonnen gegenüber. Es ist aber nicht nur die beiderseitige Abneigung, die Kurden und Türken voneinander trennt. Kurden haben auch ganz andere Lebensgewohnheiten als zum Beispiel die Leute aus der Metropole Istanbul. So wie der Kölner ganz anders lebt als der Einwohner eines kleinen Dorfes in der Niederlausitz. Der Kölner ist nun mal seit Jahrhunderten ein Städter und feiert Karneval. Und der andere – ist ein Bauer und geht zum Schützenfest. Der Kölner ist katholisch, der Lausitzer geschichtsbedingt eher konfessionslos oder Protestant. Müsste der Kölner in die Türkei auswandern, würde er in den Bergen Anatoliens vergeblich nach einer Kölschkneipe Ausschau halten. Und auch der Lausitzer bekäme einen Schock fürs Leben. Was machen nun Lausitzer und Kölner, wenn sie sich in Anatolien begegnen? Sie werden kaum glauben, dass sie aus ein und demselben Land kommen. Sie werden auf Distanz bleiben – und auf keinen Fall gemeinsam einen Karnevals- oder Schützenverein gründen.

Solche Animositäten muss der deutsche Deutsche berücksichtigen. In der Radioredaktion gab es viele Klippen zu umschiffen: Kaum hatte der türkischsprachige Radiosender zu einer Zeit, als die PKK noch aktiv war, sein Programm aufgenommen, nahte schon das Newros-Fest, das kurdische Frühlingsfest. Wir wurden gebeten, auf dieses Fest hinzuweisen. Nun ist das kurdische Frühlingsfest kein Rummel mit Hammelbraterei, sondern eine sehr politische Angelegenheit, bei der die Kurden traditionell mehr Rechte für sich und ihre Leute in ihrer Heimat einfordern. In der Redaktion hieß es also: genau aufpassen, dass die kemalistischen Hörer nicht in ihrem Ehrgefühl verletzt werden.

Und was sind nun wieder Kemalisten? Ein Kemalist ist ganz einfach zu erkennen. In seinem Büro hängt ein Foto von Kemal Atatürk an der Wand. Er ist Nationalist durch und durch. Weil Nationalismus und Patriotismus für den Deutsch-Deutschen aufgrund seiner Geschichte äußerst negativ belegt sind, ist für ihn der Kemalismus nur sehr schwer nachvollziehbar. Kleiner Tipp: Man sollte als Deutscher besser darauf achten, kein Gespräch mit diesem Thema anzufangen, ohne genau zu wissen, in welchem Verhältnis der türkischstämmige Gesprächspartner zu seinem Staat steht. Es könnte sonst laut werden.

Und was sind nun wieder Kemalisten?

Es gibt aber auch viele nicht-kurdische Türken, die dem türkischen Staat sehr reserviert gegenüberstehen. Unser türkischsprachiger Radiosender hatte eine UKW-Frequenz in Mainz erhalten und war somit auch in Wiesbaden zu hören. Sie erinnern sich: 10 Prozent der Bevölkerung sind dort türkischstämmig. Leider war die Resonanz aufseiten der Werbekunden aus dieser Zielgruppe nicht besonders. Also machte ich mich auf, besuchte die türkischen Vereine und erklärte ihnen den Zweck unseres schönen Radioprogramms. Am Schluss wurde mir gesagt, jetzt, wo man wüsste, dass das Programm nicht vom türkischen Staat gemacht würde, würde man es hören und als Unternehmen dort Werbung platzieren.

Und der Glaube der Kurden? Nun, sie sind überwiegend Sunniten und Aleviten. Aber es gibt auch jede Menge Jesiden, Christen und Juden unter den Kurden. Noch ein paar Schubladen mehr also. Und nicht jeder, der wie ein türkisch-kurdischer Muslim zu sein scheint, ist auch einer. Der Zahn wurde mir schon vor Jahren gezogen: Wie fast jeder Deutsche nutze auch ich die Dienstleistungen türkischer Änderungsschneidereien. Beim Herrn Iran ließ ich regelmäßig meine Hosen kürzen. Sein Name verriet mir, dass er kurdischer Herkunft war. Kurdischer kann man eigentlich gar nicht mehr heißen. Ich sprach immer ein wenig türkisch mit ihm, was er freundlich tolerierte. Als ich eines Tages mit der Bitte zu ihm kam, mir noch am selben Tag eine Hose zu ändern, da ich am nächsten Morgen nach Istanbul flöge, sagte er: »Aber selbstverständlich, ich möchte doch, dass Sie gut gekleidet in die schöne Türkei reisen, und bestellen Sie schöne Grüße.«

Einige Zeit später las ich in der Zeitung, dass Herr Iran verstorben war. Allah sei ihm gnädig, wünschte ich ihm. Dann sah ich, dass die Trauerfeier in einer katholischen Gemeinde stattgefunden hatte und er auf einem christlichen Friedhof beerdigt worden war.

***

Viele Menschen sind aus Istanbul nach Deutschland eingewandert. Hier ist es erst einmal wichtig zu wissen, von welcher Seite Istanbuls: von der europäischen oder der asiatischen? In ihrem Hochmut gegenüber den Kurden und deren bäuerlicher Herkunft sind sie sich jedoch gleich, und den haben sie auch mit nach Deutschland gebracht. Mit einer ähnlichen Überheblichkeit sah in der alten Bundesrepublik der Hamburger auf den Nordfriesen und der Stuttgarter auf den »Älbler« von der Schwäbischen Alb herab. Heute schaut der Wessi auf den Ossi herab. So ungefähr verhält es sich mit dem Istanbuler aus Besiktas und dem Kurden aus Diyarbakır.

Anzutreffen sind die intellektuellen Türken in deutschen Kaffeehäusern, in denen viele Zeitungen ausgelegt sind. Dort leben sie wie Chamäleons. Das wurde mir ganz besonders deutlich, als sich in einem Berliner Straßencafé ein Paar um die vierzig an meinen Nebentisch setzte. Sie sprachen auf Deutsch über alltägliche Dinge, natürlich hörte ich da nicht genau hin. Der Mann bestellte sich ein Weizenbier und die Frau einen deutschen Filterkaffee. Sie erklärte der Bedienung, dass sie das ganze italienische Kaffeegedöns nicht möge. Nachdem die Bestellung von einer aus Nordafrika stammenden jungen Frau gebracht worden war, zog der Mann zwei Zeitungen aus seiner Tasche, schweigend machte er sich über die türkische Sportzeitung »Fanatic« her; sie blätterte in der türkischen Illustrierten »Hafta suondo«. Wechselseitig kommentierten sie das Gelesene in deutscher Sprache.

Dass die »intellektuellen« Deutschtürken mit ihren »Landsmännern« immer wieder in einen Topf geschmissen werden, ist ihnen wahnsinnig peinlich.

Integration hin oder her – intellektuelle Türken werden sich niemals als Deutsche verstehen, auch wenn sie in perfektem Deutsch das deutsche Grundgesetz und »Wanderers Nachtlied« von Goethe fehlerfrei aufsagen können. Denn sie leben ganz für sich und wollen auch weiter so leben. Sie mögen weder ihr eigenes Land noch ihre eigene Kultur. Von Lebensfreude bei ihnen keine Spur. Humor: Fehlanzeige. Ironie ist ihnen genauso ein Fremdwort wie vielen ihrer deutschen Intellektuellen-Kollegen. Ständig schämen sie sich für das Verhalten ihrer Landsleute, von denen sie sich bei jeder Gelegenheit distanzieren. Dass sie mit ihnen immer wieder in einen Topf geschmissen werden, ist ihnen wahnsinnig peinlich. Sie verachten die

Lebensgewohnheiten derer, die aus den kleinen anatolischen Dörfern stammen, denn diese gucken ständig türkisches Fernsehen und lesen keine Bücher und Zeitungen. Größer könnte die Kluft gar nicht sein. Und wenn sie dann einmal die Türkei besuchen, finden sie ihr Urteil auf das Schrecklichste bestätigt.

Sie als türkische Gutmenschen zu bezeichnen, wäre grundsätzlich falsch, denn sie verfügen über keinerlei Missionierungsdrang. Sie haben längst resigniert, weil sich ihre in ihren Augen tumben Landsleute vehement und mit Erfolg widersetzen, so zu leben wie sie selbst. So bleibt die Masse der Türken vor ihnen verschont.

***

Doch so leicht wie bei den intellektuellen Türken fiel es mir bei anderen nicht, sie als Türken zu identifizieren. Bei meinem ersten Besuch in Istanbul nutzte ich die Zeit, um ein wenig die Stadt zu erkunden. Da die Einwohner unverschämterweise türkisch sprechen und sich konsequent weigern, Orientierungshilfen in deutscher Sprache aufzuhängen, bedurfte es eines einheimischen Begleiters. Dieser zeigte mir im Schnelldurchgang die schönen Seiten der Stadt. Bei diesem Rundgang bemerkte ich eine Gruppe asiatisch aussehender Menschen. Die Japaner sind auch überall, bemerkte ich. Mein Begleiter erwiderte, dass es sich bei dieser Gruppe um turkmenische Türken handelte, und dass ich bitte nicht vergessen solle, dass die Türken ursprünglich aus Zentralasien stammen.

Was für ein Wirrwarr, wenn die Menschen nicht an ihren ursprünglichen Orten bleiben! Da soll sich noch einer auskennen bei diesem Chaos.

Wenn die Turkmenen Sie nicht verwirren können, dann werden Sie sich über die Tscherkessen auch nicht mehr wundern. Diese waren einst das wichtigste Volk des nördlichen Kaukasus – bis die Russen sie im 19. Jahrhundert in langen Kämpfen brutal dezimierten und die meisten

Überlebenden aus ihrer Heimat vertrieben. Heute ist es ein kleines, versprengtes Völkchen, das nach dem Motto lebt: einmal Sizilianer, immer Sizilianer.

Sie selbst nennen sich die Adyge, und Adyge Chabze heißt ihr ganz eigener Ehrenkodex, der Inbegriff ihrer Traditionen. Ihre ritterliche Lebensweise wurde von benachbarten Völkern gerne nachgeahmt, aber nie erreicht. Aber aufgepasst: Eigentlich sind die Adyge nur ein Teil der Tscherkessen. Es gibt noch eine ganze Reihe Tscherkessen-Stämme, die zwar nicht Adyge heißen, sich aber so nennen und so leben.

In der Türkei leben etwa 1,5 Millionen Tscherkessen. Sie gelten als liberale und moderne Moslems. Da sie nicht aussehen wie Kurden, sind sie auch nicht als Türken zu erkennen. Sie vertreten eben den kaukasischen Typus, sie sehen also quasi westeuropäisch aus. Das ist schon raffiniert und erschwert die Sache ungemein. In Deutschland sind die Tscherkessen überwiegend in Berlin und in den alten westdeutschen Industriestädten zu Hause.

***

Vereine sind übrigens auch ein Ort, an dem man auf Menschen türkischer Herkunft stoßen kann. In Deutschland gibt es unzählige davon. Man könnte glatt vermuten, dass die Türken die Vereinsmeierei der Deutschen einfach nachgemacht haben. Neben den klassischen Sportvereinen, vor allem für den heiß geliebten Fußball, gibt es eine riesengroße Anzahl von Kulturvereinen. An diesen kann man dann erkennen, mit welchen Türken man es zu tun hat. Die türkische Vereinsmeierei kommt aber nicht von ungefähr. Man will eine Gemeinschaft in der Fremde haben, man will sich ab und zu unter sich treffen. Neben der Befreiung von steuerlichen Abgabepflichten ist der eigentliche Vorteil solcher Vereine jedoch, dass auch die eine oder andere finanzielle Zuwendung zu erhalten ist. Türkische Zusammenkünfte gleichen sich wie ein Ei dem anderen: türkisches Essen und Musik und viele Menschen und viele Kinder. Selbstverständlich gibt es auch Reden. Lange und bedeutsame Reden. Der einzige Unterschied: Der Saal ist jeweils mit anderen Abzeichen geschmückt und die am Schluss verteilten Wimpel haben immer neue Farben. Mein guter Freund Özgür bat mich einmal, mit ihm eine solche Veranstaltung zu besuchen. Natürlich willigte ich gerne ein, obwohl schon die deutschen Bürger- und Gemeindesäle nicht so mein Ding sind.

Man könnte glatt vermuten, dass die Türken die Vereinsmeierei der Deutschen einfach nachgemacht haben.

Um was es denn da genau ginge, fragte ich meinen Freund. Ach, sagte er, dass seien Rumeli-Türken. Das ist ja eine lustige Bezeichnung, meinte ich zu ihm, davon hatte ich noch nie gehört.

Die Rumeli-Türken waren die letzten Vertreter des einst riesigen Osmanischen Reichs auf dem Balkan. Sie lebten dort 500 Jahre lang, bis die Christen sie vertrieben haben. Die meisten Balkan-Türken wurden zwischen 1913 und 1922 aus Griechenland verscheucht. Auch aus dem übrigen Balkangebieten emigrierten in dieser Zeit etwa zwei Drittel der dort ansässigen Türken mehr oder weniger freiwillig in die heutige Türkei. Die im griechischen Westthrakien lebenden Türken durften noch im Land bleiben. Aber was war das für ein Leben! Weder hier noch in ihren letzten Reservaten in Bulgarien oder im serbisch dominierten Jugoslawien wurden den Türken in der Zwischenkriegszeit Minderheitenrechte zugestanden. Als Erzfeind der christlichen Balkanvölker waren sie nun überall Bürger zweiter Klasse, Fremdkörper in den neuen Nationalstaaten.

Die Rumeli-Türken sind also die Schlesier der Türkei, mit dem Unterschied, dass sie dann noch mal ausgewandert sind, also aus der Türkei nach Deutschland. Sie leben in drei Kulturen, der deutschen, der türkischen und der des Balkans.

Und dann gibt es noch die Türken von der türkischen Westküste. In Deutschland finden wir sie oftmals in Süddeutschland. Bitte, liebe türkische Leser, jetzt ganz tapfer sein! Diese Türken sind eigentlich Griechen. Jawohl. So wie auch die Neapolitaner griechischer Herkunft sind und die Bewohner der deutschen Stadt Trier im Prinzip Römer sind. Von der Westküste der Türkei stammt auch der heilige Sankt Nikolaus. Der Weihnachtsmann ist also ein christlicher Türke griechischer Herkunft, der seit einer Werbekampagne der amerikanischen Coca-Cola Company im Jahr 1931 in einer rot-weißen Robe auftritt und in Deutschland alljährlich zur Weihnachtszeit in bis zu 100 Millionen Exemplaren in Schokolade gegossen wird.

***

Der Türke, das unbekannte Wesen. Wieder war es eine Veranstaltung, bei der ich ins Staunen kam. Ein großer internationaler Automobilkonzern hatte zu einem großen Festakt – vierzig Jahre Anwerbung der Türken nach Deutschland – nach Köln eingeladen. Ich war ein wenig spät dran, weil ich den Ort des Ereignisses nicht gleich gefunden hatte. Als ich endlich den Saal erreicht hatte, dachte ich zunächst, ich wäre versehentlich in eine Veranstaltung des norwegischen Skiverbandes geraten. Der Raum war voll von Menschen mit blondem Haar und blauen Augen. Irritiert wollte ich schon umkehren, da hörte ich, dass die vermeintlichen Norweger türkisch sprachen. Als ich genauer hinsah, entdeckte ich zwischen den Skandinaviern auch einige Leute, die so aussahen, wie sich der Deutsche einen Türken vorstellt: braune Augen, schwarze Haare und dunkler Teint.

Schüchtern fragte ich einen der türkisch sprechenden Norweger, ob er denn auch ein Türke sei. Aber klar doch, war seine Antwort. Verlegen hakte ich nach, er sähe aber gar nicht so aus. Er lachte und erklärte mir, dass er Lase sei und damit ein Gote oder vielleicht auch Germane. Die Lasen hat es in der Völkerwanderung an die südliche Schwarzmeerküste verschlagen, also von Gotland nach Trabszon. Dann meinte der Lase grinsend: Und jetzt wohne ich in Köln. Nichts ist, wie es scheint, fügte er noch hinzu. Ein echter Philosoph!

Die Lasen – der Raum war voll von Menschen mit blondem Haar und blauen Augen.

Kurden, Tscherkessen, Lasen – die Menschen aus der Türkei sind in ihrem Naturell einfach nicht unter einen türkischen Fez zu bekommen. Zumal übrigens das Tragen dieser traditionellen Kopfbedeckung in der Türkei seit 1925 als Zeichen unerlaubter Rückständigkeit ohnehin verboten ist. Der Türke entzieht sich nunmal völlig dem türkischen Einheitsbild in unseren Köpfen. Für die Türken in der Türkei sind die Lasen das, was die Ostfriesen für die Deutschen sind. Wobei man den Lasen auch innerhalb Deutschlands nicht in eine Schublade stecken kann. Der Lase in Köln kann ganz anders sein als der Lase in Ludwigshafen. Die Kölner gelten als weltoffene Bürger und fröhliche Menschen, die jedem freundlich gegenübertreten. Also hat sich der Lase dort ganz anders eingelebt als in Ludwigshafen, einer Stadt, die eigentlich keine ist, sondern ein großes Dorf mit angeschlossenem Chemiewerk. Die Bevölkerung dieser Stadt ist Fremden gegenüber eher zurückhaltend – zurückhaltend ausgedrückt. Dementsprechend bleiben hier die Türken, ob Lase, Kurde oder Tscherkesse, lieber unter sich.

Nun hat ja die Integrationspolitik immer gefordert, dass die Menschen aus anderen Ländern und Kulturen – nicht nur die Türken – nicht unter sich bleiben sollen. Das haben diese dann auch gemacht, allerdings ein bisschen anders, als es sich die Politiker vorgestellt haben. Sie sind zu Kulturhybriden geworden. Das klingt ein wenig nach Aliens aus dem All. Wie unbekannte Wesen, die von einem fremden Planeten anreisen, um sich mit der Bevölkerung der Erde zu vermischen. Menschen mit bikulturellem Hintergrund werden in der amerikanischen Soziologie so genannt. Bitte nicht verwechseln mit den Menschen, die bisexuell sind! Diese werden auch nicht automatisch Sexhybrid genannt.

Frankfurt am Main ist die heimliche Hauptstadt der Kulturhybriden.

Frankfurt am Main ist die heimliche Hauptstadt der Kulturhybriden. In dieser Stadt ist jeder zweite Einwohner nicht-deutscher Herkunft. Also treffen sich unentwegt Kulturhybriden in dieser Stadt. Hier trifft der deutsche Staatsbürger italienisch-marokkanischer Herkunft und muslimischen Glaubens auf den deutschen Staatsbürger vietnamesisch-polnischer Herkunft christlichen Glaubens. Sollten diese beiden sich zu einer Familie verbinden, wird es schwer für die Menschen, die nicht nur bei der Rente, sondern auch bei der kulturellen Herkunft klare und gesicherte Verhältnisse haben wollen. Es ist also nicht nur die Skyline, die Frankfurt seiner Partnerstadt New York so ähnlich macht.

***

Die Menschen türkischer Herkunft sind überwiegend Muslime. Doch auch diese Religion hat sich in verschiedene Glaubensrichtungen aufgesplittert. Der größte Teil der Menschen aus der Türkei sind Sunniten. Dann folgen die Schiiten. Aus diesen heraus haben sich dann noch die Aleviten entwickelt. Die Aleviten sind so etwas wie die Protestanten unter den Christen. Sie werden nicht so gemocht von den Schiiten. Aber das ist ja bei den Katholiken und Protestanten auch nicht viel anders. Da könnte man nun meinen, die Aleviten halten besonders gut zusammen. Aber Vorsicht: Es gibt türkische und auch kurdische Aleviten! Was wiegt für den Türken aus Istanbul nun mehr: dass der Landsmann ein alevitischer Glaubensgenosse ist oder ein verachteter Kurde aus Anatolien? Für die deutschen Stadtväter, die um das Aussehen ihrer deutschen Gemeinden fürchten, sind Aleviten auf jeden Fall ein Glücksfall. Denn sie beten in einer Moschee, die kein Minarett hat. Also bauen sie in Deutschland auch keine solche Moschee mit Minarett. Eigentlich müssten sie in der Schweiz herzlich willkommen sein.

Aber auch Muslime trinken gerne mal einen Raki. Allerdings nicht in der Öffentlichkeit und ganz sicher nicht im Beisein von Kindern.

Ein verbindendes Element aller muslimischen Menschen aus der Türkei ist, dass sie kein Schweinefleisch essen. Meint man. Mein Freund Özgür zum Beispiel ist in der Auswahl seiner Restaurants sehr darauf bedacht, dass auch Wiener Schnitzel auf der Speisekarte stehen, die er dann auch immer bestellt. Kein Problem, denn ein richtiges Wiener Schnitzel besteht aus Kalbfleisch. Da mir aber als Deutschem eine gewisse pädagogische Ader zu eigen ist, machte ich ihn eines Tages darauf aufmerksam, dass es auch Wiener Schnitzel aus Schweinefleisch gibt. Diese stehen dann in der Speisekarte in Gänsefüßchen. Er starrte mich ungläubig an. Siehste, dachte ich, gut, dass ich ihn darauf aufmerksam gemacht habe. »Für wie blöd hältst du mich eigentlich?«, fragte er mich dann. Er esse immer nur Schweineschnitzel! Denn die habe er zu Hause nie gekriegt, sondern immer nur bei seinen deutschen Freunden.

Was lernte ich daraus? Zweierlei. Erstens: Es gibt Türken, die durchaus auch mal Schweinefleisch essen – wenn auch nicht unbedingt im Beisein von anderen Muslimen. Und zweitens: Ich sollte wohl einfach mal die Klappe halten!

Eines ist aber in Stein gemeißelt: Türken trinken keinen Alkohol. Oder? Nun, wir wissen ja nun, dass nicht alle Türken unbedingt Muslime sind. Alle anderen dürfen. Aber auch Muslime trinken gerne mal einen Raki. Allerdings nicht in der Öffentlichkeit und ganz sicher nicht im Beisein von Kindern. Sollten Sie einmal in der richtigen Türkei sein, also nicht in einem Klub an der Küste, und Sie wollen Alkohol zum Essen trinken, gehen Sie nicht in ein Familienrestaurant, denn dort werden Sie das Gewünschte nicht erhalten.

***

Die meisten Türken haben fatalerweise türkische Vor- und Nachnamen. Namen, die Deutsche nicht aussprechen können. Früher dachten die Deutschen, dass männliche Türken Ali und weibliche Aische heißen. Die Türken haben die Deutschen im Gegenzug immer Hans oder Helga genannt. Aber nur unter sich, weil sie nämlich höflich sind.

Auch können Deutsche oft nicht am Namen erkennen, ob es sich um eine weibliche oder männliche Person handelt. Das war früher nicht schlimm. Denn die Wahrscheinlichkeit, von einem Türken einen Brief zu erhalten, war gleich null. Türken lesen nicht nur ungern, sie schreiben auch selten. Jetzt allerdings haben sie das Internet erobert und versenden fleißig E-Mails. Sie sind auch als Mitarbeiter in Amtsstuben, Krankenkassen und Finanzämtern anzutreffen, und dort verschicken sie alle berufsbedingt Briefe. Was tun Sie nun, wenn Sie ein Schreiben erhalten, das mit Figen Iyiğt unterzeichnet ist? Antworten Sie mit »Sehr geehrter Herr Iyiğt« oder »Sehr geehrte Frau Iyiğt«?

Ganz schön knifflig. Sich mit einem »Sehr geehrte Damen und Herren« aus der Situation winden zu wollen wäre sehr unhöflich.

Keine Sorge, in diese Verlegenheit werden Sie kaum kommen. Denn Türken sind sehr höflich und sehr hilfsbereit. Der türkische Absender hat mit »Frau Figen Iyiğt« unterzeichnet. Wunderbar, denken Sie. Aber Sie sollen zurückrufen. O Schreck! Sie wissen zwar jetzt, dass eine Frau am Telefon sein wird. Und dass sie gut deutsch spricht. Aber wie um Gottes willen spricht sich denn »Iyiğt« aus? Wenn Sie »Frau Igitt« sagten, würden Sie vollkommen danebenliegen. Denn das lustige Dächlein, welches auf dem Kopf stehend über dem g platziert ist, bedeutet, dass das g nicht gesprochen wird. Also sagen Sie einfach »Frau Iihit«, und schon wird Frau Iyiğt sich sehr, sehr freuen.

Eigentlich gar nicht so schwer, oder doch? Immerhin brauchten die sprechenden Journalisten in Deutschland als Profis fast zehn Jahre, um zu begreifen, dass der türkische Ministerpräsident Erdoğan nicht »Erdogan«, sondern »Erdoan« ausgesprochen wird.

Wenn Ihnen das zu kompliziert sein sollte, dürfen Sie Frau Iyiğt auch gerne mit ihrem Vornamen ansprechen. Mit Figen, aber bitte mit ganz weichem g, sonst könnten sie gerade als Mann richtig Ärger bekommen. Übrigens: Der Name Figen bedeutet Blumenstrauß.

Sehr oft endet ein türkischer Name mit -oğlu. Oğlu – richtig: »olu« gesprochen – heißt Sohn. Es bedeutet nichts anderes, als dass derjenige der Sohn des vorangestellten Namens ist. So wie der schwedische Ole Svensson der Sohn des Sven ist. Murat Aslanoğlu ist also der Sohn des Aslan, was ein Vor- oder ein Nachname sein kann.

Multikulturelle Besetzungen der deutschen Fußballnationalmannschaft kommen nicht nur dem Spielwitz und der filigranen Technik am Ball zugute, sondern sie lehren auch die Zuschauer, wie die Namen der Kicker richtig ausgesprochen werden. Sami Khedira zum Beispiel spricht sich so, wie er sich schreibt. Na, einfach, denken Sie. Nun ist das aber gar kein türkischer Name, sein Vater ist tunesischer Herkunft. Jetzt wissen wir auch, dass Mesut Özil als »Mesut Ösiel« ausgesprochen wird, nicht »Mesut Ötzill«. Alle werden ihn lieb haben, solange er gut spielt.

Damit es nicht ganz so einfach ist, gibt es ungeschlechtliche türkische Vornamen. Keine Angst, sie werden nicht Menschen gegeben, deren Geschlecht nicht so ganz genau zu bestimmen ist. Das ist genauso wie in Italien oder Spanien, da ist der Name Andrea oder Maria auch nicht auf ein Geschlecht beschränkt. Wenn Sie also einem oder einer Duygu oder Seda die Hand geben, brauchen Sie nur kurz hinschauen, dann werden Sie schon sehen, ob Mann oder Frau.

Jetzt wissen wir auch, dass Mesut Özil als »Mesut Ösiel« ausgesprochen wird, nicht »Mesut Ötzill«. Alle werden ihn lieb haben, solange er gut spielt.

Unaussprechlich ist allerdings auch, dass die deutschen Deutschen sich in den fünfzig Jahren, die die Türken in Deutschland leben, nicht einmal die Mühe gemacht haben, auch nur ein einziges Wort Türkisch zu lernen. Zwar schmettert man in Italien und in Deutschland bei dem Besuch eines italienischen Restaurants stolz ein »buon giorno« zur Begrüßung in die Runde und gibt gerne bei der Verabschiedung ein lässiges »ciao« von sich. Aber zu einem türkischen Menschen »günydin« zu sagen, oder wenn man es schlichter haben will, ein »merhaba«, darauf kommen die allerwenigsten. Dabei können Sie mit nur wenigen Schlüsselwörtern Ihrem türkischen Gesprächspartner, auch wenn er perfekt deutsch spricht, ein Lächeln ins Gesicht zaubern.

Versuchen sie es doch mal mit »çok güzel« (genau übersetzt: sehr schön), diese zwei Wörter können fast überall eingesetzt werden, als Lob für eine wunderbare Mahlzeit nach dem Essen oder als Dank für eine erbrachte Hilfeleistung. Besonders gut kommen Sie bei einem türkischen Friseur an, wenn er den Spiegel zur abschließenden Begutachtung der kunstvollen Frisur hochhält. Das geht aber auch bei Gegenständen. Sagen Sie »çok güzel«, wenn Ihnen ein türkischer Bekannter stolz sein neues Auto zeigt, und schon wird er strahlen. Aber bitte sagen Sie nicht »kock gützel«, sondern mit ein wenig Gefühl »tschok güsell«.

Fast jeder kennt die Dankesformel in mehreren Sprachen, ob »thank you«, »merci« oder »mille grazie«. Leicht kommen sie über die Lippen. Einfach mal »teşekler« (Danke) oder «teşekkür ederım« (das »ş« wird als »sch« gesprochen – ich danke Ihnen) sagen, und schon schaffen Sie eine freundliche und angenehme Atmosphäre.

Mit diesen wenigen Worten erreichen Sie viel und Sie geraten auch nicht in Verdacht, Sie könnten wirklich Türkisch. Denn das löst bei einigen Türken das Unbehagen aus, Sie würden alles verstehen, was sie in Ihrem Beisein untereinander besprechen. Nein, er redet nicht über Sie, aber vielleicht über etwas, was nicht für die Ohren von Dritten bestimmt ist. Da ist es egal, ob Sie Deutscher sind oder nicht.

***

Im christlichen Kalender kennen sich die türkischen Muslime in Deutschland bestens aus, besonders wenn sie ihre Kindheit in deutschen Kindergärten und Horten verbracht haben. Ostern, St. Martin, Nikolaus und Weihnachten sind ihnen hinlänglich bekannt. Sie haben Laternen gebastelt, Plätzchen gebacken, Sterne gefaltet und Eier bemalt. Besuche auf Weihnachtsmärkten und das Singen von Weihnachtsliedern waren im Erziehungsplan inbegriffen. Die christliche Fastenzeit kennen sie allerdings nicht, weil diese in der deutsch-christlichen Gesellschaft keine Rolle mehr spielt. Wenn Sie muslimischen Türken erklären, dass es so was wie den Ramadan im Christentum auch gibt, werden Sie ungläubig angeschaut.

Wünschen Sie doch einfach mal einen schönen Bayram.

Im Gegenzug sollten die Deutschen auch mal einen Blick in den Festkalender der muslimischen Türken werfen. Feiertage, »Bayramler«, gibt es einige in ihrer Kultur. Wünschen Sie doch einfach mal einen schönen Bayram, das machen Sie zu Ostern, Pfingsten und Weihnachten in Ihrem Bekanntenkreis doch auch. Oder schenken Sie etwas zum Zuckerfest. Da sind Pralinen bestens angebracht. Diese sollten Sie auch als Präsent bei einem persönlichen Besuch bei türkischen Freunden in deren Haus mitbringen. Bitte keinen Wein schenken. Ihre Gastgeber würden denken, dass Sie den nur mitbringen, um ihn später selber trinken zu können. Verkneifen Sie sich dieses gut gemeinte, aber leicht beleidigende Geschenk. Selbst wenn die Gastgeber normalerweise keinen Wein im Haushalt haben, für ihren deutschen Gast werden sie ihn selbstverständlich besorgen.

Und da wir gerade bei türkischen Festen sind: Wenn Sie im entfernteren Freundes- und Kollegenkreis Menschen türkischer Herkunft haben, kann es passieren, dass Sie eine mit viel Liebe gestaltete Einladung zur Hochzeit erhalten. Jetzt sind Sie überrascht, denn so genau kennen Sie Ihren türkischen Bekannten nun auch nicht. Was tun? Gehen Sie bloß nicht hin, sagen Sie aber auch nicht ab! Die Einladung in Ihren Händen ist nur die Bekanntmachung der Hochzeit, ähnlich einer bei uns üblichen Anzeige in der örtlichen Tageszeitung. Sollte jedoch der Bräutigam, und nur dieser vergibt die Einladung, persönlich mit Ihnen sprechen und Sie bitten, ihm unbedingt die Ehre zu erweisen, dann dürfen Sie keinesfalls absagen. Ihr Erscheinen ist für ihn eine Frage des Stolzes – und dieser darf in keiner Kultur verletzt werden.

***

Der Respekt des jungen vor dem alten Menschen ist ein wesentlicher Bestandteil der türkischen Kultur. Das ist eigentlich in ganz Europa so. Nur nicht in Deutschland. Teilweise ist die Ablehnung der älteren Menschen der jüngeren deutschen Geschichte geschuldet. Auch die Werbeindustrie hat ihren Beitrag dazu geleistet, im Glauben, dass jugendliche Menschen leichter zum Konsum zu bewegen seien. Mit diesem Jugendkult können türkische Menschen recht wenig anfangen.

Mit diesem Jugendkult können türkische Menschen recht wenig anfangen.

Der Respekt vor älteren Menschen schließt auch Künstler ein. Während es in unserer Kultur ältere Sänger und Sängerinnen sehr schwer haben, sich gegen jüngere Kollegen durchzusetzen oder auch nur zu behaupten, ist das in der türkischen Kultur ganz anders.

Einmal sollte ein berühmter Sänger, vielmehr der berühmteste Sänger der Türkei, unseren Sender besuchen. Ein Sänger, sagte man mir mit träumerischem Blick, bei dem die Männer im Publikum weinen und sich im emotionalen Rausch Selbstverletzungen zufügen. Bei seinen Vorführungen würde geschluchzt, geweint und geschrien. Ich war von dieser Ankündigung schwer beeindruckt und erwartete gespannt den Besuch des großen Künstlers. Es kam ein unscheinbarer älterer Herr mit Schnauzbart, traurigem Blick und müdem Gang. Ich schüttelte ihm artig die Hand. Die anderen wagten kaum zu atmen.

Er schaute sich ein wenig in den Räumen des Senders um und gab ein kurzes Interview. Dann war er wieder weg.

Ich machte meiner Enttäuschung Luft: »Und der bringt Menschen zu emotionalen Ausbrüchen? Der alte Mann kann von Glück reden, wenn er nicht von der Bühne fällt.« Mit solch launigen Sprüchen hatte ich mich aber in die Nesseln gesetzt. Meine Kollegen fanden das gar nicht witzig. Sie waren entsetzt. Ich hatte nicht nur den Künstler herabgesetzt, sondern mich auch über sein Alter lustig gemacht. Das war unverzeihlich!

Die Musik spielt in der türkischen Kultur eine entscheidende Rolle. Sie ist der Ausdruck all der Emotionen, die in der öffentlichen Alltagswelt mit ihren fest gefügten Traditionen nicht gezeigt werden dürfen. Sie ist ein angestammtes und verbindliches Gut über alle Generationen hinweg. Dieser Mann war die Synthese für Respekt vor dem Alter und dem Auslöser von Emotionen. Und ich hatte mich benommen wie die Axt im Walde. Cok güzel, teseküр ederim!

Verbringen sie ihren Lebensabend in der Türkei!

Der Türke hat Respekt vor älteren Menschen, also ein komplett anderes Verhältnis als das, welches die Deutschen zu ihren Alten und Eltern pflegen. Das ist nicht nur in der Türkei so, sondern auch bei den Türken, die in Deutschland leben. Ältere Menschen sind für Türken alle, die etwa zehn bis fünfzehn Jahre älter als sie selbst sind. Die jungen Älteren werden dann als großer Bruder oder große Schwester bezeichnet. Also schon 25-Jährigen kann Respekt gezollt werden. Sind die Menschen dann in der Generation der Eltern, geht nichts über Anne und Baba, Mutter und Vater, sie sind und bleiben das Maß aller Dinge für die Kinder.

Und dann erst die Großeltern! Nichts Ungewöhnliches, dass der Vierzigjährige, selbst Vater von drei Kindern, sich mit einem Handkuss von seinem sechzigjährigen Baba verabschiedet. Er ist der Ausdruck des Respekts vor der Lebensleistung der älteren Menschen. Die Einstellung »das sind doch alte Trottel«, die sich manche Deutschen gegenüber der älteren Generation angeeignet haben, käme einem Türken nicht in den Sinn. Die heutigen Deutschen haben halt von den Achtundsechzigern gelernt, dass man seinen Vätern nicht trauen darf, da ihre Lebensleistung 50 Millionen Tote erbracht hat, und den Müttern auch nicht, die haben ja schließlich ihre Väter geheiratet. Das hat dann zur Folge, dass alles, was alte Menschen von sich geben, grundsätzlich skeptisch bis ablehnend gewertet wird.

Leider führt die Altenverehrung bei Türken dazu, dass sie alles, was Ältere von sich geben, als wichtig und klug betrachten, mag es auch der größte Blödsinn sein. Als Deutscher von den Türken Baba genannt zu werden, ist der Ausdruck der höchsten Anerkennung, die er in der türkischen Gesellschaft erreichen kann. Diese erreicht er durch Verständnis, Toleranz, Strenge und Gerechtigkeit. Er wird quasi ein Halbgott, denn er hat sich das Vertrauen in den Herzen und im Verstand der Türken erarbeitet. Das Anbieten eines Sitzplatzes in der S-Bahn ist dagegen das Einzige, was einem alten Deutschen von seinen jüngeren Landleuten an Respekt entgegengebracht wird. Und der Alte sollte genau hinschauen. Meist ist es ein Türke, der ihm dieses freundliche Angebot macht.

Also, Ihr deutschen Alten, nix wie weg und hin in die Türkei zu den 25.000 alten Deutschen, die schon in den Genuss des Respekts vor Ihnen gekommen sind. Dort wird nicht gelästert, dass alte Menschen eigentlich nur Geld kosten und für die Gesellschaft völlig unnütz geworden sind. Das ist übrigens die gleiche Einstellung, die Deutsche Kindern gegenüber einnehmen. Geld gibt der Deutsche lieber für ein

Auto aus. Da weiß er wenigstens, was er hat. Natürlich sind die alten Deutschen auch in der Türkei herzlich willkommen, weil sie Geld mitbringen und ihre hübschen Tugenden wie Pünktlichkeit und geordnetes Leben. Deutsche Rentner benehmen sich. Und sie machen in ihrem Alter noch eine schöne Lebenserfahrung. So in der Fremde, weitab der Heimat, können sie nachempfinden, wie sich die Türken in den letzten vierzig Jahren in Deutschland gefühlt haben. Güle, güle, deutsche Anne und deutscher Baba.

Wir können alles außer Hochdeutsch

Der fröhliche Unsinn deutscher Bürokratie

Eine Hauptforderung der Vorreiter der Integration ist, dass jeder Migrant, der einen deutschen Pass haben will, die deutsche Sprache aus dem Effeff beherrschen müsse. Auweia. Die Forderung an andere, Deutsch zu lernen, impliziert, dass man es selber kann, ansonsten wäre sie schon recht dreist. Wie sieht es dann aber mit den vielen hier lebenden deutschen Deutschen aus, die fließend Platt, Schwäbeln oder Sächseln können, aber eben nicht »Deutsch«? Sollen etwa die Menschen der neuen deutschen Bundesländer ausgebürgert werden, nur weil man sie am Niederrhein nicht versteht? Hier droht mit guten Argumenten die erneute Teilung des wiedervereinten Deutschland! Und wo sollen die vielen Mitarbeiter aus mitteldeutschen Fernsehanstalten hingehen, wenn sie ihre deutsche Staatsbürgerschaft verlieren, nachdem sie im Muttersprachtest versagt haben? Wohin könnte man sie abschieben? Und was würde aus den vielen radebrechenden Politikern? Oder manchen Fußballnationalspielern? Ja, der größte Teil der Einschaltquote des Nachmittags-TV würde auf diesem Weg wegrationalisiert!

»My english goes better« – da sind wir aber froh, dass es wenigstens mit dem Englisch klappt bei dem Mann, der einmal Ministerpräsident des Landes war, das »alles außer Hochdeutsch« kann. Hoffentlich wird Baden-Württemberg nicht auch im Ausland mit diesem Spruch beworben. Das Ländle würde über Nacht zum begehrtesten Ziel all jener, die sich unser schönes Deutschland als neue Heimat ausgesucht haben und nicht Deutsch sprechen können – und das auch nicht lernen wollen.

Wie sieht es dann aber mit den vielen hier lebenden deutschen Deutschen aus, die fließend Platt, Schwäbeln oder Sächseln können, aber eben nicht »Deutsch«?

Irgendwie sind die Politiker mit Sprachen nicht so vertraut, weder mit der deutschen noch mit anderen. Manch einer verfügt zwar über einen ganz ordentlichen deutschen Wortschatz und eine passable Aussprache. Aber bei der sinnvollen Aneinanderreihung der Wörter zu verständlichen Sätzen hapert es dann doch des Öfteren. Immerhin reicht es zum Beispiel für das Amt eines Ministerpräsidenten in Bayern.

Jeder zweite Deutsche kann Englisch sprechen oder zumindest verstehen. Das hört sich ja zunächst ganz gut an, aber umgekehrt wird ein Schuh daraus: Jeder zweite Deutsche kann kein Wort Englisch. Und in den allermeisten Fällen heißt das: Er kann überhaupt keine Fremdsprache. Der deutsche Außenminister zählt übrigens dazu. Aber die Fähigkeit, Englisch sprechen zu können, ist in seinem Job ja auch nicht so wichtig. Solch eine Position mit mangelnden oder gar fehlenden Fremdsprachenkenntnissen zu erlangen, ist gar nicht schwer, denn deutsche Schüler können ja auch, ohne dass irgendeine Fremdsprache im Abitur geprüft würde, die Hochschulreife erreichen. Warum das so ist, bleibt ein Geheimnis der deutschen Lehrpläne.

Ich werde heute noch oft gefragt, ob denn die Menschen, die in den türkischsprachigen Radiosendern arbeiten, überhaupt deutsch sprechen und verstehen können. Anfangs hat mich diese Frage ein wenig irritiert. Mit der Zeit begriff ich aber, dass sich die Fragenden nur sehr schwer vorstellen konnten, dass es auch Menschen geben könnte, die zwei Sprachen beherrschen. Auf meine Bejahung der Frage wurde meist noch eine zweite hinterhergeschoben: »Und wie gut?« – »Sie erreichen mühelos das Niveau von Helmut Kohl«, war dann meine Antwort.

Fest steht, dass für eine gelungene Integration das Erlernen der Sprache der Mehrheitsgesellschaft unerlässlich ist. Wenn der Trainer von Real Madrid von seinen Fußballern verlangt, dass sie schleunigst Spanisch lernen sollen, um eine Chance zu bekommen von ihm aufgestellt zu werden, dann ist das deshalb besonders glaubwürdig, weil er selbst fünf europäische Sprachen fließend spricht. Wenn man aber nicht so sprachkundig ist, wie allzu viele Politiker, dann sollte man zumindest ein wenig rot werden, während man anderen vorschreibt, wann, wo, wie und wie lange sie die neue Sprache zu lernen haben.

**

Migrantenkinder sind ihren deutsch-deutschen Mitschülern immer eine Sprache voraus. Im Erfolgsfall haben sie schon zwei Sprachen erlernt, bevor sie überhaupt eine Schule von innen gesehen haben. Und wenn sie dann noch eine oder zwei Fremdsprachen lernen, dann können sie schon eine ganze Menge.

In London war ich einmal mit Kollegen abends zum Essen in einem türkischen Restaurant. Die türkische Bedienung merkte recht schnell, dass wir Deutsche waren, und fragte uns in perfektem Hessisch, aus welcher Stadt in Deutschland wir kämen und was wir in London denn so machten. Wir beantworteten gerne seine Fragen und waren neugierig auf seine Geschichte. Er sei in Miltenberg am Main geboren, berichtete er, habe in Deutschland Abitur gemacht, aber auch immer wieder bei Verwandten in London gelebt, sodass er auch Englisch könne. Er hoffe, dass ihm Deutsch, Englisch und Türkisch später beruflich helfen werden.

Migrantenkinder sind ihren deutsch-deutschen Mitschülern immer eine Sprache voraus.

In Deutschland gibt es 8 Millionen funktionale Analphabeten, rein rechnerisch können diese nicht alle türkischer Herkunft sein. Aber einige. Die meisten Migranten der ersten Generation waren Analphabeten. Das geben die Türken nicht gerne zu. Sie schämen sich dafür. Das ist verständlich. Stellen Sie sich vor, Sie wären ein Kind eines deutschen Einwanderers in Spanien und werden gefragt, warum Ihre Eltern nie die spanische Sprache erlernt haben. Sie werden dem Spanier bestimmt nicht erklären, dass Ihre Eltern nicht lesen und schreiben können. Sie werden irgendwelche anderen Erklärungen geben. Denn Analphabetismus gilt nicht nur als eine Schande, sondern auch als ein Anzeichen mangelhafter Intelligenz.

Umso beachtlicher ist es, dass ihre Kinder und Enkelkinder die deutsche Sprache erlernt haben. Denn wenn nur in der Schule gelesen und geschrieben wird und nicht zu Hause, ist es besonders schwer, sich eine Sprache anzueignen. So kommt es, dass manche Einwandererkinder das Türkische bereits halb verloren haben, während sie das Deutsche nur halb gewonnen haben. Aber so etwas kann auch nach Europa ausgewanderten baden-württembergischen Ministerpräsidenten passieren.

***

Deutsche Sprache, schwere Sprache, das wissen auch die Deutschen. Nun, die türkische Sprache ist auch nicht wesentlich einfacher. Aber in einer Sache macht sie es sich leicht. Sie kennt keine Artikel. Da ist es naheliegend, dass die Türken auch dann auf den Gebrauch von Artikeln verzichten, wenn sie Deutsch sprechen. Und die Präpositionen lassen sie gleich mit weg. Nicht nur der Dativ ist dem Genitiv sein Tod, auch das Weglassen der kleinen Wörter kann die deutsche Sprache auf ihre wesentlichen Bestandteile reduzieren. Das hat unter anderem zu der schon oft belächelten und zum Kultstatus erhobenen Kanak Sprak geführt:

Frager: »Wo geht es Aldi?«

Korrektur des Befragten: »Zu Aldi!«

Feststellung des Fragenden: »Wie, Aldi schon zu?«

Der wahre Ursprung dieses etwas verkürzten Sprachgebrauchs liegt aber nicht bei den türkischstämmigen Einwanderern, sondern in manchen Artikeln der deutschen Boulevardpresse. Hier hat grundsätzlich jeder Fußballprofi »noch Vertrag« bis Zweitausendirgendwas. Oder eine weitere Perle deutscher Sprachkunst: »Der Täter Hans S. ging noch Tankstelle und dann mit Auto zu Bank, da machte er dann Überfall.«

Ist doch schön, dass sich wenigstens diese Medien den Migranten annähern, wenn auch nur sprachlich. Zu dumm nur, wenn türkische Einwanderer anhand dieser Zeitungen Deutsch lernen. Da beißt sich dann die Katze in den Schwanz. Mittlerweile hat sich die Verstümmelung der deutschen Sprache schon so weit eingebürgert, dass auch deutschen Deutschen aus akademisch gebildeten Kreisen Sätze herausrutschen wie: »Liebling, bin dann mal weg Bahnhof.«

***

Nicht nur das Erlernen der Sprache wird zwangsverordnet. Die muslimischen Eltern müssen ihre Töchter und

Söhne in der Schule am Sportunterricht teilnehmen lassen. Natürlich ist die Forderung berechtigt und einer Befreiung von diesem Fach sollte auf keinen Fall stattgegeben werden. Beim Sport gibt es den gemeinsamen Schwimmunterricht, Mädchen und Jungs zusammen im Becken – und das auch noch in der Pubertät! Auch das gemeinsame nackte Duschen ist dem türkischen Vater ein Dorn im Auge. Der Migrationsbeauftragte des deutschen Fußballbundes stieß mit seiner Forderung, dass muslimische Jungs beim Duschen nach dem Spiel eine Badehose tragen dürfen, erst einmal auf taube Ohren. Doch der türkische Vater ist ein kluger Mann. Wenn die katholische Kirche und viele andere Organisationen das Recht auf eine Badehose ebenfalls gefordert und durchgesetzt hätten, wäre vermutlich vielen Knaben manches erspart geblieben.

Türken drehen das Radio ja immer so laut auf, weil die muslimischen Frauen wegen ihres Kopftuchs so schlecht hören.

Der Forderungskatalog der Deutschen an Türken und andere Ausländer ist umfangreich. Interessanterweise arbeiteten auch türkischstämmige Deutsche daran mit. Da gibt es die Forderung, nicht zu laute Musik zu hören, um die Nachbarn nicht zu stören. Türken drehen das Radio ja immer so laut auf, weil die muslimischen Frauen wegen ihres Kopftuchs so schlecht hören. Diese Forderung gibt es tatsächlich, ausgesprochen von Badr Mohammed, einem Politiker, der sich als Präsidiumsmitglied der Deutschen Islam-Konferenz um die Integration bemüht.

Man weiß eigentlich gar nicht, was gruseliger ist: seine Forderung oder sein Bild von den Deutschen. In der Stadt, in der er groß geworden ist, möchte ich nicht leben. Das war sicher eine Gegend, in der das Spielen im Hausflur,

Fußball auf dem Rasen und das Anlehnen des Fahrrads an die Hauswand verboten war. Aber vielleicht haben wir es auch nur mit einem Mann zu tun, der deutscher als die Deutschen sein will.

Die unausgesprochene Forderung, dass Ausländer bitte nicht auffallen sollen, entspricht dem breiten Gefühl der Masse, selbst nicht herausstechen zu wollen. Denn jeder Mensch, der auffällt, wird mit Argwohn betrachtet. Fahren Sie doch mal nur mit einer Badehose bekleidet mit dem Zug von Frankfurt nach München. Das ist nicht verboten. Aber vermutlich wäre das nicht so Ihr Ding, richtig?

***

Eine weitere Forderung von Badr Mohammed und Konsorten: Türken und andere Ausländer müssen ihre deutsche Heimat kennen und die Konflikte der alten Heimat ablegen. Das Ablegen alter Konflikte ist ja noch einfach, hat es doch Europa nach nur eintausendneunhundertfünfundvierzig Jahren endlich geschafft, Frieden zu finden und gemeinsam mit dem einstigen Erzfeind auch einmal ein Croissant in den Café au lait zu stippen. Aber was genau soll denn der neue Staatsbürger von seiner neuen Heimat kennen und wissen? Hierzu wurde der Staatsbürgerschaftstest eingeführt. Das sind 310 fast kluge Fragen zu Deutschland, seiner Geschichte und zu berühmten Söhnen des Landes. Fakten und Zahlen spielen eine große Rolle. Natürlich wird auch Wissen zur freiheitlich-demokratischen Grundordnung abgefragt.

In föderalem Gerechtigkeitswahn wurden einige der Fragen auf das jeweilige Bundesland zugeschnitten. Baden-Württemberger, die wegen ihrer Kenntnisse der deutschen Hochsprache ausgebürgert werden, sollten deshalb schnell bei der örtlichen Volkshochschule einen Kurs in deutscher Flaggenkunde buchen. Denn wenn sie sich zum Beispiel in Mecklenburg-Vorpommern niederlassen wollen, sollten sie die erste Frage beantworten können: »Welche Farben hat die Landesflagge von Mecklenburg-Vorpommern?« Wenn es der ehemalige Nebenerwerbsbauer von der Schwäbischen Alb nicht weiß, hat er hier schon verloren.

Rätselhaftes verbirgt sich auch hinter der Frage: »Zu welchem Fest tragen Menschen in Deutschland bunte Kostüme und Masken?« Gemeint ist natürlich der Rosenmontag. Gerade Hamburg als Hochburg des närrischen Treibens ist berühmt für diese Tradition.

Für Menschen, die sich im Rheinland niederlassen wollen – welche Farben hat die Landesflagge von Nordrhein-Westfalen? – macht diese Frage jedoch durchaus Sinn. Unvorbereitet und stehenden Fußes würden sie das Rheinland verlassen und in Bremen um politisches Asyl bitten. Und Afro-Germanen, die am Rosenmontags-Morgen in Deutschland aufwachen, wären verschreckt und glaubten, sie seien wieder in ihrem Heimatland. Die Türken dagegen stellen an diesem Tag nur fest, was sie eigentlich immer schon vermutet haben: Die Deutschen sind verrückt geworden.

»Welche Farben hat die Landesflagge von Mecklenburg-Vorpommern?«

Eine weitere Aufgabe: »Sie möchten Ihrem Kind einen Hund schenken. Wozu sind Sie gesetzlich verpflichtet? Sie müssen den Hund ...« An dieser Frage bin ich gescheitert. Ich habe angekreuzt, man müsse seinen Hund gegen Tollwut impfen lassen. Ich bin schon so vertürkt, dass ich das Kästchen mit der Hundesteuer glatt übersehen habe.

Ein großer Teil derjenigen, die deutsche Staatsbürger werden wollen, kommt aus islamisch geprägten Ländern. Da ist die Hunde-Frage äußerst berechtigt, denn im Islam gelten Hunde mit wenigen Ausnahmen als unrein. Aber vielleicht ist das ja der wahre Grund, warum sie Deutsche werden wollen: Sie möchten endlich einen Hund halten. Weiß der Teufel, was den Urheber dieser Frage geritten hat. Ich bin dafür, dass sie durch die Frage »Wann wurde das erste deutsche Bier gebraut?« ersetzt wird. Oder: »Wenn Sie Schweinefleisch essen, worauf müssen Sie achten?«

»Was ist in Deutschland ein Brauch an Ostern?«

Die Sensibilität der nächsten Frage überrascht – und erst die Antwort! »Was ist in Deutschland ein Brauch an Ostern?« Geschickt politisch korrekt und äußerst tolerant gegenüber Menschen aus nicht-christlichen Religionen fragt man nicht nach dem Grund des Festes, die Auferstehung Christi, sondern sucht sich das bemalte Ei aus. Dass bunte Eier nicht immer etwas mit Ostern zu tun haben, erschließt sich dem Türken erst dann, wenn er in Bayern die bemalten Hühnereier auf der Theke seiner Bäckerei sieht. Die dort ganzjährig angebotenen gekochten Frühstückseier werden gefärbt, damit der Kunde sie von den rohen unterscheiden kann. Nachdem die Frage nach dem Ei in den Staatsbürgerschaftstest aufgenommen wurde, rufen die Türken in Bayern ständig aus: »Wie! Schon wieder Ostern?«

Böse Zungen behaupten, dass dieser ganze Test nichts brächte. Stures Auswendiglernen von Antworten macht aus einem Kongolesen noch lange keinen echten Sachsen und aus einem Kurden kein Mitglied eines Schäferhund-Zuchtvereins. Äh, welche Farben hat noch mal die Landesflagge von Sachsen?

***

Es ist vorgesehen, den Staatsbürgertest durch einen Intelligenztest zu ersetzen. Das hat gute Gründe, denn die Neubürger sollen dem Land schließlich nützen. Und das tun sie nur, wenn sie auch die entsprechenden geistigen Voraussetzungen mitbringen. Nicht dass wir Deutschen nur die Dummen abkriegen und die anderen hingegen die Schlauen.

»Welcher intelligente Mensch will denn nach Deutschland?«, fragen sich diejenigen, die ihr eigenes Land nicht mögen. Auch die geistige Elite der Inder wollte nicht mehr nach Deutschland. Man hatte ihnen schon von Weitem zugerufen: »Lieber Kinder statt Inder!« Natürlich haben sie das nicht verstanden. Die Deutschen waren auch nicht begeistert: »Ach nee, jetzt ein Kind, wo ich mir gerade ein Cabrio gekauft habe!«

Die Politiker sollen sich erst einmal selbst solch einem Test aussetzen, heißt es, dann wollen wir mal sehen, ob sie den überhaupt bestehen. Nun, wer im Glashaus sitzt, soll nicht mit Steinen werfen. Außerdem ist das ewige Herumhacken auf den Politikern böse und auch irgendwie ungerecht. Denn auch viele deutsche Politiker mussten ins Ausland auswandern. Sie sitzen jetzt als Migranten in Straßburg und Brüssel – welche Farben hat noch mal die belgische Fahne? – und wundern sich, warum die Menschen in diesen Städten alle französisch sprechen. Gut, dass der Intelligenztest einheitlich für ganz Europa gelten soll. Wenigstens entfallen dann die Fragen nach den Farben der Flaggen.

***

Wenn wirklich und nachhaltig die Integration der Türken in Deutschland bewirkt werden soll, gibt es einige Stellschrauben, an denen man drehen kann. Zunächst einmal: Verbot aller billigen Flüge in die Türkei. Sie sind der Schrecken jedes Menschen, der sich ehrlich um Integration bemüht. Waren das früher gute Zeiten, als die Türken nur einmal im Jahr in ihre alte Heimat reisen konnten! Da wurde der legendäre Ford Transit mit Kühlschränken und Matratzen beladen und los ging es: von Köln über Frankfurt, Wien, Сливница (das ist bulgarisch), Бургас/Burgas, Ankara und Konya nach Gaziantep, Hauptstadt der südost-anatolischen Provinz. Nach nur 3.639 Kilometern und drei Tagen Fahrtzeit, nonstop versteht sich, waren sie schon in ihrer Heimat. Zwei Generationen von Türken erinnern sich mit Schaudern an diese Torturen. Man blieb dann aber auch für vier bis sechs Wochen. Der deutsche Arbeitgeber zu Hause sah das gar nicht gern, denn eine pünktliche Rückkehr war nicht immer gewährleistet.

Zunächst einmal: Verbot aller billigen Flüge in die Türkei.

Seit den Neunzigerjahren ist Gaziantep von Berlin aus für 70 Euro erreichbar, die Flugzeit beträgt acht Stunden. Von München nach Kayseri geht es für 80 Euro, Flugzeit nur sieben Stunden. Wie sollen sich denn da die Türken in Deutschland integrieren, wenn sie jede Gelegenheit nutzen, um in ihre Heimat zu fliegen! Dies sogar drei, vier Mal im Jahr, zur Hochzeit eines Verwandten oder zum Geburtstag der Nine (Großmutter), die selbst einmal zwanzig Jahre in Castrop-Rauxel gewohnt hat. Manchmal fliegen sie auch einfach nur so, ganz spontan, weil sie eine tief verwurzelte Sehnsucht packt.

Diejenigen, die am ganz rechten Rand in diesem Land laufen, befürworten die Billigfliegerei. Allerdings nur, wenn es beim Hinflug bleibt und der Rückflug gestrichen wird. Das hieße dann: »Heimreise statt Einreise.« Solche Parolen dürfen in Deutschland im Wahlkampf tatsächlich plakatiert werden. Da fühlt man sich direkt wohl in diesem Land, besonders als hier geborener Deutscher türkischer Herkunft.

Auf dem Flug zurück von Istanbul nach Frankfurt geht das Flugzeug langsam in den Sinkflug. Die Maschine, kein Billigflieger, ist zum größten Teil mit Deutschtürken besetzt. Es ist schönes, wolkenfreies Wetter über dem Rhein-Main-Gebiet. Der Junge und seine Mutter auf den Sitzen neben mir drücken sich an der Scheibe die Nasen platt und bestaunen die imposante Skyline von Frankfurt. Mit einem tiefen Seufzer sagt der Junge auf Deutsch: »War ja schön bei Oma, aber jetzt sind wir endlich wieder zu Hause.«

***

Und noch ein heißer Tipp zur Integration: Der Türk-Sat muss abgeschossen werden. Dieser Satellit bringt nichts Gutes. Wie eine Spinne sitzt er im All und webt das Netz des Türkentums. Wir haben doch schon einmal erlebt, was Telekommunikations-Satelliten anrichten können. Schuppdiwupp hatten wir 20 Millionen Ostdeutsche im Land.

Und noch ein heißer Tipp zur Integration: Der Türk-Sat muss abgeschossen werden.

Das waren noch die guten alten BRD-Zeiten, als die Gastarbeiter zu den Kiosken laufen mussten, um sich zwei bis drei Tage alte Tageszeitungen aus der Türkei zu kaufen. Die ARD hatte spezielle Gastarbeiterprogramme in ihrem Angebot, die das Heimweh am Köcheln hielten. Informationen über Deutschland und die Deutschen gab's nicht. Schließlich dachten die Deutschen damals noch, dass die Gastarbeiter irgendwann wieder nach Hause gingen.

Aber dann wurden die türkischen Fernsehsatelliten ins All geschossen und in Position gebracht. Über Nacht hatten die Türken Satellitenschüsseln an allen möglichen und unmöglichen Stellen an und in ihrer sowie um ihre Wohnung herum angebracht. Jetzt konnten die deutschen Deutschen mit einem Blick erkennen, wo Türken wohnten. Sie liefen nun nicht Gefahr, eine Tabuzone zu betreten und mit den Bewohnern des Gettos in Berührung zu kommen. Sie konnten jetzt einfach drum herumfahren und -laufen.

Täglich senden TRT 1 TV, TRT 2 TV, TRT 3 TV, TRT 4 TV, TRT TURK TV, D YEŞILÇAM TV, YENI TV, OLAY TV & FM TV, KANAL 35 TV, FASHIONONE TV, AKSU TV, TV 58 TV, ATA TV, BASKENT-AB TV, SES TV, HILAL TV, ÇAY TV, 24 TV, CEM TV, SU TV, KARADENIZ TV, DOST TV, TGRT EU TV, FOXTURK TV, EURO STAR TV, PLUS MUZIK TV, TNT TV, TATLISES TV, MELTEM TV, MESAJ TV, EGE TV TV, RUSTAVI 2, D-SMART PROMO TV, EURO D TV, FB TV TV, BJK TV, DREAM TV, ATV TV, ATV 8 TV, KANAL D TV und BRTK KKTC TV.

Und das sind nur die Fernsehsender. Die Hunderte Radioprogramme in türkischer Sprache sind hier noch gar nicht mit aufgelistet. Das sind mächtige himmlische Heerscharen, die wie eine Heuschreckenplage über die deutschen Integrationsbemühten herfallen. Denn alle diese Satellitenprogramme senden in türkischer Sprache. Dieser Krieg ist nicht zu gewinnen. Da hilft nur rohe Gewalt. Es bleibt dabei: das Ding abschießen, dann ist endlich Ruhe am Himmel über Deutschland.

Aber bitte auch treffen. Nicht dass aus Versehen andere Satelliten zerstört werden. Dann könnten womöglich die Deutschen in Spanien, Griechenland, Italien, Tunesien, Frankreich, in der Türkei, auf Mallorca und sonstwo in der Welt keine deutschsprachigen Fernsehprogramme mehr empfangen. Dann wären sie den Integrationsbemühungen der dortigen Behörden hoffnungslos ausgesetzt. Und wehe, wenn dann auch noch die Rückflüge storniert werden!

***

Nun kann man Immigranten mit kleinen Veränderungen in der Alltagswelt auch helfen. Denken Sie an das Ampelmännchen in Ostdeutschland. Ein jahrelanger Streit mit der größten Randgruppe in Deutschland, den Ostdeutschen, hat dazu geführt, dass das Ampelmännchen mit der lustigen Mütze erhalten bleibt. Es wäre doch möglich, dass die Ampelmännchen in den Straßen der türkischen Gettos einen Schnurrbart tragen. Denn alle türkischen Männer haben einen Schnurrbart. Unter den Deutsch-Deutschen sind das nur ARD-Kommentatoren, die älter als fünfzig Jahre sind. Ein schöner Zug dieser Fernsehmänner, die allein durch ihr Aussehen schon einen wahrhaftigen Beitrag zu Integration leisten.

Wenn schon der Deutsch-Deutsche sein Grundgesetz nicht aufsagen kann, dann soll es wenigstens der Einwanderer können.

Fallstricke der Integration liegen aber auch ganz woanders. Die Büros der Migrationsbeauftragten lieben es, ihre wirklich gut gemeinten Ratschläge in Form von Broschüren an Frau, Mann und Kind zu bringen. Hierbei ist nicht von Belang, ob sie in deutscher oder türkischer Sprache gedruckt sind. Sie werden sowieso nicht gelesen. In der türkischen Kultur wird dem gesprochenen Wort mehr Bedeutung zugemessen als dem geschriebenen. Außerdem stammen die meisten der Ratsuchenden nicht aus der gebildeten Schicht der Immigranten. Sinnvoll ist auch, dass vorsichtshalber jeder Broschüre die Grundgesetze, also die allgemeinen Geschäftsbedingungen dieses Landes, beigefügt werden. Wenn schon der Deutsch-Deutsche sein Grundgesetz nicht aufsagen kann, dann soll es wenigstens der Einwanderer können.

***

»Ich hab ja nichts gegen Türken, aber sie sollen sich an unsere Gesetze halten«, meinte kürzlich eine Deutsche zu mir. Eine berechtigte Forderung, halten sich doch auch alle Deutschen an ihre eigenen Gesetze: Deswegen sitzt ja auch nicht ein einziger Deutscher im Gefängnis, sondern nur Türken.

Vor allem die bösen Terrorkids türkischer Herkunft, deren Strafregister so lang wie der Bart eines Imam sind, erregen Aufsehen. Die bösen Buben, minderjährig dazu, schlüpfen durch alle Löcher der deutschen Gesetze, die es nun einmal für jugendliche Straftäter vorgesehen hat. Die Richter sind zu weich und die Bösewichte werden wegen ihres Migrationshintergrundes verschont, so die einhellige Meinung der Medien. Und diese gibt natürlich nur das wieder, was die deutsche Mehrheit denkt. Am besten wäre es, man könnte die Heerscharen krimineller Jugendlicher loswerden – die Ausreise wird dringend empfohlen.

Wenn jedoch ein deutscher Junge verdächtigt wird, in der Türkei ein minderjähriges Mädchen sexuell belästigt zu haben, sieht plötzlich alles ganz anders aus. Dann ist das Geschrei in Deutschland groß. Der Junge saß lange in einem Untersuchungsgefängnis. Ja, auch in der Türkei gibt es Gesetze; auch Frauen haben dort Rechte. Die Medien hierzulande erzeugten mächtig Druck. Das sei zu hart, der Junge solle nach Hause, hieß es, und der Fall solle von der deutschen Gerichtsbarkeit untersucht werden. Also Heimreise in diesem Fall.

Heimreise wird auch für jene deutschen Touristen gefordert, die sich in muslimischen Ländern mit ein paar Kilo Rauschgift im Gepäck haben erwischen lassen und dafür ihre Strafe in einem dortigen Gefängnis absitzen müssen. Es sei die Hölle, wird geschrieben. Gern hätte man den eigenen Bürger zurück zu Hause, wo er dann in einem deutschen Gefängnis seine Strafe absitzen kann. In Gefängnissen, die gelegentlich auch gerne als Wellness-Hotel mit Vollpension beschrieben werden.

Die Lösung wäre ein Austausch der Gefangenen. Türkische Terrorkids gegen deutsche Drogenschmuggler und schon wäre die Welt wieder in Ordnung.

Die zweitgrößte Randgruppe in Deutschland

Unser Zwang, andere zu integrieren

Ich weiß gar nicht, ob ich das Wort Integration schon einmal gehört habe, bevor ich mit meiner Tätigkeit bei dem türkischen Radiosender begann. Jetzt höre ich ihn sehr häufig. Der Begriff Integration wird mit einer solchen Ernsthaftigkeit und Inbrunst diskutiert, dass einem angst und bange werden kann. Jeder legt ihn so aus, wie es ihm gerade passt. Klar ist nur: Ein Misslingen führt zwangsläufig zum Untergang des christlichen Abendlandes und ein Erfolg führt – ja, zu was denn eigentlich?

Was ist denn Integration? Die einen sagen, es reichte aus, wenn der Migrant die Sprache der Mehrheitsgesellschaft spricht. Ungeklärt ist dabei, wie umfangreich der Wortschatz sein und wie sicher die deutsche Grammatik beherrscht werden muss. Die anderen meinen, dass alle Migranten erst dann integriert seien, wenn sie nicht mehr auf irgendeine staatliche Unterstützung angewiesen sind. Es gibt auch diejenigen, die mit Integration die Einbindung der Migranten in das Wertesystem der Mehrheitsgesellschaft meinen. Die ursprünglichen Wertevorstellungen müssen dann natürlich abgelegt werden. Oder haben die beiden Gruppen etwa ein paar gemeinsame Werte? Vielleicht dürfen diejenigen aus der Minderheitengruppe auch ein paar eigene Werte mitnehmen. Wenn ja, welche? Und wer legt fest, welche das sind? Fragen über Fragen. Dieses Durcheinander sorgt gerade nicht für Sicherheit bei den Migranten.

Nun sind die Türken ja nur die zweitgrößte Randgruppe in Deutschland. Die größte kommt aus Ostdeutschland. Als diese rief: »Wir sind das Volk«, verstand man in Deutschland: »Wir sind ein Volk.« Jaja, die Präpositionen.

Nicht alle in Westdeutschland wollten die neuen Migranten in ihrem alten Land haben. »Ossi« kann da schon als eine liebevolle Bezeichnung dieser Neubürger angesehen werden. Despektierlich wurden sie auch Ostgoten genannt und der Landstrich, aus dem sie kamen, Dunkeldeutschland. Doch das half alles nichts. Die Wiedervereinigung war beschlossen. Ganz schnell wurden alle demokratischen Strukturen des Westens auch im Osten geschaffen. In den Köpfen der Menschen auf beiden Seiten blieb aber vieles beim Alten. Es würde mit der Zeit schon werden, war die landesweite Meinung, es wird schon zusammenwachsen, was zusammengehört.

Nun sind die Türken ja nur die zweitgrößte Randgruppe in Deutschland.

Die Wessis konnten auf keinen Fall zugeben, dass die neuen Landsleute aus Ostdeutschland Migranten in ihrem eigenen Land waren. Deshalb gab es für die Ostdeutschen kein Integrationsprogramm. Es gab Begrüßungsgeld. Die Türken hatten so etwas bei ihrer Ankunft nicht bekommen. Sie mussten gleich anfangen zu arbeiten. Die Ostdeutschen mussten sich auch keinem Staatsbürgerschaftstest unterziehen, um deutsche Staatsbürger zu werden. Durch die Wiedervereinigung wurden sie automatisch demokratische Deutsche. Es gab auch keine Kurse in politischer Bildung. Die Westdeutschen dachten, wenn sie eine Demokratie wollen, dann werden sie schon wissen, wie das funktioniert. Aber einige Ostdeutsche wollten nur mal nach Mallorca oder nach Lloret de Mar fahren. Oder im Karstadt in Göttingen shoppen gehen. Natürlich mit Bananen im Gepäck. Mit den Tücken des westlichen Alltags ließ man die Ossis allein.

»Als ich zum ersten Mal im Westen war, suchte ich die Toilette einer Autobahnraststätte auf. Ich wollte mir die Hände waschen, da sah ich, dass der Wasserhahn keine Drehknäufe hatte. Ratlos schaute ich mich um. Neben mir trat jemand an das benachbarte Wasserbecken, hielt die Hände unter den Hahn, und schon floss das Wasser. Ach so, dachte ich mir, und machte es ihm nach. Nur, bei mir kam kein Wasser. Schon trat der Nächste neben mich und bei dem klappte es auch. Bei mir immer noch nicht. Kaputt, dachte ich, wechselte das Becken und versuchte es dort – wieder erfolglos. Jetzt trat jemand an das Waschbecken, an dem ich vorher gewesen war, und dort funktionierte es. Jetzt war ich völlig verwirrt. Da tippte mir jemand auf die Schulter und wies auf ein Pedal unter dem Becken, auf welches man treten musste, damit das Wasser fließt. »Macht doch nix. Als ich damals aus der Türkei nach Deutschland kam, habe ich es am Anfang auch nicht kapiert.«

Thomas M. über sein erstes Erlebnis mit westdeutschen Armaturen.

***

Die Ostdeutschen durften ihre Kultur beim Eintritt in die westdeutsche Mehrheitsgesellschaft behalten. Sie bekamen zum Beispiel den Mitteldeutschen Rundfunk. Da kann bis heute jeden Abend im Fernsehen bewundert werden, wie das so war in der guten alten DDR-Zeit. Dieses Fernsehprogramm ist nicht nur im Osten zu sehen, sondern auch im Westen. So kann sich der westdeutsche Deutsche auch mal ein Bild von dieser Zeit machen.

Sprachlich waren ostdeutsche Migranten ein wenig hintendran, das hörte man sofort. Doch ihre Sprache durften sie weiterhin benutzen, es gab keinen Sprachunterricht für sie. Auch optisch waren die Neubürger auffällig. Die Frauen trugen zwar kein Kopftuch, doch Frisuren, die ein wenig aus der Zeit gekommen waren. Daran konnte man sie, auch wenn sie gerade nicht redeten, gut erkennen. Die Männer outeten sich über ihren Schnauzbart – hoppla, genau wie die Türken!

Die Männer outeten sich über ihren Schnauzbart – hoppla, genau wie die Türken!

Die Ostmigranten suchten Arbeit im Westen. Schon wieder Gastarbeiter, dachte man sich. In Westdeutschland sollten sie etwas Geld verdienen und damit dann in Keulnitz oder Pratzkow ein Hotel bauen. Auch wenn es mit den Türken nicht geklappt hatte, diesmal sollte es gelingen. Vielleicht wäre es besser, das dunkle Deutschland zu erhellen, dann würden die meisten wieder zurückgehen.

Einige ganz mutige Westdeutsche gingen auf Exkursion in die neuen Gebiete. Hier stießen sie auf Goldadern. Sie verkauften den im Konsumverhalten unerfahrenen und noch nicht vom Verbraucherschutz entdeckten Menschen Dinge, die diese eigentlich gar nicht brauchten. Sie tauschten Versicherungen, Lippenstifte, Damenstrumpfhosen, westdeutsches Bier und Autos mit mehr als 100.000 Kilometer auf dem Tacho gegen Geld. Damit dieser Tausch auch stattfinden konnte, wurde die Ostmark schnell zur D-Mark gemacht. So gab es beim Umwechseln keine Probleme.

Die Abenteurer erzählten bei ihrer Rückkehr den Daheimgebliebenen von ihren Eindrücken. Verfallene Häuser gab es da und die Öfen wurden mit Kohle befeuert, dementsprechend stank es im Winter. Die Straßen verdienten ihren Namen nicht. In der Dunkelheit konnte man das Hotel, das seinen Namen ebenfalls nicht verdiente, nicht verlassen, weil man sich mangels Straßenbeleuchtung hätte verirren können. Die Zuhörer schauderten und blickten die Erzählenden mit großem Respekt an. Der westdeutsche Pionier war ein Held. Auch ich war im Osten. »Sag mal, was machst du eigentlich, wenn du krank wirst, wenn du im Osten bist?« – »Wie meinst du das, wenn ich eine Erkältung habe?« – »Nein, wenn du so richtig krank wirst!« – »Na, dann geh ich in ein Krankenhaus.« – »Was, die haben da im Osten Krankenhäuser!?« Solche Dialoge entstanden nicht selten, während ich in Leipzig arbeitete.

Diejenigen, die sich selbst kein authentisches Bild von den neuen Bundesländern machen konnten, bekamen es auch nicht durch die Schule vermittelt. In den Siebzigerjahren war es üblich, dass westdeutsche Gymnasiasten mindestens einmal eine Klassenfahrt nach Westberlin machten, denn diese Fahrten wurden von der Bundesrepublik finanziell unterstützt. Mit solchen Unternehmungen sollte den jungen Menschen eindringlich nicht nur die Teilung der alten Hauptstadt, sondern auch die Teilung Deutschlands vor Augen geführt werden. Diese Fahrten hörten nach der Wiedervereinigung schlagartig auf. Jetzt fahren Schüler und Lehrer lieber nach Rom, Paris oder London – oder nach Antalya. Die Schulbehörden kamen nicht auf die Idee, die Schüler nun nach Görlitz, Schwerin oder Chemnitz zu schicken, damit die jungen Menschen die neu gewonnenen Gebiete selbst kennenlernen würden. Die meisten nach 1989 in Westdeutschland geborenen Menschen nennen auch heute noch die neuen Bundesländer Ostdeutschland, wahrscheinlich haben sie es von den Eltern und von den Medien übernommen.

Die Ostdeutschen kannten den Westen eigentlich nur aus dem westdeutschen Fernsehen. Das wurde in den Achtzigerjahren noch überwiegend durch die beiden öffentlich-rechtlichen Anstalten bestimmt. Man weiß heute nicht mehr so genau, was die Ossis so alles geschaut haben. Jedenfalls sah der Westen in Wirklichkeit ganz anders aus.

Da die Türken damals wie heute nur äußerst selten in den Medien vorkamen, wussten die Bewohner in Ostdeutschland überhaupt nicht, dass es solche Menschen im Westen gab. Sie selbst kannten keine Gastarbeiter. Natürlich, da gab es ein paar Leute aus den Ländern, die gerade zu den sozialistischen Bruderstaaten gehörten; Vietnamesen, Kubaner, Angolaner zum Beispiel.

Die Vietnamesen hatten aber keine Asia-Imbisse eröffnet, sondern studierten an den Universitäten ihres gastgebenden Landes. Mit den Werktätigen des Landes kamen sie kaum in Berührung. Wenn sie ihr Studium beendet hatten, verschwanden sie wieder. Also sie waren Gäste im wahren Sinne des Wortes. Die Russen waren keine Gäste, sondern überwachten misstrauisch, dass alles seinen sozialistischen Gang ging im befreundeten Bruderstaat.

Da die Türken damals wie heute nur äußerst selten in den Medien vorkamen, wussten die Bewohner in Ostdeutschland überhaupt nicht, dass es solche Menschen im Westen gab.

Da die wenigsten ihr Land verlassen durften, waren sie mit fremden Kulturen nicht in Berührung gekommen. Die Freunde im Westen waren zu der Zeit schon um die halbe Welt gereist und einige hatten auch mal ihre Hotelanlagen verlassen, um sich die Kultur ihres Urlaubslandes anzuschauen. Mit den fremden Kulturen in ihrem eigenen kleinen Westdeutschland konnten sie aber nicht viel anfangen.

Dann kamen die ostdeutschen Gastarbeiter in Köln an und mussten erstaunt feststellen, dass jeder zehnte Kölner türkischer Herkunft war. Ein Kulturschock. Für beide Seiten. Die einen wollten einen Arbeitsplatz und die anderen wollten ihn nicht hergeben. Die Ostdeutschen mussten sich hinten anstellen. Erst waren die Westdeutschen dran, dann kamen die Türken. So hatten sich die Ostdeutschen den Westen nun wirklich nicht vorgestellt. In dieser Zeit entstand auch folgender Witz: »Worin besteht der Unterschied zwischen einem Türken und einem Sachsen? Der Türke kann Deutsch und hat Arbeit!«

Damit alles ein bisschen schneller zusammenwuchs, was zusammengehört, und dann daraus blühende Landschaften entstünden, wurde der Solidaritätszuschlag eingeführt, wenn auch nur für kurze Zeit. Er galt für Menschen aus West wie Ost und auch für die Türken. Die türkischen Gastarbeiter, von denen immer noch viele Deutsch-Deutsche erwarten, dass sie bald wieder nach Hause gehen, griffen ihren Gastgebern bei der Renovierung ihres nun größer gewordenen Hauses finanziell unter die Arme. Es ist nicht die Rede davon gewesen, dass sie ihr Geld bei ihrer Ausreise zurückerhalten sollten.

Das fanden viele Türken nicht so gut, weil sie nicht von den neuen Bundesländern profitierten. Der Solidaritätszuschlag trug nicht gerade zur Freundschaft zwischen Ostdeutschen und Türken bei.

Warum hat es eigentlich nie ein Projekt zum Kennenlernen der beiden großen Randgruppen in Deutschland gegeben? Wenn schon nicht die Westdeutschen und die Türken zusammengewachsen waren, wie sollten dann erst Ostdeutsche und Türken miteinander klarkommen?

Tamer S. aus Berlin hatte mich gefragt, wo es denn schön sei in Deutschland. Er lebe jetzt seit 37 Jahren in Berlin und sei außer anlässlich eines Besuchs von Verwandten in Mannheim nicht über die Stadtgrenzen hinausgekommen. Ich schlug ihm spontan vor, München zu besuchen. Zu weit, meinte er. Da riet ich ihm, doch einmal nach Leipzig zu fahren. Die schöne Stadt werde ihm bestimmt gefallen. »Nach Leipzig, du spinnst wohl! Das liegt doch im Osten! Da werde ich bestimmt schon gleich am Bahnhof von den Altnazis erschlagen.« So gut ich ihm auch zuredete, er war nicht zu bewegen, sich einmal die sächsische Metropole anzuschauen.

Die Integration der Ostdeutschen ist kläglich gescheitert. Nachdem sie sich einige Jahre in ihrem neuen Deutschland und in Europa umgesehen hatten, griffen viele wieder nach ihren traditionellen Werten. Sie wählten wieder die Partei, die ihnen zu DDR-Zeiten zuwider gewesen war und die der Verursacher der ganzen Malaise gewesen war. Die Westdeutschen trauten ihren Augen nicht, als die Nachfolgerpartei, deren Vorgängerin schnell noch ein Millionenvermögen verschwinden ließ, erst die 5-Prozent-Hürde übersprang und dann auch noch in einigen Länderparlamenten die stärkste Kraft wurde. So hatten sich die Westdeutschen das aber nicht vorgestellt.

Noch schlimmer wurde es, als die Freunde dieser ehemaligen DDR-Partei auch noch auf die Idee kamen, ihr Parteiprogramm in den Westen zu exportieren und sich auch dort erfolgreich um Wählerstimmen zu bemühen.

Im Osten schlüpfte dann auch noch zeitweise die andere Partei, die eigentlich niemand mag, in die Plenarsäle, die Partei mit dem Slogan »Heimreise statt Einreise«. Sie machte es den Türken in Deutschland nun wirklich leicht, von einem Besuch der neuen blühenden Landschaften abzusehen. Wir würden ja auch nicht unbedingt in ein Land wollen, in dem auf Pappschildern »Deutsche unerwünscht« oder »Christen bitte ausreisen« steht. Da sich aber die Vertreter dieser Partei am liebsten selbst blamieren, bleibt sie Gott sei Dank nur eine temporäre Erscheinung.

Die Nachfolge der ehemaligen Staatspartei ist dagegen keine vorübergehende Erscheinung. Sie ist das Symbol für eine gescheiterte Integration. Für eine völlig misslungene Integration. Die westdeutschen demokratischen und kapitalistischen Werte haben wohl nicht ganz überzeugt. Die Sahnehäubchen des Westens wurden gerne geschleckt, aber der Kaffeesatz ist für einige dann doch wohl zu bitter.

So ist das, wenn eine Mehrheitsgesellschaft ihre Wertvorstellungen einer Minderheitsgesellschaft anbietet, und die sie aber dann doch nicht so toll findet. Die Westdeutschen haben einfach nicht das richtige Händchen für die Integration. Oder stimmen die Werte vielleicht nicht?

Da standen sie nun, die drei Volksgruppen: Westdeutsche, Türken und Ostdeutsche. Die Westdeutschen hatten über die DDR nur mitbekommen, dass sie existiert. Die Türken wussten von nichts und die Ossis hatten Westfernsehen geschaut.

In Ostdeutschland leben gerade einmal 24.508 Menschen türkischer Herkunft

Und es strömten noch weitere Asylanten in das Land. Überwiegend aus Afrika. Blutige Unruhen hatten Zehntausende nach Europa vertrieben. Die galt es aufzunehmen. Auch Deutschland war davon betroffen. Wie das in einem föderalen System so ist, wird nach einer Quote verteilt. Das gilt nicht nur für Geld und Abgabepflichten, auch Flüchtlinge werden unter den Bundesländern aufgeteilt. Da war es außerordentlich praktisch, dass fünf neue Bundesländer entstanden waren. Auch ihnen konnten Asylanten zugewiesen werden.

Allerdings erwies sich das als keine gute Idee, denn jetzt waren die Bewohner der ostdeutschen Gebiete völlig überfordert. Erst waren sie aus ihrer eigenen Gesellschaft gefallen, jetzt wurden sie auch noch mit fremden Hautfarben und Kulturen konfrontiert. In ihren angestammten Gebieten sahen sie sich auf einmal Eindringlingen ausgesetzt, die sie so nicht haben wollten. Also wehrten sie sich. Nach den ersten im Osten erfolgten Ausschreitungen gegen Asylanten betrachteten die Türken ostdeutsche Länder als feindliche Gebiete. Für sie waren die Ostdeutschen Nazis. Eine Meinung, die auch heute nur sehr schwer aufzubrechen ist. Während die Expansion der Dönerbuden in Westdeutschland zu einer erfolgreichen und kompletten Abdeckung des Landes geführt hat, ist in Ostdeutschland damit nie so richtig begonnen worden.

In Ostdeutschland leben gerade einmal 24.508 Menschen türkischer Herkunft (*Quelle: Bundesagentur für Arbeit; Statistik zum Mai 2006*). Sicher hat das auch mit fehlenden Arbeitsplätzen zu tun, aber so richtig wohl fühlen sich die Türken in Ostdeutschland nicht. Das verdeutlicht mein Erlebnis mit dem türkischen Fußballverein Türkspor Berlin. Dieser hatte den Aufstieg in die nächsthöhere Spielklasse geschafft, die Freude war groß. Vertreter des Klubs waren zu Besuch im Radiosender, um über die Berichterstattung in der nächsten Saison zu beraten. Große Sorge bereitete, dass nun auch gegen Vereine aus Brandenburg und Sachsen gespielt werden musste. Man befürchtete Beschimpfungen und tätliche Angriffe. Das ging so weit, dass ernsthaft überlegt wurde, ob der Platz in dieser Liga nicht besser zurückgegeben werden sollte.

***

Eine Gemeinsamkeit zwischen den Ostdeutschen und den in Deutschland lebenden Türken ist, dass man sie beide als Parallelgesellschaft bezeichnen kann. Eine Parallelgesellschaft ist eine Gemeinschaft, die nach ihren eigenen Werten, Normen und Interessen lebt. Gesellschaften, die sich nur in unbedeutenden Teilbereichen von der Mehrheitsgesellschaft unterscheiden, werden geduldet. Andere werden gefürchtet wie der Teufel das Weihwasser.

Die Bayern sind eine kleine Parallelgesellschaft, sie unterscheiden sich stark von den Berlinern. Eine weitere Parallelgesellschaft sind die Golfspieler, denn die setzen sich deutlich ab von den Handballspielern. Auch der Klub der VW-Golf-Besitzer hat zumindest in Bezug auf die Automarke eine andere Wertvorstellung als der stolze Besitzer eines Opel Mantas. Und die Deutschen vietnamesischer Herkunft haben nun einmal ganz andere Bräuche und Sitten als die Deutschen türkischer Herkunft.

Ein Staat zerfällt also in viele Parallelgesellschaften. Das ist auch gut so, sonst wäre das Leben in diesem Land unerträglich eintönig und langweilig.

Es gibt aber Parallelgesellschaften, deren Merkmale über die Bevorzugung einer besonderen Freizeitbeschäftigung oder der Präferenz einer bestimmten Automarke hinausgehen. Zum Beispiel die Parallelgesellschaft der Menschen mit Kindern, früher wurde das Familie genannt. Gemeinsame Werte mit Menschen ohne Kinder sind so gut wie überhaupt nicht feststellbar. Dagegen hat das Wertesystem der Parallelgesellschaft der Menschen ohne Kinder viele Überschneidungen mit dem der alten Menschen. Die Gruppe der Menschen mit Kindern kann aber dem Staat nicht gefährlich werden. Sie sind eine zahlenmäßig unbedeutende Randgruppe, die ruhig vernachlässigt werden kann.

Ein Staat zerfällt also in viele Parallelgesellschaften. Das ist auch gut so, sonst wäre das Leben in diesem Land unerträglich eintönig und langweilig.

Es gibt aber auch Parallelgesellschaften, die eigene Gesetze aufweisen und eine eigene Gerichtsbarkeit besitzen.

Eine solche ist keine Parallelgesellschaft mehr, sondern ein Staat im Staat. Wie in Italien. Der eine Staat ist der offizielle Staat, der andere Staat ist die Mafia.

Auch in Deutschland gibt es mehrere Staaten im Staat. So zum Beispiel die katholische Kirche. Sie ist keine Parallelgesellschaft, sondern ein Staat im Staat mit eigenen Gesetzen. Werden die eigenen Gesetze nicht beachtet, so wird vertuscht und geschwiegen, geleugnet und Verantwortlichkeiten hin und her geschoben. Was im Kirchenstaate Recht sein kann, kann im anderen Staate Unrecht bedeuten. Dringen dummerweise Missetaten der Angehörigen dieses Staates an die empörte Öffentlichkeit, ist der Staat im Staat beleidigt und lässt verlauten, dass das ja mal passieren kann und dass man das intern regeln werde. Es wird dann so lange intern geregelt, bis die weltlichen Gesetze, also die staatlichen – die anderen sind die göttlichen –, aufgrund von Verjährungsfristen nicht mehr greifen. Ebenfalls eine schöne Art, die Dinge zu regeln. Irgendwie haben beide Staaten damit kein großes Problem.

Ein weiterer Staat im Staat ist der Deutsche Fußballbund. Auch er hat seine eigene Gerichtsbarkeit in Bezug auf sein Regelwerk. Genauso wie im Kirchenstaate werden auch hier Dinge intern geregelt. Wettskandale und Vetternwirtschaft unter homosexuellen Schiedsrichtern sind nur Eisbergspitzen, die über den Rand des Fußballstaates in die Wirklichkeit des anderen, eigentlichen Staates hineinragen.

***

Wenn Integration heißt, dass es gemeinsame Werte gibt, dann hat die Integration von Ostdeutschen nicht geklappt. Eigentlich wollten die nur eine DDR de luxe, meinte ein christdemokratischer Politiker vor einigen Jahren zu mir. Sie scheinen auf dem besten Weg dazu zu sein – mit Unterstützung türkischer Wählerstimmen.

Türkische Migranten, vor allem diejenigen, die nach dem Militärputsch von 1980 nach Deutschland gekommen sind, mögen Parteien, die ein S in ihrem Namen tragen. Das S ist für sie ein Synonym für Freiheit, Gerechtigkeit und Brüderlichkeit. Wenn sie wählen dürfen, so unterstützen sie diese mit ihrer Stimme oder sind sogar selbst in ihnen aktiv. Der oberste Kurdenführer, der mich in dem türkischen Radiosender besucht hatte, reiste mit dem Ticket einer S-Partei. Es ist schon lustig, dass Neubürger türkischer Herkunft eine Partei unterstützen, die in ihrer Tradition einmal erklärt hat, dass Religion Opium für das Volk sei.

Mit den C-Parteien tun sich dagegen türkische Deutsche schwer. Denn das C, so empfinden sie, steht im Gegensatz zu ihrem muslimischen Glauben. Eine Einschätzung, die auf Gegenseitigkeit beruht. 1.300 Jahre alte Religionskonflikte haben ihre Spuren auf beiden Seiten hinterlassen.

Ein S hat aber auch die ehemalige Ostpartei im Namen. Dass diese nichts mit Religion zu tun hat, ist bis jetzt den wenigsten Türken aufgefallen. Schon allein, weil sich die Türken standhaft weigern, die östlichen Heimatländer dieser Partei zu besuchen. So kommt es, dass wenigstens parteipolitisch einige Neubürger türkischer Herkunft und Bürger ostdeutscher Herkunft zusammenpassen, wenn auch wohl aufgrund eines offensichtlichen Missverständnisses.

Integration sollte nach Ansicht vieler in Deutschland lebenden Türken aber nicht mit Assimilierung gleichgesetzt werden.

»Erst wenn ich Bier trinke und Schweinebraten esse, bin ich ein echter Deutscher. Ihr wollt nicht die Integration, sondern ihr wollt uns assimilieren. Ich aber möchte meine Kultur behalten.«
Ilhan H., Verlagskaufmann

Das Wort Assimilierung hören viele Türken gar nicht gern. Denn sie verbinden damit das Aufgeben aller ihrer Werte und Lebensvorstellungen. Eine assimilierte Gesellschaft bedeutet, dass alle in ihr gleich sind. Eine Gesellschaft wie ein Franchise-Unternehmen – wo man auch hinkommt, alles ist gleich. Das ist eine schöne und naive Vorstellung. Da die Türken das Wort Assimilierung nicht gerne hören, sagen viele einfach Integration, auch wenn sie damit eigentlich Assimilierung meinen. Viele türkische Menschen durchschauen diese Wortspielerei und pochen vehement darauf, ihre Lebensweise zu behalten. Zwar machen viele Zugeständnisse der einen oder anderen Art, aber zur vollkommenen Aufgabe ihrer Werte sind die wenigsten bereit.

Das Wort Assimilierung hören viele Türken gar nicht gern.

Ein Zugeständnis vieler Türken ist, dass sie ihre türkischen Namen aufgeben. Sie wählen im alltäglichen Leben den Namen aus ihren Vor- und Zunamen aus, den die deutsch-deutschen Menschen in ihrer Umgebung am besten aussprechen können. Nicht umsonst heißt für viele Deutsche der Mensch türkischer Herkunft Ali oder Aische. Aber letztendlich reicht auch das nicht aus.

Wieder einmal ein Integrationsgipfel, diesmal aber der besonderen Art, eingeladen und zugelassen sind ausschließlich Akademiker aus beiden Kulturen, denn es soll sich auf Augenhöhe begegnet werden. Nach den Workshops und anschließenden Diskussionen lädt der Veranstalter zum abendlichen Beisammensein, es wird in Grüppchen herumgestanden und geredet. In meinem Workshop war auch Aische Hoffmann gewesen, sie stand nun abends mit mir und einem weiteren Teilnehmer der Veranstaltung zusammen. Nach unserem Gespräch wurden die Visitenkarten getauscht, der Mann schaute auf die Karte von Frau Hoffmann und bemerkte: »Sie sind ja Türkin, dafür können sie aber gut Deutsch.«

Aber Aische kann sich trösten, das geht Ronny, Peggy, Jana oder Kevin auch nicht anders. Mit diesen Vornamen wird meist ein Mensch ostdeutscher Herkunft aus einem bildungsfernen Milieu in Verbindung gebracht. Nun würde es unsere Freude über die gelungene Wiedervereinigung verbieten auszurufen: «Ach was, sie heißen Ronny, dann sind Sie ja aus Ostdeutschland, dafür können Sie aber gut Deutsch.«

Meine Kollegin Monira S., das S. ist die Abkürzung für einen »sehr« deutschen Nachnamen, hatte die Aufgabe, deutsch-deutsche Kunden dazu zu bewegen, ihre Werbebotschaften in unserem Radioprogramm zu platzieren. Bei diesen Gesprächen übersahen einige, dass Monira nicht gleich Monika ist. In dem Glauben, dass sie es mit einer deutsch-deutschen Frau zu tun hätten, nahmen sie das Gespräch zum Anlass, über die Türken herzuziehen. Damit brachten sie Monira S. in tiefe Verlegenheit. Nur wenn es zu arg wurde, erklärte sie ihrem verdutzten Gesprächspartner, dass sie nicht Monika, sondern Monira heiße. In schöner Regelmäßigkeit wurde dann gesagt: »Ach so, Sie sind auch Türkin, hätte ich jetzt nicht gedacht. Sie sehen auch gar nicht so aus und dann der Nachname … Ja gut, sie sind natürlich ganz anders, aber die anderen Türken …« – und schon ging es weiter mit der Kritik an den Verhaltensweisen der Türken in Deutschland.

Nun hatten sich Aische Hoffmann und Monira S. nicht bewusst assimiliert, sondern waren durch Heirat zu ihren deutschen Nachnamen gekommen.

Aber was machen denn die türkischen Männer? K. beklagte sich bei mir, dass er ja nun wirklich wie ein Deutscher lebe, er sei hier geboren, habe sein Abitur gemacht und sein Studium absolviert, tränke ab zu ein Bier,

Schweinsbratwürstchen äße er zwar nicht, aber nicht, weil er etwas gegen Schweinefleisch hätte, sondern weil ihm generell Würstchen nicht schmecken. Nun waren seinen Vorfahren kurdischer Herkunft und er sah so aus, wie sich Deutsche Türken vorstellen. »Färbe dir doch einfach die Haare blond«, war mein nicht ganz ernst gemeinter Vorschlag. Er nickte ernst. »Aber dann bleibt noch immer mein Nachname.« – »Kein Problem, such dir eine deutsche Frau, heirate sie und nimm ihren deutschen Namen an.« Nur weil K. ein wirklich guter Freund ist, ist mir nichts passiert.

Es geht aber bei der Integration um Assimilierung. Kein Kopftuch, keine Moschee, keine eigene Sprache mehr und das auch innerhalb der Familie, sonst wird die schiefe PISA-Studie noch schiefer. Kein weiteres Auffallen in der Mehrheitsgesellschaft. Ich brauchte lange und viele Integrationsgipfel und -gipfelchen, um das zu begreifen.

Mit dieser Auffassung von Integration steht Deutschland beileibe nicht allein in Europa da. Denn die europäische Kommission hat nachgedacht und möchte ein Verbot der Burka einführen. Die Burka verschleiert den ganzen Körper einschließlich des Gesichts der Frau. Das Verbot ist eine gute Sache. Denn die Ganzkörperverschleierung, hier schon einmal für das Unwort des Jahres vorgeschlagen, ist ein direkter Angriff auf die europäische Gesellschaft. Wenn diese toleriert werden sollte, dann bekommt das Wort Toleranz seine wahre Bedeutung: lateinisch »tolerare« heißt zu Deutsch »erdulden«. In Saudi-Arabien dürfen europäische Frauen in der Öffentlichkeit auch keinen Rock tragen, und damit ist kein kurzer gemeint. Das ist auch richtig so, denn sie würden die dortigen Werte verletzen. In Europa verletzt die Vermummung aber den Wert des Menschen auf eigene individuelle Entfaltung und zu dieser gehört das Zeigen des eigenen Gesichts dazu. Unsere Zivilisation beruht nun einmal darauf, dass jeder Mensch sein Gesicht zeigt. Wie sieht eigentlich ein Personalausweis dieser Frauen in Europa aus?

Der Anteil der Frauen mit Ganzkörperverschleierung im europäischen Raum ist so verschwindend gering, dass man sich wichtigeren Problemen zuwenden sollte.

Das Vorhaben der europäischen Kommission, so gut es gemeint ist, hat aber eine skurrile Komponente, denn der Anteil der Frauen mit Ganzkörperverschleierung im europäischen Raum ist so verschwindend gering, dass man sich wichtigeren Problemen zuwenden sollte.

***

Deutschland besteht aus drei großen Teilen: Westdeutschland, Ostdeutschland und Türkdeutschland. Leider scheint in Türkdeutschland nicht so oft die Sonne wie in der wirklichen Türkei. In Türkdeutschland liegen auch die anatolischen Dörfer, die sich nicht integrieren lassen und auch nicht wollen. In Ostdeutschland liegen die anatolischen Dörfer in den Köpfen derjenigen, die glauben, früher wäre alles gerechter, menschlich wärmer und solidarischer zugegangen. Und die Wessis? Die haben bis heute nicht verstanden, dass es den Westen schon lange nicht mehr gibt.

Die Integration der Ostdeutschen hat deshalb nicht geklappt, weil die Westdeutschen sie gar nicht erst versucht haben. Aber das mit den Türken sollte dringend klappen, immerhin möchte man doch jetzt so langsam, nachdem die Türken bereits 41 Jahre im Land sind, damit beginnen. Aber irgendwie fehlt mir das Vertrauen in die Integrationskompetenz der Deutschen, ich kann mir nicht helfen ...

Das Beste aus beiden Kulturen

Wie Türken und Deutsche sich bei der jeweils anderen Kultur bedienen

Dass Kultur auch permanenten Wandel bedeutet und die ständige Auseinandersetzung mit anderen, fremdartigen Einflüssen beinhaltet, wird oftmals übersehen. Gerade durch seine zentrale Lage in Europa war und ist Deutschland schon immer den Einflüssen anderer Kulturen ausgesetzt. Einige behaupten, die deutsche Kultur sei bereits reich genug an wunderbaren Dingen und nicht mehr zu verbessern. Andere sind sich in diesem Punkt nicht so sicher und vertreten die Auffassung, dass fremde Kulturen durchaus auch die deutsche Kultur noch bereichern könnten.

Wir in der alten Bundesrepublik haben uns ja erst vor einigen Jahrzehnten das Beste aus einer fremden Kultur angeeignet. Manche von uns ganz freiwillig. Andere wiederum konnten sich der amerikanischen Kultur gar nicht widersetzen, weil sie mit sehr starkem medialen und ökonomischen Druck verbreitet wurde. Dabei ging es nicht nur um Bluejeans und Coca-Cola. Der Einfluss war so gewaltig, dass beispielsweise fast alle deutschen Radiosender eigentlich amerikanisch-englische Musikradios sind, die lediglich in deutscher Sprache moderiert werden. In vielen Bereichen haben wir unsere Lebensweise dieser Kultur komplett unterworfen und so nachhaltig geändert, dass eine Rückkehr zu alten Traditionen nicht vorstellbar ist. Beobachten Sie einfach mal, mit welcher Körpersprache Jugendliche einander begrüßen, und vergleichen Sie das mit den Bewegungen schwarzer Popstars in Videos und Spielfilmen. Dann ahnen Sie, wie veränderungsfähig und -willig die deutsche Kultur ist. Und darüber dürfen wir uns freuen.

Wir in der alten Bundesrepublik haben uns ja erst vor einigen Jahrzehnten das Beste aus einer fremden Kultur angeeignet.

Wenn Sie einen türkischstämmigen Deutschen fragen, was denn für ihn das Beste an der deutschen Kultur sei, kommt die Antwort wie aus der Pistole geschossen: die Pünktlichkeit. Der deutsche Bildungsbürger rauft sich dann seinen germanischen Blondschopf und würde am liebsten schreien: »Das ist eine deutsche Eigenschaft und keine kulturelle Errungenschaft, du tumber Enkel eines anatolischen Viehtreibers!«

Stattdessen erwidert er sanft: »Interessant, ich hatte da eher an einen unserer Dichter und Denker gedacht.«

Wenn er dann die Antwort »Ah ja, Dieter Bohlen oder Mario Barth!« erhält, wird er das Gespräch schleunigst abbrechen, denn er weiß: Auch ein Schöngeist kann in gewissen Situationen zum Totschlag im Affekt neigen, was zu vermeiden ist.

Auch wenn Pünktlichkeit eine Eigenschaft und keine Errungenschaft ist, wird sie von deutschen Türken maßlos bewundert. Pünktlichkeit ist für sie die Essenz der deutschen Kultur. Nur warum übernehmen sie sie dann nicht in ihren Best-of-Mix? »Ich nehme mir einfach das Beste aus beiden Kulturen«, antworten viele Türken ganz ungeniert auf die Frage, wie sie denn damit zurechtkämen, in zwei Kulturen zu leben.

Doch gefährden die Türken nicht die deutsche Identität, wenn sie sich einfach die Eigenschaften unserer Kultur einverleiben? Um dieser Bedrohung entgegenzuwirken, wurde ein ganz schweres Geschütz an die Integrationsfront gestellt: die deutsche Leitkultur. Der Begriff wird wohlgemerkt mit »t« und nicht mit »d« geschrieben. Schon die Definition des Worts Kultur ist schwer und die der deutschen Leitkultur allemal. Interessierte mögen bei Google nachschauen, dort gibt es zum Begriff Kultur 119.000.000 Einträge, zu deutscher Kultur 12.500.000 und zu deutscher Leitkultur 31.200 Einträge.

Doch gefährden die Türken nicht die deutsche Identität, wenn sie sich einfach die Eigenschaften unserer Kultur einverleiben?

Bundestagspräsident Norbert Lammert brachte es im Dezember 2005 in einem Beitrag in der »Welt« auf den Punkt: »Wenn ein Europa der Vielfalt nationale Identitäten bewahren und dennoch eine kollektive Identität entwickeln soll, braucht es eine politische Leitidee, ein gemeinsames Fundament von Werten und Überzeugungen. Eine solche europäische Leitidee bezieht sich notwendigerweise auf gemeinsame kulturelle Wurzeln, auf die gemeinsame Geschichte, auf gemeinsame religiöse Traditionen.«

Der Begriff wurde nach einer langen und sehr ernsthaft geführten Debatte von vielen Seiten ordentlich aufgeladen. Mit Goethe, Beethoven, Weißwurst, Grundgesetz, Bier, Demokratie, Brezeln, Einheit, Eisbein, freiheitlich-demokratischer Ordnung und Disziplin als Munition wurde auf die türkischstämmigen Deutschen gefeuert. Aber schießen und treffen sind zweierlei Dinge. Der Schuss ging ins Leere, denn die Türken hatten sich längst der deutschen Kultur bemächtigt. Frei nach Oskar Wilde: »Ich habe einen ganz einfachen Geschmack, von jedem nur das Beste«, haben sie sich das Beste bereits rausgepickt und mit dem Besten ihrer eigenen Kultur gemixt. Eine ganz eigene Art von Multikulti.

Auch wenn die Türken die deutsche Pünktlichkeit schätzen, erschwert sie doch neben anderen Unterschieden zwischen der deutschen und türkischen Kultur die Durchführbarkeit einer gelungenen deutsch-türkischen Veranstaltung. Schriftliche Einladungen an türkische Gäste zu verschicken kann man getrost vergessen, sie werden sowieso nicht gelesen. Bei ihnen erfolgt die Informationsübermittlung per Mundpropaganda. Deutsche tauchen spätestens zehn Minuten vor der verabredeten Zeit in Mantel und mit Schirm bewaffnet auf und halten ihre Einladungen fest in der verschwitzten Hand. Von den Türken ist zur festgesetzten Uhrzeit noch keine Spur. Ja wo bleiben sie denn? Die meisten türkischen Gäste tauchen erst nach etwa zwei Stunden auf und es kann gut sein, dass einige noch vier Stunden nach dem offiziellen Beginn erscheinen. Die Deutschen sind dann schon längst wieder gegangen.

Sobald die Staatsmacht im Spiel ist, stehen auch die Türken stramm. Das ist dann der Augenblick, in dem sich die Türken gerne die Preußen aus dem Morgenland nennen.

Ganz anders sieht das aus, wenn die Veranstaltung von einer staatlichen Stelle durchgeführt wird. Da ist es dann egal, ob die türkische Botschaft zur Feier der Staatsgründung oder die staatliche Stiftung »Integration. Jetzt!« zum interkulturellen Austausch einlädt. Sobald die Staatsmacht im Spiel ist, stehen auch die Türken stramm. Das ist dann der Augenblick, in dem sich die Türken gerne die Preußen aus dem Morgenland nennen.

***

Die deutsche Pünktlichkeit wird gerne passiv genutzt, zum Beispiel in Form der Abfahrtzeiten der deutschen Bahn. Deren Pünktlichkeit ist zugegebenermaßen ein Mythos aus der Zeit, als Mitarbeiter der deutschen Bahn noch Staatsbeamte waren. Damals konnte man noch die Uhr nach dem Pfiff des Stationsvorstehers stellen. Aber die Bahn ist von Migranten unterwandert worden, denen es ziemlich egal ist, wann der Zug abfährt. Die Erinnerung an die Pünktlichkeit hat die jetzige Generation der türkischen Deutschen von ihren Eltern übernommen und sie glauben immer noch daran.

Die Deutsche Bahn ist ein gutes Beispiel dafür, dass sich beide Kulturen in ihrem Zeitverständnis stark angenähert haben. Endlich einmal ein positives Beispiel einer gelungenen beiderseitigen Anpassung. Die Deutsche Bahn hätte einen Integrationspreis verdient. Auch deshalb, weil mittlerweile jeder Fahrpreis bei ihr verhandelbar ist.

Türken verstehen unter Kultur und der deutschen Kultur im Speziellen etwas ganz anderes als wir. Der in Deutschland lebende Türke versteht aber auch unter türkischer Kultur etwas ganz anderes als der Türke in der Türkei. Der kosmopolitische Deutschtürke ist ein wahrer Connaisseur der deutschen Kultur. Manchmal weiß der türkische Kosmopolit mehr über die deutsche Kultur, als der Deutsche nur ahnen kann. Er wird Ihnen als Erstes vom deutschen Bier, den leckeren Schweineschnitzeln (gerade der Verzehr von Schweinefleisch macht ihn zum Weltbürger) vorschwärmen. Es ist eine türkische Eigenschaft, erst einmal die Küche der Mehrheitsgesellschaft zu loben, um dann dem deutschen Bildungsbürger das zu geben, nach dem dieser lechzt: Da fallen dann die Namen von Dichtern wie Heinrich Heine, Goethe und Grass. Er wird Ihnen von deutschen Errungenschaften vorschwärmen, die noch nicht mal die Deutschen selber kennen. Aber leider gibt es von dieser Spezies nur ganz, ganz wenige. Ein Glück für alle, denen die Integration als Broterwerb dient.

Die Türken sind vor allem wegen der deutschen Sozialversicherungen ins Land gekommen, glauben viele Deutsche.

Eine weitere großartige kulturelle Errungenschaft der Deutschen ist für die Türken das Verantwortungsbewusstsein. Der Deutsche übernimmt gerne die Verantwortung für sich und für andere. Auch wenn er dann manchmal das Gefühl hat, er würde die Last der ganzen Welt alleine schultern. Dieses Gefühl macht ihn nicht froh. Gleichzeitig unterstellt der Deutsche anderen, dass es ihnen an Verantwortungsgefühl mangelt. Vor allem der Umwelt gegenüber.

Die Türken sind vor allem wegen der deutschen Sozialversicherungen ins Land gekommen, glauben viele Deutsche. Diese deutsche kulturelle Errungenschaft würde sie am Bleiben halten. Was einem gegeben wird, dass nimmt man auch. Außerdem meinen viele, die Türken hätten nur deshalb so viele Kinder, um noch mehr aus dem großen Topf zu erhalten. Man kann die Sache aber auch ganz anders sehen: Die deutschen Rentner erhalten ihre Rente in einer bestimmten Höhe heute nur noch, weil es unter anderem die Türken waren, die die Rentenkassen damals aufgefüllt haben.

Trotzdem sind einige der Meinung, dass die Türken erst dann wieder gingen, wenn man ihnen keine finanzielle Unterstützung mehr gewährte. Dann würden aber

1,2 Million Ostdeutsche gleich mit verschwinden. Und natürlich auch die 440.000 Berliner. Also insgesamt über 4 Millionen Menschen. Und den 100.000 Menschen, die die Sozialversicherungen verwalten und auszahlen, würde glatt der Job entzogen.

»Ich habe gestern Murat am Flughafen Frankfurt abgeholt, er ist der Cousin des Onkels meiner Mutter, also irgendwie mit mir verwandt, wie genau, weiß ich auch nicht. Er kommt aus einem kleinen Ort in der Nähe von Erzurum. Er war noch nie in Deutschland. Als wir dann auf dem Weg nach Mannheim waren, bewunderte er die tolle Autobahn. Ist wahrscheinlich nur wegen des Flughafens, bemerkte er. ›Nein‹, erwiderte ich, ›die sind in fast ganz Deutschland so.‹ Er glaubte, ich hätte einen Scherz gemacht. ›Aber das Tollste‹, sagte ich ihm, ›du kannst in Deutschland leben ohne zu arbeiten. Der Staat gibt dir im Monat 341 Euro und übernimmt die Miete für die Wohnung.‹ ›Du spinnst‹, meinte Murat, ›das gibt es doch nicht! Ihr Türken in Deutschland habt euch aber einen merkwürdigen Humor angeeignet.‹ Damit war für ihn das Thema beendet.«
Can, 31, Taxifahrer

***

Aber auch die Deutschen haben sich bei den kulturellen Eigenschaften der türkischen Deutschen bedient. Das erkennt man an der »Bussibussi-Gesellschaft«. Mit diesem Schimpfwort wurden in den Sechziger- und Siebzigerjahren die oberen Zehntausend bedacht. Sie waren reich oder taten auch nur so und hatten so viel Zeit, dass sie dauernd feierten. Ihr mondänes Partyleben war allen aufrechten und tüchtigen Deutschen, die strebsam morgens zur Arbeit gingen, ein Dorn im Auge. Mit den Langhaarigen hatte man doch schon genug Gesindel am Hals, nun musste man auch noch dem schamlosen Treiben der Berufserben und anderer Leute zuschauen, deren Reichtum bestimmt nicht mit ordentlicher Arbeit erworben war.

Heute sind wir alle ein bisschen »Bussibussi« – dank der Türken. Männer scheuen sich nicht, Männer zu küssen, und Frauen geben Frauen ein Bussi, ohne gleich in Verdacht der gleichgeschlechtlichen Liebe zu geraten. Früher wäre das unmöglich gewesen. Und dann noch schamlos in aller Öffentlichkeit. Die Deutschen haben sich die Dauer-Küsserei der Türken einfach abgeschaut und wie vieles auch diese liebevolle Umgangsform perfektioniert: Während es die Türken bei einer nur hingehauchten Berührung der Wange belassen und sonst jeglichen Körperkontakt vermeiden, gehen die Deutschen direkt auf Tuchfühlung. Da wird dann der Körper gedrückt und gequetscht, bis selbiger fast platzt.

Wenn man als Deutscher in der türkischen Gesellschaft unterwegs ist, ist man also schon mal auf die häufige Wangenknutscherei eingestellt. Aber Vorsicht, deutsche Männer! Wenn ihr glaubt, Ihr könnt euch bei dieser Gelegenheit an jede hübsche weibliche Türkenbacke ranmachen, dann werdet ihr schnell ein blaues Wunder erleben, nämlich auf eurer eigenen Wange. Grundsätzlich gilt bei Türkinnen, sie sollten nicht jünger sein als Sie, sie sollten verheiratet sein und – ganz wichtig – Sie sollten ihren Mann sehr gut kennen. Und bitte nur Wange an Wange und Finger bei sich halten. Bei Männern können Sie ungestüm loslegen, egal, ob Sie den Mann kennen oder nicht, aber bitte auch da die Finger bei sich halten.

***

Die Deutschen haben den Türken auch ihren neu erwachten Nationalstolz mit zu verdanken. Die Türken haben nie so richtig verstanden, warum wir Deutschen nicht auf unser Land stolz sind. Jahrzehntelang sah man die deutschen Fahnen höchstens traurig in einem deutschen Schrebergarten, der meistens auch noch von einem bellenden Schäferhund bewacht wurde, am Mast hängen. »Was schämt ihr euch denn für euer Land?« – »Tja«, murmelte man, »unsere Geschichte, du weißt schon.« – »Ach Quatsch, ihr habt doch nach dem Krieg alles wieder schön aufgebaut und ihr habt die tollsten Autobahnen der Welt, und ihr seid dreimal Fußballweltmeister geworden. Was sollen wir denn sagen? Wir sind nur einmal ins Halbfinale gekommen!«

Während es die Türken bei einer nur hinge-hauchten Berührung der Wange belassen und sonst jeglichen Körperkontakt vermeiden, gehen die Deutschen direkt auf Tuchfühlung.

Recht hat der Türke, haben wir uns dann gedacht und endlich mal wieder die Fahne ausgerollt, die Autos schwarz-rot-gelb dekoriert, die Wangen mit den nationalen Farben bemalt. Und fahren nach manchen Fußballsiegen – denn wir feiern nur, wenn wir gewonnen und schön gespielt haben – unsere Elf feiernd laut hupend durch die Stadt. Ja, ihr lieben Türken, auch unsere Autos haben Hupen. Alle zwei Jahre, bei Europa- und Weltmeisterschaften, wird wieder, die deutschen Fahnen schwingend, durch die Gassen gelaufen und es stört uns noch nicht einmal, dass auch türkische Deutsche mitrennen. Gut dass die »Süper Freunde« mitfeiern, weil die deutschen Deutschen ja so wenige sind, dass sie in ihrem eigenen Land gar nicht mehr auffallen. Das ist Integration.

Auch im Ausland wurde diese Veränderung positiv aufgenommen. Nach der Fußball-WM 2006 wurde einigen ausländischen Besuchern bei ihrer Rückreise in ihr Heimatland die Frage gestellt, was ihnen denn an Deutschland besonders gefallen hätte. Ein Arzt aus Argentinien meinte verwundert, er hätte nie gedacht, dass Deutsche auch feiern könnten.«

Und damit wir überhaupt Siege feiern können, haben wir den Türken gleich auch noch ihre besten Spieler geklaut und sie natürlich – na? – perfektioniert. Drei deutsche Tugenden haben wir ihnen verpasst: Disziplin, Disziplin und noch mal Disziplin. Nur mit den aus echt deutscher Eiche geschnitzten Fußballern wären wir nicht weit gekommen. Und hätten die türkischstämmigen Kämpfer für ihre ehemalige Heimat gestürmt, wären sie sowieso in der Vorrunde ausgeschieden. Mit dieser Verstärkung kommen die deutschen Fußballer auch einmal in ein Finale. Das ist tatkräftige Integration, wie der deutsche Fußballbund sie versteht.

Um einmal über den eigenen Tellerrand hinauszuschauen: Wie sieht es denn in anderen Ländern aus? Bei der Fußball-WM 1998 in Frankreich schoss der tunesischstämmige Franzose Zinedine Zidane im Finale gegen Brasilien Les Bleus mit zwei Toren in Führung. Als dann Emmanuel Petit mit dem dritten Tor alles klarmachte, begeisterte sich der Fernsehreporter des französischen Staatsfernsehens: »Endlich schießt auch mal ein Franzose ein Tor.«

***

Wenn man früher durch die deutschen Lande ging und es wurde gelacht, dann war sofort klar: Das müssen Ausländer sein. Nicht nur die Engländer waren der Ansicht, dass die Deutschen nicht gerade zu den humorvollsten Völkern der Welt zählen. Trat man vor eine Verkaufstheke eines Geschäfts und wurde von einem freundlichen Gesicht bedient, so war man entweder beim türkischen Gemüsehändler oder im asiatischen Supermarkt. Besonders schlimm war es, wenn man ein deutsches Fleischereifachgeschäft oder eine Bäckerei aufsuchte. Wenn man fatalerweise die Wurst oder das Backwarenprodukt falsch titulierte, wurde man mit einem mitleidigen Gesichtsausdruck pädagogisiert.

Doch damit ist es vorbei! Eine herrlich ansteckende Krankheit ist diese Fröhlichkeit. Die Türken haben uns infiziert. Die Krankheit verläuft eher schubweise, wird jedoch gesteigert durch die Zufuhr alkoholischer Getränke. Symptome können aber auch im nüchternen Zustand auftreten. Jetzt wird auch in Deutschland zwischen Aschermittwoch und dem 10. November öffentlich gelacht, und das ganz individuell und völlig unorganisiert. Wenn auch noch nicht nach 22 Uhr in Wohngebieten. Aber in den Zeiten, in denen wir unsere Flaschen in die Glascontainer feuern dürfen, lachen wir durchaus auch mal in der Öffentlichkeit, selbstverständlich meistens über andere.

Trat man vor eine Verkaufstheke eines Geschäfts und wurde von einem freundlichen Gesicht bedient, so war man entweder beim türkischen Gemüsehändler oder im asiatischen Supermarkt.

Da in Bäckereien mittlerweile Menschen aus Eritrea oder Marokko hinter den Theken stehen, die sowieso nicht Deutsch verstehen, werden wir auch nicht mehr belehrt. Dieser Umstand lässt uns umso befreiter auf die Straße gehen, um dort lauthals darüber zu lachen, wie falsch der Afrikaner die Wurstsorte oder das Backprodukt benannt hatte.

Leben Sie ein planloses Leben!

Dem Türken ist das Leben eine Lust, dem Deutschen eher eine Last. Oft weiß der Deutschtürke morgens noch nicht, was er mittags machen wird. Der Deutsche jedoch hat bei seiner Geburt den Bausparvertrag in der Tasche und weiß mit Mitte zwanzig, was er mit 65 machen wird. Er hat einen Plan, und den arbeitet er ab. Ohne seinen

Plan taumelt er orientierungslos umher. Die Deutschtürken leben in den Tag hinein, denn sie haben Zeit und die Deutschen haben sie nicht. Zeit ist Geld. Also sind die Deutschen arm, weil sie nie Zeit haben, und die Türken sind reich. Zwischen Türken und Deutschen herrscht ein komplett anderes Zeitverständnis und dies führt zu Missverständnissen.

Die Türken leben in der Zeit, für sie ist sie ein Element der Natur und daher nicht planbar oder zu beeinflussen. Wie kann man da Zeit sparen oder gar verlieren? Tätigkeiten werden nach ihrer Wichtigkeit ausgeführt, aber genauso auch unterbrochen, wenn sie ihre Bedeutung verlieren. Oder die Dinge werden gleichzeitig ausgeführt, wenn es sein muss. Zeit ist einfach da und Warten ist normal, weil ja alle Menschen genug Zeit haben. Für Türken ist das Heute die beste Zeit und somit sind sie glücklich. Gespräche dauern halt länger, weil man sich viel zu erzählen hat, auch unter Geschäftspartnern. Höfliche Deutsche beginnen ein Gespräch mit einem kurzen »Warm-up«, um dann gleich zum Thema des Treffens vorzudringen. Die meisten aber überspringen auch diese kurze Anwärmphase.

Ein Plan hat zur Folge, dass man ihn ständig überprüfen muss und oft feststellt, dass man hinterherhängt. Das stresst. Die Deutschtürken lieben die Spontaneität. Soeben haben sie mit einem für die nächsten Tage einen wichtigen Termin vereinbart und dann erfahren sie, dass ihr Gesprächspartner für drei Wochen in die Türkei verreist ist. Das ist Lebensfreude! Also lassen Sie den Plan Plan sein und gehen Sie Tee trinken. Morgen scheint auch noch die Sonne.

Das Beste an der türkischen Kultur ist für mich der heroische und positive Glauben des türkischen Lebensmittelhändlers an das Gute in seinen Kunden. Ich gehe gern in sein Geschäft und bitte ihn, mir statt der obligatorischen Gratis-Orange eine Flasche Wasser zu schenken. Wenn sie leer ist, werfe ich sie als Deutscher natürlich nicht bei der nächsten Gelegenheit aus dem Autofenster, sondern bitte den Händler, sie zurückzunehmen. Der schaut dann nur konsterniert, denn im türkischen Handel ist das Flaschenpfand völlig unbekannt. Er überlässt vertrauensvoll dem Kunden die Aufgabe, die Dinger umweltgerecht zu entsorgen. Wie Voltaire glaubt er an das eigenverantwortliche Tun des Menschen. Er ist der Philosoph der Einwegflasche. Den pädagogischen Kern der ganzen Veranstaltung rund um das Flaschenpfand nimmt er gar nicht wahr.

Nun ist die Erfindung des Flaschenpfands eine wirklich sehr gute Idee. Aber irgendwie haben die Deutschen diesmal ihren Perfektionismus einfach übertrieben. Wenn man wieder einmal von seinem Getränkehändler mitgeteilt bekommt, dass er diese oder eine andere Flasche nicht gedenkt zurückzunehmen, wird man ein wenig ungeduldig und vielleicht auch zornig. Genervt bittet man den Fachmann in Sachen Flaschenpfand, das Ding einfach in den Müll zu schmeißen, und erhält prompt die Antwort, das sei nicht erlaubt. Nachdenklich geworden, geht man dann zu seinem türkischen Lebensmittelhändler, darf selbstverständlich gerne seinen Mülleimer benutzen, um die heimatlose Flasche zu entsorgen, nimmt noch ein wenig Obst mit und schält auf dem Heimweg seine Gratis-Orange, noch immer auf der Suche nach dem Fehler im System.

Halten Sie sich an keine Verbote! Verbote kennt der Türke nicht ...

Das ist kein böser Wille. Aber Verbote muss man lesen und Türken lesen nicht. Im Sommer lässt er sich mit seiner Familie gerne in öffentlichen Parks nieder, um durch das manchmal schöne

Wetter beflügelt einen langen Grilltag zu genießen. Im Gegensatz zu deutschen Grillevents dauern die türkischen länger, da die türkischen Männer nicht nach drei Stunden völlig betrunken der Ohnmacht anheim fallen und unter dem Grill liegen, statt das Fleisch obendrauf zu legen.

Um auch genug Holz zum Befeuern des Grills zu haben, streift der türkische Mann gerne im Unterholz des Parks herum, um dort junge unschuldige Bäumchen zu fällen. Das ist verboten. Das steht auch auf der Tafel am Eingang des Parks. Darauf sieht man ein traurig geknicktes Bäumchen, das von einer haarigen Hand gefällt wird. Nur schauen sich die Türken diese Tafeln nicht an, während der Deutsche vor dem Betreten des Parks die Parkordnung genauestens studiert. Das Umfallen ins alkoholische Koma ist übrigens nicht verboten. Der Türke kann es nicht verstehen, warum er die Bäume nicht fällen und als Brennholz verwenden darf, denn dafür sind sie in seinen Augen ja da, und für nichts anderes.

Eine der größten Qualen, die der Deutsche in den letzten Jahren für sich erfunden hat, ist das Flaschenpfand, natürlich direkt nach der Mülltrennung. Im Ausland hat dies Neid und Anerkennung hervorgebracht. Aber nicht die Tatsache, dass die Deutschen das erfunden haben, darauf wären auch andere gekommen, sondern die Tatsache, dass sich die Deutschen auch daran halten. Bei den Türken gibt es kein Flaschenpfand. Mitten in Deutschland! Eine Insel der Seligen. Und da soll einer noch mal behaupten, es gäbe keine Parallelgesellschaft. Ein weiterer Grund, die Türken einfach lieb zu haben. Übrigens: Wenn Sie es leid sind, ständig Ihre leeren Bierflaschen zurückgeben zu müssen, wechseln Sie einfach auf Bier aus Asien um. Garantiert pfandfrei! Werden Sie ein lebensbejahender Mensch, halten Sie sich nicht an Verbote!

»Wer sagt, dass die Deutschen humorlos sind, irrt sich. Sie sind genauso lustig wie andere. Sie sind pünktlich, zuverlässig, fleißig usw. Aber sie sind genauso lässig, wenn es sein muss. Schauen Sie sich die Deutschen im Urlaub an. Sie sind meistens so schlecht angezogen, dass sie wieder cool sind. Der Türke macht etwas, ohne zu überlegen, er geht Risiken ein. Manchmal sieht es anders aus, als man geplant hat, oder nicht geplant hat, aber es würde funktionieren. Der Deutsche plant erst mal, und plant und macht noch mehrere Sitzungen, dann aber nach zehn Jahren ist es fertig. Dann hält es dafür ewig.*

Türken sind beim Essen wählerisch, sie essen nicht gern, wenn sie es nicht kennen. Der Deutsche isst fast alles, weil er anderes schmecken will und kennen möchte. Aber für mich ist das Beste von den Deutschen, dass sie sachlich sind. Was mir noch gefällt ist, dass sie großzügig sind, wenn es um die Armen im Ausland geht. Sie sind auch für bestimmte Sachen sehr hilfsbereit, solange es nicht ihre Nachbarn sind. Die Nachbarn können manchmal für sie egal sein, aber sie spenden meistens für die Menschen, die im Ausland in Not sind.«

Taner, 33 Jahre, IT-Berater

Ja, nicht jede muslimische Frau trägt ein Kopftuch und nicht jeder Deutsche fein Geripptes über dem prallen Bauch. Aber es gibt auch ganz klare Vorstellungen darüber, wann ein Deutscher deutsch ist.

»*Du bist Deutscher,*
   ... wenn du dich darüber aufregst, dass der Zug fünf Minuten zu spät kommt.
   ... dass dein Nachbar nie seinen Rasen mäht.
   ... dass Kinder im Treppenhaus Lärm machen.
   ... dass andere Menschen anders leben als du selbst.
   ... wenn du keine Geschwister hast.
   ... wenn du dich darüber beklagst, dass es im Ausland anders als zu Hause ist.

... wenn du seit dreißig Jahren immer auf dem gleichen Campingplatz in Österreich Urlaub machst.
... wenn deine Eltern geschieden sind.
... wenn deine Eltern deine Großeltern sein könnten.
... wenn du in Europa immer auf ein Kriegsverbrechen deiner Vorfahren triffst.
... wenn du glaubst, du kannst alles besser und weißt alles besser.
... wenn du immer »Wetten dass..?« im Fernsehen schaust.
... wenn du dem Taxifahrer kein Trinkgeld gibst.
... wenn du jede Veränderung verabscheust.
... wenn du alles viel zu ernst nimmst.
... wenn du Schadenfreude mit Humor verwechselt.
... wenn du sorgfältig den Müll trennst.«
Eren Alpay, 32, Werbekaufmann

Eren ist wahrscheinlich in einer Reihenhaussiedlung in einer kleinen deutschen Stadt sozialisiert worden. Ob er die genannten Eigenschaften als gut oder schlecht ansieht, hat er leider nicht verraten. Aber deutscher kann man die Deutschen eigentlich nicht beschreiben. Wäre er in Berlin groß geworden, sähe seine Beschreibung wahrscheinlich anders aus: Deutsche? Kenn ich nicht!

Aber es gibt wiederum auch liebevolle Eigenschaften, die Deutschtürken bei ihren Gastgebern auf Lebenszeit festgestellt haben. Da wird die eigene Kultur kritisch gesehen.

»Türken ...
... agieren sehr emotional, wohingegen Deutsche sehr rational orientiert sind (eigentlich beides positiv und negativ) .
... streiten sich immer darum, wer die Rechnung bezahlt.
... sind so hilfsbereit, dass sie manchmal vergessen, sich um ihre eigenen Sachen zu kümmern: ›Ich weiß, ich sollte den Fernseher nur vorbeibringen, aber dann wollte ich ihn

*auch noch anschließen, dann habe ich die Kanäle noch
eingestellt, dafür musste ich noch die Schüssel anbringen
… Deswegen konnte ich bei uns nicht weiter renovieren,
Liebling!‹*
*… haben sehr großen Respekt älteren Personen und der Fa-
milie gegenüber.*
*… können sich überall amüsieren und sogar mit der Hoch-
zeitslimo auf dem Parkplatz von McDonald's halten, um
auch dort eine Runde zu tanzen.*

Deutsche …
*… können jedes Thema verwissenschaftlichen, ewig lange
darüber diskutieren und eine Millionen Pros und Kon-
tras aufzählen. Das gefällt mir sehr, auch wenn am Ende
nichts dabei rauskommt.*
… sind die verantwortungsbewusstesten Menschen der Welt.
*… platzen niemals einfach so rein, ohne einen Termin verein-
bart zu haben. Das kann sehr angenehm sein.*
*… Deutsche können ihre Emotionen sehr gut verbergen, das
ist oft von Vorteil.*
*… Deutsche reisen überallhin, bei jedem Unfall und jedem
Unglück im Ausland sind auch Deutsche dabei.*
Gülsah , 26, Nachrichtenredakteurin

Gar nicht gut kommt der deutsche Einzelhandel weg. Da
ist dem Deutschtürken der warmherzige türkische Familienbetrieb bedeutend näher als der bestens organisierte
und global ausgerichtete deutsche Handel. Dieser zählt
eindeutig nicht zum Besten der deutschen Kultur.

*»Ich erzähle Ihnen mal kurz eine Geschichte, die mir erst vor-
gestern passiert ist: Ich war in K… gegen 21 Uhr in der Dönerbude, um meiner Tochter Falafel und meinem Mann einen
Döner zu besorgen. Gerade angekommen, stellte ich fest, dass
ich mein Geld daheim vergessen hatte. Ich dachte, dass ich noch*

einmal sieben Kilometer zurückfahren muss, um meinen Geld-
beutel zu holen. Ich ging trotzdem in den Laden hinein und
fing schüchtern an, mein Problem zu schildern. Ohne dass ich
meinen Satz beenden konnte, sagte der Besitzer sofort, dass
Geld nicht immer im Vordergrund stehen sollte und dass er mir
selbstverständlich mein Essen zubereiten würde. Er sagte auch,
dass er es von seinen Eltern so gelernt habe. Ein echt feiner
Kerl. Ich versprach ihm, dass ich ihm morgen das Geld bringen
werde. Davon wollte er nichts wissen. Er hat mir einen Tee an-
geboten und den Döner und den Falafel mit besonders viel Liebe
zubereitet. Das war wieder ein Moment, in dem ich dachte, dass
ich froh bin, zu den »anderen« zu gehören, denn bei meinem
deutschen Supermarkt lassen die einen wegen 2 Cent stehen.«

Monira, 29, Mediaberaterin

Das Beste aus beiden Kulturen ist also geplante pralle
Lebensfreude, Fleiß und Zuverlässigkeit, aber auch die
stete Bereitschaft, alles stehen und liegen zu lassen, um
spontan ein Tänzchen zu wagen. Zwei bis drei wohler-
zogene Kinder, die sich nicht dreckig machen und nicht
dauernd »Annä, Annä« plärren, Respekt und Höflichkeit
den Eltern gegenüber, auch wenn sie manchmal Unsinni-
ges von sich geben. Sich der Bildung zu verpflichten und
dabei türkische Volkslieder zu singen. Eine Bratwurst mit
Kreuzkümmel zu verzehren.

Das Beste aus beiden Kulturen ist also ge-
plante pralle Lebensfreude, Fleiß und Zuver-
lässigkeit, aber auch die stete Bereitschaft,
alles stehen und liegen zu lassen, um spontan
ein Tänzchen zu wagen.

Keine Kopfbedeckung zu tragen, es sei denn bei schlech-
tem Wetter, und seine Gebete so zu verrichten, dass die
deutsche Öffentlichkeit nichts davon mitbekommt. Bei

Pisa an die Studie zu denken und nicht an den schiefen Turm. Besuche in der Türkei auf ein Mindestmaß zu beschränken, um nicht in den Verdacht des Nicht-Integriert-Seins zu geraten. Die türkische Fahne nur gemeinsam mit der deutschen zu hissen – wenn überhaupt. Aber nur an deutschen staatlichen Feiertagen, nicht am »Türk Günü« und Atatürks diversen Todes-, Geburts- und Heldentagen. Türkisch nur zur Not zu sprechen und auf keinem Fall, wenn die Kinder im Haus sind. Sonst vermiesen sie den Deutschen wieder einmal die PISA-Studie. Nur so kommt aus beiden Kulturen das Beste zusammen.

Auch ich habe mir das in meinen Augen Beste aus der türkischen Kultur einverleibt: die Gelassenheit gepaart mit dem türkischen Zeitverständnis. Früher war ich es immer, der auf das Tempo drückte und meine Frau stresste. Während sie noch beim Ankleiden war, klopfte ich strafend auf die Uhr und teilte mit, dass es noch 15 Minuten bis zum Abmarsch seien. Danach ließ ich sie nicht mehr aus den Augen. Man(n) weiß ja nie.

Heute kommt meine Frau fertig gemacht ins Wohnzimmer, in dem ich in der Jogginghose lässig auf dem Sofa liege. Auf die Frage, was denn nun los sei, hebe ich nur schlaff die Hand und sage:»Mach mal langsam, kommen wir halt ein bisschen später.«

Diese Gelassenheit ist eine wunderschöne Errungenschaft. Außerdem ist sie ausgesprochen gesund, sie schützt vor Stress und all seinen negativen Folgen für die Gesundheit. Sie kann aber auch das Gegenteil bewirken. Zum Beispiel wenn Sie türkische Freunde zum Besuch zu sich nach Hause eingeladen haben und sie mit einem viergängigen Menü verwöhnen wollen. Natürlich haben Sie vorher gefragt, was sie nicht mögen. Selbstverständlich kamen sie nicht auf die Idee, die Gäste mit Schweinebraten und Knödeln zu bewirten. Aber türkische Speisen kochen wollen Sie auch nicht, denn mit diesen würden

Sie unweigerlich in Konkurrenz mit den »Annes« der Gäste geraden. Sie wollen etwas zaubern und beweisen, dass auch die deutsche, also eigentlich die italienische Küche, das eine oder andere Schmankerl bereithält. Die deutsche Küche, also die italienische, hat eine besondere knifflige Eigenart, nämlich das des »al dente«. Jeder Deutsche kennt das, besucht er doch Dank der italienischen Gastarbeiter seit über vierzig Jahren italienische Restaurants in Deutschland. Das »al dente« können Sie getrost vergessen, bei der Gelassenheit Ihrer türkischen Freunde. Die Nudeln werden zu einem einzigen pappigen Brei. Außerdem, wenn mein Freund Özgür zu Besuch kommt, wird er sowieso traurig bemerken: »Ach Mensch, es gibt keinen Schweinebraten? Ich hab mich schon so gefreut!«

Die Archivpinguine
Die Türken und die Medien

Das Problem bei der Wahrnehmung der Türken ist: Sie fallen einem nicht auf, weil sich die meisten standhaft weigern so auszusehen, wie Deutsche es gerne hätten, dass Türken ausschauen sollen. Deswegen nimmt man die wenigen, die so aussehen, umso mehr wahr. Das ist so ähnlich wie mit dem Smart: Man glaubt, viele von diesen putzigen Autos würden auf den Straßen herumflitzen, aber in Wirklichkeit ist das Auto ein Ladenhüter. Schön, dass uns da die Medien und das Fernsehen bei der Wahrnehmung helfen, sonst würden wir die Türken in Deutschland glatt übersehen.

Es waren und sind die Medien, allen voran ARD und ZDF, die das Bild der Türken bei den Deutschen geprägt haben und es weiter prägen. In den privaten Sendern spielen Türken überhaupt keine Rolle. Vielleicht auch ein Grund, warum sie etwas mehr von Türken genutzt werden.

Besonders das Krimi-Genre halten die Verantwortlichen für besonders hilfreich, den deutschen TV-Konsumenten mit der türkischen Lebensform vertraut zu machen. Das war schon in den Achtzigerjahren so. Da wurden die Türken zu Assistenten der Fernsehkommissare gemacht. Der geeignete Schauplatz, um den deutschen Zuschauer in die Welt der Türken zu entführen, war die Dönerbude. Hierher bittet der türkische Assistent des Kommissars seinen Chef nach der Aufklärung des Falles und macht ihn ein wenig mit der türkischen Kultur vertraut. Zwischen Zwiebelringen und Fleisch-Schnipseln findet dann Integration statt, so wie die Deutschen sie lieben. Natürlich ist der Assistent des Kommissars mit dem Mann, der den Döner schabt, verwandt, denn alle Türken sind ja irgendwie miteinander verwandt. Man kann auch von einer großen Sippschaft sprechen. Der deutsche Fernsehzuschauer ist fasziniert, wie der Assistent – natürlich in fehlerfreiem Deutsch – erklärt, dass die Türken auch Menschen wie er und der Kommissar sind: also wie du und ich. Der Kommissar nickt kauend und sagt anerkennend, dass auch der Döner schmecke, und so sind die beiden fast Freunde geworden. Was so ein Döner alles bewirken kann.

Der deutsche Fernsehzuschauer ist fasziniert, wie der Assistent – natürlich in fehlerfreiem Deutsch – erklärt, dass die Türken auch Menschen wie er und der Kommissar sind: also wie du und ich.

Das war noch in den Zeiten, als die Türken als multikulturelle Bereicherung der deutschen Gesellschaft angesehen wurden. Die Türken fanden es zwar nicht so gut, dass sie immer nur die Assistenten waren, aber sie lächelten milde darüber.

Heute werden härtere Bandagen angelegt: Jetzt ist der Tatort die türkische Familie. »Ehrenmord«, das ist was! Das gruselt. »Vendetta« und »Blutrache«, das sind die

Stoffe, aus denen Krimis gemacht werden. Dunkle Gestalten und blitzende Messer, dazu eine durchgeschnittene Kehle, und dem Zuschauer auf dem Sofa gefriert das Blut in den Adern. Schändung und Zwangsheirat als Motiv, so ganz tief aus der Kiste des Mittelalters und schon befinden wir uns am nächsten Tatort. Da fordert das Familienoberhaupt Rache und schon schwärmen sie aus, die Söhne und Brüder, um die Schmach zu tilgen.

Ganz bitter wird es, wenn auch noch eine religiöse Minderheit in der türkischen Gemeinschaft den Drehbuchschreibern zum Opfer fällt. Die Tatort-Folge »Wem Ehre gebührt« greift so ungefähr alle Vorurteile auf, die Sunniten gegenüber den Aleviten haben. Das inzestuöse Verhältnis in der alevitischen Familie ist genau das jahrhundertealte Vorurteil, welches den Sunniten als Grundlage für Verfolgung und Unterdrückung der Aleviten diente. Dass in dem Film anschließend das geschändete Opfer von einem Sunniten gerettet wird, setzt dem Ganzen die Krone auf. Der Protest der Aleviten war riesig, das Verständnis der deutschen Öffentlichkeit gering, die Antwort der ARD mehr als dürftig.

Aber noch viel lieber sind den Medien die Pinguine. Sie lagern wie Untote überwiegend in den Archiven der öffentlich-rechtlichen Fernsehanstalten. Der Pinguin ist eine türkische Frau mit langem schwarzem Mantel. So nennen spöttisch Türken und Türkinnen, die sich der westlichen Kleidungsform angepasst haben, die in ihren Augen zu sehr in Traditionen verhafteten Geschlechtsgenossinnen. Immer wenn in der deutschen Öffentlichkeit ein türkisches Thema zum Vorschein kommt, watscheln die Archivpinguine aus den Filmarchiven der Fernsehanstalten. Es ist ein Bild, welches dann in einer Endlosschleife durch die deutschen Wohnzimmer flimmert. Es zeigt eine Straße in Berlin-Kreuzberg. Es ist Sommer, die türkischen Gemüsehändler haben ihre Stände vor ihren

Geschäften mit Waren aufgestellt. Die Orangen glänzen im Sonnenlicht.

Und dann erscheinen sie, die Pinguine. Sie schlurfen an den Obstständen vorbei. Die Kamera filmt sie von hinten und begleitet sie ein Stück. Und dann kommen ihnen drei türkische Männer entgegen, die aussehen, als wären sie vor ein paar Minuten frisch aus den kurdischen Bergen eingeflogen worden und hätten noch keine Zeit für eine Rasur gefunden. Es fehlt nur noch der Gebetsruf des Muezzins aus dem Off. Diese Bilder flimmern dann von Flensburg bis Garmisch und von Trier bis Görlitz über den Bildschirm.

Nun kann man wohlmeinend denken, dass die Fernsehmacher einfach nur zu faul sind, sich ein paar neue Aufnahmen über Türken in Deutschland zu besorgen. Nur, wie sollten die aussehen? Doch nicht wie die Bilder der erfolgreichen Türken in den Fotomagazinen. Mit einem solchen Sujet lässt sich ein Familienmord in Castrop-Rauxel nicht bebildern.

Eine Straße in Berlin-Kreuzberg. Es ist Sommer, die türkischen Gemüsehändler haben ihre Stände vor ihren Geschäften mit Waren aufgestellt. Die Orangen glänzen im Sonnenlicht. Und dann: die Pinguine.

Aber die Anstalten bieten ihren erschrockenen Zuschauern auch Trost: Ein Autofahrer ist in eine Menschenmenge gerast, die sich anlässlich einer Feier auf einem großen Platz versammelt hat. Gott sei Dank gab es nur Verletzte und keine Toten, sagt uns die TV-Frau, die sich vor dem Geschehen mit einem Mikrofon aufgebaut hat. Vom Täter wisse man noch nicht viel, aber ein Migrationshintergrund läge wohl nicht vor, beruhigt sie die Zuschauer und schließt damit ihren bemerkenswerten Bericht.

Stellen Sie sich mal vor, Sie leben als Deutscher mit vielen anderen Deutschen in England. Und abends zappen Sie durch das englische Fernsehprogramm und geraten in die in England allseits beliebte Sendung »Oh, this crazy Krauts«, eine dieser Comedy-Sendungen, die in Europa alle TV-Kanäle verstopfen. Diese schöne Serie möchte den englischen Zuschauern näherbringen, wie die Deutschen in England so leben und wie sie ihr Leben gestalten. Der Komödiant, der in englischer Sprache durch die Sendung führt, ist ein Engländer deutscher Herkunft, sein Vater ist Holländer.

Und dann sehen Sie Furchtbares: Ihre Landsmänner und -frauen werden dargestellt in dreckigen Unterhemden, Pickelhauben auf dem Kopf, ständig Bier saufend, die Hand zum Hitler-Gruß hebend. Da furzen und rülpsen die Deutschen nach dem Genuss von Sauerkraut über den Bildschirm, dass es nur so kracht. Das englische Publikum im Studio tobt vor Spaß über die crazy Germans. Und es kommt noch schlimmer: Sie sehen eine deutsche Familie, die Frau fett wie eine aufgeplatzte Wurst, der Mann kurz vor dem Delirium, die blonde Tochter gekleidet wie ein billiges Flittchen, der Sohn mit rasiertem Schädel ein Hakenkreuzfähnchen schwenkend. Es wird Ihnen schlecht, Sie schalten den Apparat ab und denken mit Grausen: Wie können die Engländer nur die Deutschen so sehen!

Genau so fühlen sich die Türken, wenn sie die sogenannten Ethno-Comedy-Shows sehen. Besonders eine sehr beliebte, in der der türkische Lustigmann nur ein Halbtürke ist. Die Programmverantwortlichen halten diese Sendungen für einen gelungenen Akt der Integration. Die Türken empfinden sie schlicht als Beleidigung ihrer Kultur und Lebensart.

Ich habe noch keinen Türken getroffen, der diese Ethno-Show oder andere türkische Comedys lustig fand. Er geht ihnen ganz bewusst aus dem Weg. Muss er diese qualvolle Sendung in Anwesenheit deutscher Freunde doch einmal ertragen, so schaut er verlegen auf den Boden, während die anderen sich über den schnurrbärtigen, bruchstückhaft Deutsch sprechenden Vater und die Kopftuch tragende Frau sowie die dämlichen Kinder, die irgendeine schrille türkische Familie mimen, totlachen. Die Türken können auch nicht über die Witze lachen, die über Inder gemacht werden. Sie fühlen mit dieser Minderheit mit. Witze über die jüdische Lebensart kommen übrigens im Fernsehen nicht vor.

Die Programmverantwortlichen halten diese Sendungen für einen gelungenen Akt der Integration. Die Türken empfinden sie schlicht als Beleidigung ihrer Kultur und Lebensart.

Minderheiten tun sich schwer, wenn Mehrheiten, auch wenn es gut gemeint ist, sie zum Ziel von Satire machen. Auch wenn sie dabei versuchen, einen Moderator zu nehmen, der wenigstens zur Hälfte aus der Zielgruppe stammt. Diesem wird das übel genommen: Man macht sich nicht über seine eigenen Landsleute lustig. Filme, die im türkischen Milieu spielen und Zustände auf ironische Weise kolportieren, ergeht es genauso wie den Comedy-Ethno-Shows: Die Türken finden sie nicht lustig.

Die türkischen Migranten sind im deutschen Film angekommen. Der Goldene Bär der Berliner Berlinale wird an einen Film mit türkischem Migrationshintergrund verliehen. Die deutsche Presse jubelt, der Integrationspolitiker strahlt. Und was ist mit den Türken? Die türkischen Intellektuellen freuen sich. Der türkische Mann und die türkische Presse sind entsetzt. Eine türkische Familie und Sexualität gehören nicht in die Öffentlichkeit und in die deutsche schon mal überhaupt nicht.

Und dann das Unglaubliche: Die Schauspielerin war in ihrem früheren Leben in Sexfilmen zu sehen. Nun ist bei den Türken was los. Sie fluchen und schimpfen, vor allem über die Familie und hier besonders über den Vater, der seine Tochter nicht ordentlich erzogen hat. Einhellige Meinung: Sie hat nicht nur ihre Familie entehrt, sondern auch die türkische Nation. Auf meine Bemerkung, dass man sich als deutscher Mann nicht für 30 Millionen deutsche Frauen verantwortlich fühlen kann und dass die Charakterdarstellerin Gina Wild als Deutsche ja auch nicht die deutsche Nation beleidigt hätte, erhalte ich nur verständnisloses Kopfschütteln.

***

Die Politik treibt ihre Rundfunkanstalten zur Integration, von selbst wären diese nicht drauf gekommen. Warum? Weil das türkische Thema ein Feld voller Fallen und Hindernisse ist. Es ist mühevoll, und Mühe ist in den Öffentlich-Rechtlichen ein Fremdwort. Der Aleviten-Tatort war den zuständigen Redakteuren anscheinend noch nicht einmal die Mühe wert, das Thema zu googeln.

Einfachheitshalber haben sie eine einseitige Integration daraus gemacht. Sie bringen den Deutschen die Türken näher, und zwar in einer Art und Weise, dass die wenigen Türken, die das sehen, die Gesellschaft, in der sie leben, nicht wiedererkennen. Die Vorabend-Serie »Türkisch für Anfänger«, eine Alibi-Quoten-Sendung der ARD, die die Probleme einer deutsch-türkischen Patchworkfamilie auf die Schippe nimmt, ist von keinem Türken angeschaut worden. Dies hat mehrere Gründe: Die ARD hat den Türken nie gesagt, dass die Serie überhaupt gesendet wurde. Die paar Leute, die es mitbekommen haben, haben sich gesagt: Das ist nichts für mich, ich kann ja schon Türkisch. Und der eine Türke, der die Serie gesehen hatte, fragte mich hinterher, warum die Deutschen so dargestellt werden, wie sie gar nicht sind.

Dabei dachte man sich in den Redaktionsstuben, dass man damit eine richtig türkisch-deutsche Verständigungs-Story hergestellt hätte. Es gab sogar Preise dafür. Nun begehen die öffentlich-rechtlichen Anstalten den Fehler zu glauben, sie würden auch von den türkischen Menschen gesehen. Sie haben extra eine Untersuchung ins Feld geschickt, die beweisen sollte, dass die Türken ihre Sendungen rezipieren. Die Untersuchung hat ergeben, dass Türken ARD und ZDF gar nicht nutzen – kleine Anmerkung: die Deutschen nutzen ARD und ZDF auch nicht. Die Verantwortlichen haben großzügig darüber hinweggesehen.

Diese Studie bescheinigt, dass lediglich einige wenige Deutschtürken ARD und ZDF schauen, wobei das ZDF noch weit weniger genutzt wird. Das liegt vor allem daran, dass das ZDF für die Deutschen seit über sechzig Jahren produziert. Deutschtürken dieses Alters sind so gut wie nie der deutschen Sprache mächtig.

Die Reaktion der wenigen Türken, die deutsches Fernsehen nutzen, auf ihre Darstellung im TV ist eindeutig: So sind wir nicht! Und gleich danach: Was denken jetzt die Deutschen über uns und warum reiten die Deutschen nach über vierzig Jahren immer noch auf Klischees herum? In meinem Bekanntenkreis gibt es keinen einzigen Pinguin und auch keine kurdischen Männer, die gerade aus Anatolien kommen.

Nun ist es schwierig für die deutschen Fernsehanstalten, auch für die privaten TV-Sender, sich gegen die Übermacht der türkischen Satellitenprogramme zu behaupten. Deren Konsum ist unter den Türken ungebrochen.

Außerdem werden die Werte, die den Türken wichtig sind, im deutschen Fernsehen so gut wie nicht transportiert. Zum Beispiel die Familie. Deutsche Familienserien wirken oft wie ein längerer Werbespot für Waschmittel oder Kinderschokolade. Wenn der Türke sich hierhin verirrt, ist er oft erschrocken, dass dies die deutsche Mentalität ist.

In meinem Bekanntenkreis gibt es keinen einzigen Pinguin und auch keine kurdischen Männer, die gerade aus Anatolien kommen.

Aber immerhin zahlen die türkischen Haushalte jährlich 280 Millionen in den Gebührentopf von ARD und ZDF und bekommen dafür eine lauwarme Beleidigung ihrer Lebensform zurück. Hier und da gibt es auch einmal einen Platz im Rundfunkrat. Das ist in einem Gremium von 140 Personen, die das ZDF beaufsichtigen, natürlich schon eine einflussreiche Position.

***

Es ist bekannt, dass Medien gerne Gegensätze abbilden, das Gute und das Böse, das Schöne und das Hässliche. Mittelmaß kommt nicht vor, denn der Nutzer lebt selbst im Mittelmaß. Das normale Leben der Türken findet in der öffentlichen Wahrnehmung nicht statt. Dargestellt werden nur die Extreme, deshalb gibt es in Zeitungen und Zeitschriften nur zwei Arten von Türken: den Straftäter und manchmal auch den erfolgreich integrierten Türken. Der Straftäter darf zwar nicht mehr als Türke bezeichnet werden, aber man kann ihn jederzeit noch an seinem Namen erkennen. Er heißt nun mal nicht Hans oder Stefan, sondern Ali, Taner oder Koray. Ein jugendlicher türkischer Straftäter ist für die Medien allemal interessanter als ein verschuldeter deutscher Finanzbeamter, der eine Tankstelle überfällt. Straftaten mit Migrationshintergrund haben eben etwas Spannendes und faszinierend Fremdartiges.

Die meisten Türken bekommen davon nicht viel mit. Kaum einer liest deutsche Printprodukte. Denn bevor man sie liest, muss man eine Zeitschrift kaufen, und Türken sind nicht bereit, auch nur einen Cent für eine Zeitung oder Zeitschrift auszugeben, geschweige denn sie zu abonnieren. Die wenigen Türken, die Zeitungen und Zeitschriften nutzen, sind alle etwas geworden: Professoren, Manager, Unternehmer. Eine Tatsache, mit der sich Deutsche nicht anfreunden können und auch nicht wollen. Für sie ist es ein wichtiger Teil von Integration, wenn die Migranten das gleiche Medienverhalten an den Tag legen wie sie selbst.

Obwohl ca. 3 Millionen Türken (bzw. Menschen türkischer Herkunft) in Deutschland leben, verkaufen die türkischen Tageszeitungen nach geschätzten Angaben nur ca. 100.000 Exemplare täglich.

Türken lesen noch nicht einmal ihre eigenen türkischsprachigen Zeitungen. Obwohl ca. 3 Millionen Türken (bzw. Menschen türkischer Herkunft) in Deutschland leben, verkaufen die türkischen Tageszeitungen nach geschätzten Angaben ca. 100.000 Exemplare täglich, und das ist noch großzügig angegeben. Es ist also ein Irrglaube zu meinen, man erreiche die Türken über ihre eigenen türkischen Zeitungen.

In der Türkei ist das nicht anders: bei ca. 70 Millionen Einwohnern erscheinen gerade mal täglich 5 Millionen Zeitungsexemplare. In Deutschland sind es täglich 55 Millionen – und das sind nur die Tageszeitungen. Die fehlende Lesekultur hat mehrere Gründe: In den eher ländlichen Gegenden, aus denen die Türken nach Deutschland gekommen sind, spielen Zeitungen überhaupt keine Rolle. Das Zeitungslesen wurde in den Familien nicht gelernt. Überhaupt waren diese Familien durch einen hohen Anteil an Analphabetismus geprägt. Ein Thema, welches die Türken in Deutschland gar nicht gerne hören. Man sollte das Thema besser nicht ansprechen, darauf reagieren Türken allergisch.

Seit der wahnsinnigen Tat in Solingen 1993 versuchen die türkischen Medien, ihre Landsleute in Deutschland in eine Opferrolle zu drängen. Und das funktioniert: Viele Türken sehen sich selbst als Menschen dritter Klasse in Deutschland an. Außerdem haben viele, schon aufgrund ihrer schlechten Deutschkenntnisse, Angst vor ihrer Umwelt. Sie verstehen und begreifen sie nicht. Die Erklärung ihrer Umgebung entnehmen sie gerne den türkischen Medien. Hier können diese dann die Quote machen, die ihnen sonst fehlen würde, um wirtschaftlich existieren zu können. Ein einträgliches Geschäft in der Parallelgesellschaft.

Zur Folge hat diese zweifelhafte Berichterstattung, dass auch die deutschen Boulevardmedien sich dieser Geschichten annehmen, denn auch in ihrer eigenen Zielgruppe lässt sich damit punkten. Wenn sich dann die vermeintliche oder tatsächliche Wahrheit herausstellt, entschuldigt man sich gegenseitig und die Sache gerät in Vergessenheit.

Vor einiger Zeit gelangte die Stadt Neumarkt zu zweifelhafter Berühmtheit weit über die Landesgrenzen hinaus. Es ging um die türkische Familie Duruk, seit 28 Jahren in Neumarkt lebend, die nun dort in einem vollkommen verwahrlosten Haus leben musste. Ein Foto mit vier traurig dreinblickenden Türken in einer Baustelle belegte die bedauerliche Wohnsituation der türkischen Familie.

»Türkische Zeitung macht bayrische Stadt zur Nazi-Stadt« berichtete die Süddeutsche Zeitung. Die türkische Presse griff das Thema auf. »Deutscher Hausbesitzer äußerst gnadenlos: Tortur für Türken« titelte die liberale türkische Zeitung Milliyet. Die Hürriyet legte gleich mit »Quälerei für türkische Mieter« nach.

Passiert war Folgendes: Ein Immobilienhai tschechischer Abstammung hatte das Mietshaus einfach verwahrlosen lassen. Auch mehrfache Auseinandersetzungen mit den Bewohnern des Hauses – darunter auch deutsche Mieter – hatten daran nichts ändern können. Nicht schön, aber ein rein zivilrechtlicher Mietstreit. Mit der türkischen Abstammung der Familie Duruk hatte das Ganze also gar nichts zu tun.

Ganz schlimm war es nach dem verheerenden Brand eines Wohnhauses in Ludwigshafen am Rhein. Das Feuer war kaum erloschen, da schrien schon die türkischen Zeitungen, dass die Ursache ein Anschlag von Nazis sei. Es kam noch schlimmer: Die deutschen Helfer mussten sich den Vorwurf der türkischen Gazetten gefallen lassen, dass sie extra zu spät gekommen seien, da es sich bei den Opfern ja nur um Türken gehandelt hätte. Die türkischen Zeitungen in Deutschland schrieben die furchtbare Katastrophe zu einer deutsch-türkischen Staatskrise hoch. Dass es sich bei dem Auslöser des Brandes wahrscheinlich um eine Schlamperei des türkischen Hausbesitzers handelte, wurde nicht erwähnt.

***

Die Türken sollen die deutschen Medien nutzen, damit sie sich in die deutsche Gesellschaft integrieren. Das ist eine abwegige Forderung der deutschen Politiker. Denn dann gehen sie davon aus, dass die öffentlich-rechtlichen Anstalten, und nur diese, mit ihren Programmen die deutsche Gesellschaft abbilden. Dabei geben die türkischen Medien ja auch nicht die türkische Gesellschaft wieder. Kein Mensch kommt auf die Idee, dass Medien zur Integration beitragen, außer denjenigen, die beauftragt sind, diese voranzutreiben. Das ist eine Vorstellung aus der Zeit, in der die Deutschen von den Alliierten zu Demokraten erzogen wurden. Hier wurde entschieden darauf geachtet, dass die Medien einen Beitrag leisten, damit sich die Geschichte in diesem Land nicht wiederholt.

Sollten sich die Türken wirklich über die Nutzung der Medien integrieren, müssten sie eine Vielzahl unterschiedlicher Medien nutzen und antizipieren. Doch das hat ja schon bei den Ossis nicht geklappt, diese waren auch erstaunt, dass der echte Westen ganz anders aussah als der Westen, den sie aus dem Westfernsehen kannten.

Die Türken sollen die deutschen Medien nutzen, damit sie sich in die deutsche Gesellschaft integrieren.

Wo sind eigentlich die anderen Ausländer in den Medien? Die Italiener, die Restjugoslawen, die Afroamerikaner, die Russen und andere Osteuropäer? Nie gesehen. Natürlich gibt es immer mal Ausnahmen. Zum Beispiel diese deutsche Krimiserie, die so alt ist, dass man gar nicht mehr weiß, wann sie begonnen hat. Die Produzenten kamen schon in den Achtzigerjahren auf die Idee, die Rolle des Assistenten mit einem farbigen Schauspieler zu besetzen. Aber eigentlich sieht dieser aus wie ein Deutscher, der auf Ibiza zu lange in der Sonne gelegen hat.

Aber es könnte ja auch anders gehen. So zum Beispiel eine kleine Meldung in den Nachrichten bringen, dass an dem oder dem Tag für Millionen von Muslimen in Deutschland der Ramadan beginnt. Oder eine kurze Mitteilung machen, dass an dem oder dem Tag Millionen Muslime in Deutschland das Zuckerfest feiern. Aber bitte in den Hauptnachrichten.

Dann hätten die Türken wenigstens das Gefühl, ernst genommen zu werden. Doch auch dann bestünde für viele immer noch das Problem mit der deutschen Sprache in den Medien. Einmal war ich zu einer großen Runde eingeladen, die hochoffiziell und auf Anweisung von oberster Stelle zum Thema Medien und Integration diskutieren sollte. Der Einfachheit halber setzte man mich zu den

Vertretern der anderen türkischen Medien. Die Zusammensetzung der Runde war etwas kurios, das Spektrum reichte von den hochrangigen Vertretern der öffentlich-rechtlichen Anstalten bis zu einer jungen Afrikanerin, die eine Illustrierte mit einer Auflage von 800 Exemplaren herausgab. Es war anscheinend mehr auf die Inhalte der Medien geachtet worden als auf ihre Reichweite. Grundsätzlich, so war die vorherrschende Meinung, sollten die Medienangebote für Migranten in deutscher Sprache sein. Mein schüchterner Hinweis, dass dann viele sie nicht nutzen könnten, weil sie sie nicht verstehen würden, wurde mit dem Argument, dann sollten sie halt erst mal Deutsch lernen, abgeschmettert.

Wo sind eigentlich die anderen Ausländer in den Medien? Die Italiener, die Restjugoslawen, die Afroamerikaner, die Russen und andere Osteuropäer?

Gegen Ende des Zweiten Weltkriegs verstärkten die alliierten Streitkräfte den Abwurf von Flugblättern über Deutschland massiv. In diesen Blättern wurden die Deutschen aufgefordert, die kriegerischen Handlungen einzustellen. Es wurde ihnen in Aussicht gestellt, dass es sich in einer Demokratie sehr schön leben ließe. Die Flugblätter waren übrigens nicht in englischer oder französischer Sprache abgefasst, sondern in Deutsch. Ganz schön schlau, die Alliierten!

Und was kam bei der Diskussionsrunde heraus? Man einigte sich darauf, bei der Neubesetzung von Redaktionsstellen auch mal an die Migranten zu denken.

Das Unbehagen gegenüber muttersprachlichen Medien in Deutschland hat verschiedene Gründe. Es geht nicht nur um die Sorge, dass sie die Menschen davon abhalten könnten, Deutsch zu lernen. Ein weiterer Grund ist die

Schwierigkeit, diese Medienangebote zu kontrollieren. Stets wird befürchtet, dass in diesen Medien gegen die freiheitlich demokratische Grundordnung des Landes gehetzt wird. Oder dass man sich sogar über die Deutschen lustig machen könnte. Seriöse Menschen, die die Sprache verstehen, müssten die Inhalte den Deutschen übersetzen, und das ist sehr kostspielig.

Auf die Vorstellung, dass Migranten ihre eigenen Medien deshalb nutzen, weil sie sich in den deutschen Medienangeboten nicht wiederfinden, darauf kommen die Deutschen nicht.

Stets wird befürchtet, dass in diesen Medien gegen die freiheitlich demokratische Grundordnung des Landes gehetzt wird.

In der Medienlandschaft gibt es ein Relikt aus der Zeit, in der man versuchte, durch ein zweisprachiges Fernsehangebot die über Jahrhunderte dauernde Erbfeindschaft zwischen Franzosen und Deutschen zu überwinden. Ein großartiger Versuch, der bestimmt viel dazu beigetragen hat, dass es heute den Menschen gar nicht mehr in den Sinn kommt, die Menschen jenseits der deutsch-französischen Grenze als Feinde zu betrachten. Es ist kaum vorstellbar, das Franzosen und Deutsche heute noch einmal gegeneinander Krieg führen könnten. In den Fernsehkanal arte wurden und werden Millionen von Gebührengeldern gesteckt. Das ist gut investiertes Geld. Eigentlich wird dieser Fernsehsender heute nicht mehr benötigt. Aber er sollte dennoch bleiben, weil sein charmantes und ansprechendes Programm das inhaltliche Niveau anderer Angebote bei Weitem übertrifft.

Warum liegt es so weit jenseits der Vorstellungskraft von Politik und Sendeanstalten, ein ähnliches Projekt, das die deutsch-türkische Freundschaft fördern würde, ins Leben zu rufen? Die Gebühren der Hunderttausenden türkischen Haushalte würden ausreichen, dies zu finanzieren. Es ist ein Rätsel, warum die Verantwortlichen lieber eine mediale Parallelgesellschaft herbeireden, als sie zu verhindern. Eines der fadenscheinigen Gegenargumente: Würde man ein solches Angebot für die Türken schaffen, dann müsste man auch den anderen Kulturen in Deutschland eine solche Offerte machen. Ernst genommen werden die Migranten von den deutschen Medien auf jeden Fall nicht. Würde der Auftrag auf Grundversorgung wirklich ernst genommen, dann gäbe es »arte« für Türken schon längst. Denn es gibt in Deutschland ca. 3 Millionen Menschen türkischer Herkunft. Das entspricht in etwa der dreifachen Einwohnerzahl des Saarlandes. Und die Saarländer haben auch eine eigene Rundfunkanstalt. Aber vielleicht steckt ja nur die Angst dahinter, dass ein deutsch-türkischer Fernsehkanal für deutsche Zuschauer eine Zumutung wäre.

Leider wird in den Quotenbefragungen nicht nach den unterschiedlichen Nationalitäten und Kulturkreisen getrennt. Deshalb ist nicht bekannt, wie die türkische Zielgruppe die Medien nutzt.

Wenigstens die kommerziellen Medien haben sich daran erinnert, dass es ausländische Mitbürger gibt. Sie können nämlich ihre Quoten steigern. Deshalb wurde nach langen Diskussionen entschieden, auch diese Gruppe in die Befragungen nach ihrem Medienverhalten miteinzubeziehen. Merkwürdig, dass sie vorher gar nicht in den Statistiken auftauchten! Leider wird in den Quotenbefragungen nicht nach den unterschiedlichen Nationalitäten und Kulturkreisen getrennt. Deshalb ist nicht bekannt, wie die türkische Zielgruppe die Medien nutzt.

Ich kann gar nicht mehr zählen, zu wie viel Gesprächs-
runden zum Thema »Migranten und Medien« ich bislang
eingeladen worden bin. Letztens war der Veranstalter eine
regionale öffentliche Rundfunkanstalt und wieder einmal stand das Ergebnis der Runde schon von vornherein
fest: Der Öffentlichkeit sollte klargemacht werden, dass
Migranten – und insbesondere die Türken – kein mut-
tersprachliches Angebot bräuchten. In einem Aufwasch
sollte auch gezeigt werden, dass es nicht angeht und ein
Zeichen mangelnder Integration ist, wenn Migranten Zeitungen in ihrer Muttersprache lesen. Das Eröffnungsre-
ferat hielt ein Ministerpräsident eines Bundeslandes, das
sich nun wirklich nicht um die Integration von Migranten
bemüht hatte. Der Ministerpräsident berichtete, dass er
gerade von einem Besuch aus den USA zurückgekehrt
wäre. Er hatte dort das Partnerland des Bundeslandes besucht. Ganz toll fand er, dass in diesem Land noch zwei
wöchentliche Zeitungen in deutscher Sprache erscheinen.

Religionsfreiheit, wie wir sie meinen

Der Krieg zwischen christlicher und muslimischer Religion geht weiter

Nicht nur beim Geld hört der Spaß auf. Auch Religion ist ein ernstes Thema. Fallstricke und Fußangeln gibt es zuhauf, bisweilen auch von den Gläubigen mit Bedacht ausgelegt. Ich muss zugeben, dass mich Religionen eher weniger interessieren. Doch ich weiß: Alle Religionen sind grundsätzlich dazu da, einer Gesellschaft ein verbindliches Gerüst zu geben. Sie regeln die Grundlagen einer Gemeinschaft und geben dazu noch ein transzendentes Versprechen ab. Erst spät bin ich darauf gekommen, dass mein Leben in bester Parallelgesellschaft zwangsläufig auch eine Auseinandersetzung mit den Religionen bedeutet.

Viele denken, dass in einem türkischsprachigen Radioprogramm die Religion einen besonderen Stellenwert haben muss. Dem ist nicht so. Ein Radiomoderator ist kein Muezzin. In den deutsch-deutschen Medien spielt die christliche Religion ja auch nur eine sehr untergeordnete Rolle. Sie hat bei den Hörern gar nicht den Stellenwert, auch wenn sie mehrheitlich in der christlichen Kultur verwurzelt sind. Oder können Sie sich vorstellen, dass auf WDR 2 oder Bayern 3 allabendlich aus der Bibel gelesen wird oder nach den Verkehrsmeldungen zur Missionierungsarbeit in Nordkorea aufgerufen wird? Das ist bei den Muslimen nicht anders.

In den deutsch-deutschen Medien spielt die christliche Religion ja auch nur eine sehr untergeordnete Rolle.

Eines aber ist gewiss: Auch wenn die Religion in den meisten Medien nicht im Mittelpunkt steht, ist sie doch zu respektieren. Die religiösen Gefühle der Zuhörer nicht zu verletzten ist schließlich ein Gebot der Höflichkeit und eine selbstverständliche Haltung allen Menschen gegenüber, gleich welcher Religion. Kritik am Islam oder Spott über den Propheten Mohammed ist in einem türkischen Radio ebenso unvorstellbar wie Witze über Juden in deutschen Medien.

***

Lange grübelte ich darüber nach, warum eigentlich immer die Türken in Deutschland in der Kritik stehen und nicht die Griechen, Italiener, Serben, Kroaten, Polen, Russen, Vietnamesen, Marokkaner, Tunesier, Ägypter, Spanier, Portugiesen, Perser, Japaner. An ihrer Anzahl kann es nicht liegen, denn sie sind nur die zweitgrößte aus dem Ausland stammende Gruppe in Deutschland – nach den Russen oder vielmehr den Deutschrussen. Wenn man die Ostdeutschen als Randgruppe mitzählt, stehen sie sogar nur auf Platz 3.

Die 3 Millionen Türken in Deutschland werden öffentlich kritisiert, die 6 Millionen Menschen aus Russland nicht. Vielleicht weil die Deutschen einen blutigen Krieg gegen sie geführt haben und ihnen die Wiedervereinigung verdanken. Gut, viele Ostdeutsche sehen das mit den Russen ein wenig anders. Sie haben aber auch andere Erfahrungen mit ihnen gemacht.

Bei den Türken ist das umgekehrt. Sie haben gegen uns Krieg geführt. Naja, nicht gegen die Deutschen, die gab's damals so noch gar nicht, aber gegen die Österreicher, genauer gesagt: gegen die Habsburger Monarchie. Diese alte Geschichte damals vor Wien. Neunmalkluge sagen auch, dass das gar nicht die Türken waren, sondern die Osmanen.

Angefangen hatte der Machtkampf zwischen christlicher und muslimischer Religion im 7. Jahrhundert. Gott und Allah sei Dank wird er heute in Europa nicht mehr blutig ausgetragen. Die letzten Auseinandersetzungen sind allerdings nicht so lange her. Gerade mal 15 Jahre ist es her, dass das entsetzliche Massaker in Srebrenica stattfand.

Dabei liegen die beiden Religionen gar nicht so weit auseinander. Jesus ist für die Moslems kein anderer als der vorletzte Prophet; Mohammed kam nach ihm und ist der vorerst letzte der Propheten, daher wird er auch »das Siegel der Propheten« genannt. Andere Propheten sind zum Beispiel Noah, Abraham, Isaak, Hiob, Mose, David, Salomo oder Johannes. Diese kommen auch uns christlich-abendländisch Aufgewachsenen reichlich bekannt vor. Und auch Jesus ist den Moslems also keineswegs fremd. Die Anbetung eines zweitrangigen Propheten als Sohn Gottes halten sie allerdings für ein wenig übertrieben.

Der uralte Konflikt zwischen Christentum und Islam ist den Menschen immer schon als Religionskrieg verkauft worden, denn nichts emotionalisiert gründlicher als der Kampf um eine religiöse Angelegenheit. Willfährig haben sie es auf beiden Seiten geglaubt. Es ging aber in Wirklichkeit um Macht und Einfluss und den damit verbundenen Reichtum. Als die Osmanen vor Wien standen, hatten sie nicht die Verbreitung des Islam in Mitteleuropa im Sinn, sondern die Verfolgung wirtschaftlicher Interessen. Den Konquistadoren in Südamerika ging es ebenfalls nicht um Mission. Sie wollten schlicht das Gold der Inkas besitzen. Und auch in Mitteleuropa wurde immer wieder die Religion vorgeschoben, um unliebsame Konkurrenten loszuwerden.

Als die Ritter in Mitteleuropa nicht mehr gebraucht wurden, um die Städte und Ländereien gegen die Überfälle der Wikinger zu verteidigen, waren sie nicht nur nutzlos geworden, sondern gängelten die Herrschenden auch mit ihrem terroristischen Aktionen von ihren Raubritterburgen aus. Die edlen Rittersleute waren zu schamlosen Strauchdieben mutiert. Es wurde eine neue Aufgabe für sie benötigt. Am besten eine, bei der sie starben oder zumindest aus dem Lande verschwanden. Kurz, es wurde ein heiliger Krieg erklärt. Jerusalem sollte von den Mohammedanern befreit werden. Das war ein genialer Schachzug der Regierenden. Denn diesem Ziel konnten sich die heiligen Krieger des römischen Reichs deutscher Nation nicht widersetzen. Die wenigen Zurückgekehrten waren so versehrt, dass ihnen ihre Kampf- und Rauflust vergangen war. Die Kriegssituation wurde dadurch belebt, dass auch die mohammedanische Seite das mörderische und räuberische Vorgehen moralisch unterstützte.

Mittels Bürgerinitiative, schweizerischem Volksbegehren und Grundgesetz werden die heutigen Hebel in Bewegung gesetzt, um die Religionsfreiheit zu beschneiden.

So ging das Jahrhundert für Jahrhundert, und die Menschen beider Seiten sind ihren Regierungen aller Art wie die Lemminge gefolgt. Das ist heute nicht anders, aber umso peinlicher. Auch heute noch lassen sich Menschen auf beiden Seiten vor den Karren des Religionskrieges spannen. Global auf die blutige Art, regional wird manchmal sublimer vorgegangenen. Obwohl die Europäer und vor allem die Deutschen vorgeben, so hübsch aus ihrer Geschichte gelernt zu haben, lassen sich immer noch einige von ihnen auf das Ross der Religionskrieger setzen. Mittels Bürgerinitiative, schweizerischem Volksbegehren und Grundgesetz werden die heutigen Hebel in Bewegung gesetzt, um die Religionsfreiheit zu beschneiden. »Der Kampf der Kulturen«, so der Titel eines Buches, welches zwar von den wenigsten gelesen wurde, aber anscheinend eine tief verinnerlichte Angelegenheit ist, geht weiter.

***

Die Türkei ist eines der wenigen Länder in Europa, in denen unsere Vorfahren keine Kriegsverbrechen verübt haben. Dass die Türkei in der Zeit des Nationalsozialismus politisch verfolgten Deutschen Asyl gewährte, ist nur wenigen bekannt. Vergessen ist auch, dass Ernst Reuter, später Bürgermeister von Berlin, in der Türkei vor der Verfolgung der braunen Schergen Zuflucht gefunden hatte. Noch heute wird in der Stadt Çorum der Deutschen gedacht, die sich als Verfolgte um das Gemeinwesen dieser Stadt gekümmert haben und bleibende Spuren hinterließen.

Umso bedauerlicher ist deshalb der Inhalt eines Gesprächs, das ich einmal in einem deutschen Wirtshaus unfreiwillig mit anhören musste. Am Nachbartisch ging es sehr laut und lebhaft zu. Eine Gruppe von Deutschen, deren Alter sich den Siebzigern näherte, schwadronierte über Ausländer in Deutschland. Die Diskussion gipfelte in der Meinung, dass Edzard Reuter, der ehemalige Vorstandsvorsitzende von Mercedes-Benz und Sohn von Ernst Reuter, daran schuld sei, dass die ganzen Türken in Deutschland sind. Bloß weil sein Vater und er in der

Türkei waren, während die Nazis an der Macht waren, sei das noch lange kein Grund, die Türken ins Land zu holen.

Was macht man, wenn man so etwas hört – mischt man sich ein, um es richtigzustellen, oder verlässt man fluchtartig das Lokal? Oder betet man? »Gott und Allah, lasst Hirn vom Himmel regnen!«

***

Warum die Türken in der Kritik stehen, wurde mir erst nach dem 11. September 2001 schlagartig klar. Sie sind ja Muslime. Richtig viele Muslime. Ich war allein unter Muslimen. Das hatte ich bis dahin gar nicht richtig bemerkt. Die islamische Religion spielte in diesem privaten türkischsprachigen Radiosender eine absolut untergeordnete Rolle.

Im Ramadan wurde zu der Uhrzeit des offiziellen Sonnenuntergangs darauf hingewiesen, dass nun der Iftar (das Fastenbrechen) beginne. Denn es ist nicht so, dass jeder gläubige Muslim alleine darüber entscheidet, wann die Sonne untergegangen ist. Es erscheint rechtzeitig vor dem Ramadan ein Kalender mit den offiziellen Zeiten des Fastenbrechens, und die können sich zwischen Ost- und Westdeutschland um einige Minuten verschieben. »Da nehmt ihr es endlich mal genau mit den Uhrzeiten«, sagte ich scherzend zu meinen Kollegen. »Geht das nicht auch mit den Arbeitszeiten?« Sie lachten: »Tja, bei Allah stehen wir halt stramm.« Und von diesen zahlreichen Muslimen leben einige ihre Religion auch in Deutschland aus. Nicht alle Muslime in Deutschland sind streng religiös, aber die katholischen Kirchen müssen ja auch nicht wegen Überfüllung geschlossen werden.

»Auf einmal war ich Moslem. In meiner Familie spielt die Religion eigentlich gar keine so große Rolle. Ja klar, hin und wieder mal, so wie bei den Katholiken, die auch nur zu Weihnachten in die Kirche gehen. Auch der Ramadan war bei uns nicht das

große Thema. Klar nehmen wir Rücksicht auf die praktizieren-
den Muslime. Meine Mutter und meine Schwester finden ihn
ganz praktisch, um mal ein paar Pfund abzuspecken. Ihr be-
schimpft ja auch keinen, der sich in eurer Fastenzeit mit dem
Essen zurückhält. Jetzt heißt es: ›Frag doch mal Serkan, der ist
doch Türke, der weiß doch, wie das so ist bei den Moslems.‹
Dabei weiß ich noch nicht mal, wie oft am Tag sich die Muslime
gegen Mekka verneigen müssen.«
Serkan, 23

Diejenigen, die ihre Religion gemeinsam ausüben möchten, brauchen Gebetshäuser, Moscheen mit großen Mina-
retten. Deren Bau verläuft nicht immer reibungslos. Manche äußern offen ihre Kritik an diesen Bauten, aber diese
Offenheit wird nicht als politisch korrekt betrachtet und
daher nicht gern gehört. Denn in Deutschland herrscht
Religionsfreiheit. Da erregt man sich schon eher darüber,
dass der Bau einer Moschee, gegen die man natürlich
nichts hat, direkte Auswirkungen auf die Parkplatzsitu-
ation im regionalen Umfeld haben könnte. »Ich hab ja nix
gegen die Muslime und ihre Moscheen, aber dann parken
die mit ihren Autos unser schönes Viertel zu und abends,
wenn ich meine Ruhe haben will, dann fahren die alle unter großem Palaver wieder ab.«
   Und dann sind da ja noch die Minarette, die sind immer so hoch. Die verändern die Silhouette der Stadt. Dieses Argument hat ein benachbartes europäisches Land
dermaßen überzeugt, dass sie den Bau gleich per Gesetz
verboten haben. Dieses Land ist allerdings geschichtlich
nicht so vorbelastet wie Deutschland. Es ist schon ein
Kreuz mit diesen Moscheen.
   Zustimmung zum Bau von Moscheen erfolgt meist von
Menschen, denen das Kopftuch und die fehlende Emanzipation der muslimischen Frau ein Gräuel sind. Diese
vermeintlichen Toleranten zeichnen sich durch ein der-

maßen hohes Potenzial an Widersprüchlichkeit aus, dass sie sich noch nicht einmal mehr selbst zurechtfinden.

Und dann sind da ja noch die Minarette, die sind immer so hoch. Die verändern die Silhouette der Stadt.

In einer westdeutschen Stadt an einem großen Fluss möchte sich eine Gemeinde eine Moschee bauen, eine sehr große sogar. Nun beherbergt diese Stadt eine sehr große Bischofskirche. Außerdem war die Stadt vor Jahrhunderten gegründet worden, um die Christenheit vor den Heiden – heute würde man sie »Menschen, die einer anderen Glaubensrichtung angehören« nennen – zu schützen.

Hinzu kommt, dass die Einwohner dieser Stadt mächtig stolz sind auf ihr christliches Gotteshaus. Zwar noch nicht so lange, denn es wurde erst in der romantischen Bewegung des 19. Jahrhunderts wiederentdeckt. Die Bewohner der Stadt gelten hinlänglich als tolerant, kontaktfreudig und frohsinnig. Aber angesichts des Vorhabens der islamischen Gemeinde gingen einige dieser drei so freundlichen menschlichen Eigenschaften wohl verloren. Vehement und mit einer bis dahin nicht gekannten Schärfe wetterten sie gegen diesen Bau. Flugs sammelten sich die überwiegend religionsfreien Gutmenschen, um nicht nur die Mitglieder der Gemeinde, sondern auch alle anderen Menschen muslimischen Glaubens zu verteidigen. Ob die Nichtmitglieder überhaupt für oder gegen diesen Bau waren, wurde gar nicht erst gefragt. Denn Muslim ist Muslim.

Wie war das noch mal mit dem Kopftuch?

***

Nun haben wir die Freiheit und Toleranz unserer Gesellschaft nicht der vorherrschenden Religion in diesem Land zu verdanken, sondern eher der Abkehr von dieser Religion. Außerdem sind Staat und Kirche bei uns getrennt, genauso wie in der Türkei. Die einen oder anderen Vertreter der hiesigen Religion könnten auf vieles neidisch werden, das der Islam erhalten hat, ihnen selbst aber abhanden ging: der Respekt vor den Vertretern der Religion, das Patriarchat, die Gottesfürchtigkeit, die Einhaltung der von der Religion vorgegebenen Werte, eine klare Trennung der Geschlechter.

Aber diese haben wir doch schon lange überwunden. Es gibt zwar immer noch reine Knaben- und Mädchenschulen, meist mit religiösem Hintergrund. Aber trotzdem: Die hiesige Religion und ihre Vertreter mussten sich von den für sie wichtigen Bereichen wie Erziehung und Familienbildung fast vollständig verabschieden. Kirchen werden wegen mangelndem Interesse aufgegeben. Seit den Siebzigerjahren befindet sie sich auf dem Rückzug. Die Gutmenschen hatten sie so gerupft, dass teilweise nur noch Gerippe übrig blieben. Manche von den Gutmenschen hatten sich irgendwelchen fernöstlichen Religionen zugewandt und deren Heil proklamiert. Es entstand eine eher religionsferne Stimmung im Land. Menschen, die weiterhin tapfer ihrer Religion huldigten, wurden als ein wenig rückständig und ihr religiöses Verhalten als nicht mehr zeitgemäß angesehen. Diese Menschen galten als unfrei in den Augen der Gutmenschen.

Einmal bemühten wir uns um eine Frequenz in einer süddeutschen Großstadt. Bei unseren Gesprächen wurde uns gesagt, man wolle keinen muslimischen Sender in dieser Stadt. Wir sagten, dass es sich um einen türkischsprachigen Radiosender handele. »Das ist doch das Gleiche«, wurde uns erwidert.

Viele Christen mögen den Islam schon aus Tradition nicht. Und den Gutmenschen ist er fremd, weil sie Religionen, außer der fernöstlichen, generell abgeneigt gegenüberstehen. Sie betrachten sie in langer Ableitung der Marx'schen Meinung als Opium für das Volk, das ein fortschrittliches und emanzipiertes Leben verhindert. Während die einen die Religion Islam aufgrund des historischen Wettkampfs der beiden großen Weltreligionen als natürlichen Feind betrachten und in seiner Ausdehnung eine Bedrohung der eigenen Religion sehen, sind die anderen mit den Sitten und Gebräuchen dieser Religion überhaupt nicht einverstanden.

Einmal bemühten wir uns um eine Frequenz in einer süddeutschen Großstadt. Bei unseren Gesprächen wurde uns gesagt, man wolle keinen muslimischen Sender in dieser Stadt. Wir sagten, dass es sich um einen türkischsprachigen Radiosender handele. »Das ist doch das Gleiche«, wurde uns erwidert.

***

Es heißt, der Koran zwinge die Frauen dazu, ein Kopftuch zu tragen. Ob das so ist, darüber diskutieren auch islamische Fachleute. Auf jeden Fall ist für die politisch Korrekten das Tragen des Kopftuchs ein Symbol der islamischen Religion. Da Frauen mit Kopftuch aber auch im öffentlichen Dienst oder in staatlichen Institutionen, die sich mit Erziehung befassen, arbeiten wollten, wurde erst mal gesetzlich überprüft, ob das überhaupt erlaubt ist. Eigentlich hätten sich beide Gruppen darüber freuen können, dass die Migrantinnen endlich mal arbeiten wollen, und dann auch noch in anspruchsvollen Berufen. Wenn das keine Emanzipation ist! Das hätte eigentlich unterstützt werden müssen. Aber die alten Kämpfer gegen den Islam sahen darin eine Bedrohung und riefen die Gerichte an. Das Tragen des Kopftuchs wurde in den genannten Funktionen verboten. Nicht nur den Lehrerinnen, auch den Schülerinnen wurde teilweise untersagt, ein Kopftuch in der Schule zu tragen.

Das ist die Religionsfreiheit, wie wir sie meinen. Dem Hinweis, dass auch Nonnen in Schulen beschäftigt seien und dass dort christliche Kreuze an den Wänden hingen, also der Raum in seiner religiösen Neutralität verletzt sei, wurde mit dem Argument entgegnet, man befände sich schließlich in einem Land, das auf christlichen Werten aufgebaut sei.

Bitte genau hinsehen, denn Toleranz bedeutet nicht, dass du nur dann ein guter Mensch bist, wenn du so bist wie ich.

Wenn kritische Stimmen gegen diese Auslegung der deutschen Gesetze laut werden, kommt reflexartig zurück, dass es unvorstellbar sei, dass den Christen in muslimischen Ländern ihre Religionsausübung gestattet sei. In manchen würden die Christen diskriminiert und sogar mit dem Tode bedroht. Das ist richtig. Aber diese Länder nennen sich auch nicht eine offene und tolerante Gesellschaft wie die Länder in Europa. Entweder ist eine Gesellschaft tolerant und offen, oder sie ist es nicht. Ein bisschen Toleranz gibt es nicht. Toleranz ist eine einseitige großmütige Geste, sie wird gegeben und es sollte nicht erwartet werden, dass man sie auch zurückerhält. Gerade diese großzügige Haltung hat Europa zu einer einmaligen weltoffenen und lebenswerten Gesellschaft gemacht. Sollte die Toleranz aufgekündigt werden, dann gingen die Früchte eines jahrhundertelangen und blutigen Kampfes um die Selbstbestimmung der Menschen verloren.

Aber Vorsicht, man sollte alle Menschen beobachten, und dazu gehören auch muslimische Migranten, die der Auffassung sind, dass sich andere nach ihrer Lebensform richten müssen. Denn sobald damit begonnen wird, diejenigen zu diffamieren, die für eine friedliche Koexistenz plädieren, kann man nicht mehr von Offenheit sprechen. Bitte genau hinsehen, denn Toleranz bedeutet nicht, dass du nur dann ein guter Mensch bist, wenn du so bist wie ich.

***

Im Gegensatz zum Christentum gibt es im Islam keine hierarchischen Strukturen und keine Kirchensteuern. Er finanziert sich ausschließlich aus Spenden. Während der katholische Steuer zahlende Katholik sehr wohl bejahen kann, dass er sich durch sein Oberhaupt in Rom vertreten fühlt, so ist der Islam in unzählige Gemeinden aufgeteilt, die je nach Größe und der daraus resultierenden Finanzkraft eine sehr bedeutende Rolle spielen können. Aber es gibt keinen zentralen Vertreter aller Muslime. Aus diesem Grunde fühlt sich auch nicht jeder Muslim von dem einen oder anderen Vertreter repräsentiert. Gerade die Muslime, die ihre Religion nicht explizit leben, sehen mit Unbehagen, wer für sie in Deutschland das Wort ergreift.

Das ist eine sehr unangenehme Sache, wenn man mit allen in einen Topf geschmissen wird. Als ausgetretener Katholik kann es einem völlig egal sein, was der Papst gerade von sich gibt oder was er verlangt. Denn er spricht nicht im Namen des Ausgetretenen. Nun werden ja die Türken sowieso nicht sehr differenziert betrachtet. Damit haben sie zu leben gelernt. Dass sie nun aber auch alle in ein und dieselbe muslimische Gemengelage gebracht werden, ist vielen zuwider. Aus dem Islam kann man nicht austreten, also nicht zum Amtsgericht gehen und einfach eine Abmeldung vornehmen. Muslim ist man von Geburt an. Da die Türken überwiegend in den muslimischen Glauben hineingeboren werden, ist es für viele Deutsche logisch, dass die Türken nicht nur Muslime sind, sondern den muslimischen Glauben auch aktiv praktizieren. Vielleicht ist das ein Grund des Unbehagens vor den »unbekannten Nachbarn« in Deutschland.

Nun kann dem Menschen türkischer Herkunft nicht an der Nasenspitze abgelesen werden, wie er sich zum Islam verhält. Einem Deutschen kann ja auch nicht angesehen werden, ob er jeden Sonntag in die Kirche geht. Außerdem soll es Menschen geben, die Gotteshäuser, damit sind Moscheen, Kirchen, Pagoden und Synagogen gemeint, nur um des transzendenten Versprechens willen aufsuchen und denen alle anderen Vorschriften und Regelwerke der Vorbeter vollkommen egal sind.

Nun kann dem Menschen türkischer Herkunft nicht an der Nasenspitze abgelesen werden, wie er sich zum Islam verhält.

Selbstverständlich wurde ich zum Iftar, dem Fastenbrechen, eingeladen. Das wird entweder mit nur einem Gebet oder in einer intensiveren religiösen Form begangen. Bei den Christen ist das zu Weihnachten auch nicht anders. Auffallend war jedoch, dass dieses Fest wie viele Veranstaltungen in einer großen Gemeinschaft begangen wird. Dabei ist der Islam sehr tolerant gegenüber Menschen anderen Glaubens. Dass ich selbst aus einer christlichen Kultur komme, spielte bei diesen Einladungen keine Rolle.

Der soziale Kontext, auch die Armen zu diesem Fest einzuladen, wird strikt eingehalten. In Istanbul bilden sich regelmäßig kleine Menschenschlangen vor den Restaurants der Stadt, die zu diesem Fest die Bedürftigen kostenlos bewirten. In manchen deutschen Familien ist es Sitte, am Heiligen Abend beim gemeinsamen Essen ein Gedeck für einen Armen bereitzustellen, von dem man insgeheim hofft, dass er nicht kommt. Diesen Brauch üben aber nur noch wenige aus. Die meisten kaufen sich durch großzügige Spenden von ihrem schlechten Gewissen frei. Gern tauchen beim Fastenbrechen deutsch-deutsche

Politiker auf, um sich tolerant und weltoffen zu zeigen. Das heißt nicht, dass ihnen die religiösen Gebräuche des Islams ans Herz gewachsen sind, meistens stehen irgendwelche Wahlen an. Die Vertreter der christlichen Parteien fehlen auch dann.

Für viele Nichtreligiöse unter den Deutschen ist der Islam ein Symbol der Unfreiheit, die sie seit vierzig Jahren als überwunden ansehen. Auch andere Religionen, mit Ausnahme der fernöstlichen, sehen sie vor allem als Ausdruck einer archaischen Lebensform.

Keine Aufregung dagegen herrscht über den Bau von Pagoden in Deutschland. Es gab auch noch kein Volksbegehren in der Schweiz dazu. Auch dürfen die Sikhs ihren Turban tragen. Leider hat es anscheinend von ihnen noch keiner zu einer öffentlichen Anstellung gebracht, in der er auch seine Kopfbedeckung tragen möchte. Da wäre es interessant zu wissen, wie das Bundesverfassungsgericht über das Tragen eines Turbans in Schulen entscheidet. Ob sich überhaupt einer darüber so aufregt, dass entschieden werden muss?

**

Die Affinität der Gutmenschen zu asiatischen Religionen hat ihre Ursache in der Hippiebewegung und der daraus über Jahrzehnte andauernden Auseinandersetzung mit diesen Lehren. Hermann Hesse hat mit seinem Buch »Siddhartha« auch einiges dazu beigetragen. In ihrer etwas naiven Verehrung der fernöstlichen Heilslehre wurde dann nicht mehr so genau hingeschaut. Im Hinduismus bedecken die Frauen auch ihr Haupthaar. Das macht übrigens die englische Königin auch des Öfteren. Und deutsche Trümmerfrauen taten es ebenso.

Die Bedeckung des Haupthaares, nicht nur des weiblichen, hat nicht nur soziale, hygienische und religiöse Gründe, sondern sie ist meistens die Synthese aus allen drei Faktoren. Im Wandel der Zeiten hat der eine oder andere Grund im Vordergrund gestanden. Nun sind die indischen Religionen auch nicht gerade berühmt für ihre soziale Mobilität. Und von einer durchgängigen Emanzipation der Frauen ist auch nicht zu sprechen, wenn einige nach dem Tod ihres Mannes verbrannt werden, da sie der Gemeinschaft zur Last fallen. Die Zwangsverheiratung ist auch in dieser Religion ein probates Mittel, die Familiengestaltung nicht Zufällen zu überlassen. Naja, die milde lächelnden und graubärtigen Gurus lassen das wohl ein wenig harmloser aussehen, als es ist. In Deutschland gehören ca. 90.000 Menschen dem Hinduismus an.

Aber auch die Zeiten der fernöstlichen Religionen sind längst passé. Heute suchen die meisten religionsfernen Menschen ihr Heil in Wellness- und Beautyoasen oder sie sind auf der Suche nach ihrem Sinn des Lebens in seichten Büchern, die ihnen Halt geben in ihrem sinnfreien Leben.

Für Muslime, Hindus und Saunagänger gilt gleichermaßen: Zwangsheirat ist ein Verbrechen. Dagegen gibt es Gesetze und die müssen auch angewendet werden. Die Gleichstellung der Frau ist nicht verhandelbar. Weder in Berlin-Kreuzberg noch im tiefsten Schwarzwald oder in der sächsischen Schweiz.

**

»Arbeiten in Ihrem Sender auch Frauen, die ein Kopftuch tragen?« Ich habe sehr viele merkwürdige Fragen im Laufe meiner Tätigkeit gestellt bekommen und ich habe fast alle geduldig und ich hoffe auch freundlich beantwortet. Diese jedoch habe ich nie beantwortet. Meine Toleranz gegenüber Menschen, die sich autorisiert fühlen, solch eine Frage überhaupt zu stellen, ist begrenzt, ich gebe es zu.

Klischees sind dann etwas Hübsches, wenn sie dazu benutzt werden, um mit ihnen zu spielen und sie später zu entlarven. Schwierig wird es jedoch, wenn Klischees dazu benutzt werden, seiner eigenen Meinung – ohne sie zu hinterfragen – einen Nimbus des Selbstverständlichen zu geben. Diese Frage hat meiner Ansicht nach nur ein Ziel: die Beleidigung einer Religion.

»Arbeiten in Ihrem Sender auch Frauen, die ein Kopftuch tragen?«

Auffallend ist die beiderseitige Unkenntnis der islamischen und der christlichen Religion. Bemerkenswerterweise sowohl gegenseitig als auch untereinander. Auch in der eigenen Religion sind die meisten nicht so recht zu Hause. Dass es auch im Christentum tägliche Gebete gibt, ist nicht nur den Muslimen unbekannt, sondern auch vielen Christen. Es gilt: Ramadan gleich Fastenzeit. Pilgerfahrt nach Rom oder Santiago de Compostela gleich Wallfahrt nach Mekka. Das will man nicht nur nicht so recht wahrhaben, sondern die meisten wissen es noch nicht einmal. Es ist schon bemerkenswert, wie viele Rituale auf beiden Seiten fast deckungsgleich sind.

Die Menschen wollen in Frieden leben, hoffen auf gute Gesundheit für sich und diejenigen, die ihnen am Herzen liegen, betrauern Unglücke, die anderen Menschen geschehen, und hoffen und beten, dass es ein irgendwie geartetes Weiterleben ihrer Seele im Jenseits gibt.

Nicht von ungefähr lautet die Verabschiedung eines Menschen im türkischen »Allah ısmarladık«. Gott möge dich führen und beschützen. Das meint auch ein Bayer, wenn er seinem Freund sagt: »Möge Gott dich führen« – kurz ausgesprochen: »Pfüa di Gott.« Wohl auch ein Grund, warum sich Türken in Bayern besser integriert haben und dort heimisch geworden sind.

Einen Hinweis möchte ich aber noch loswerden: Einem leidlich gläubigen Muslim sollten Sie besser nicht auf die Nase binden, dass Sie nicht so religionsaffin sind, gleich um welche Sorte es sich handelt – denn dann sind Sie ein Ungläubiger. Das ist dann eine wirklich schlimme Sache.

Außerdem sollten Sie als Christ mich bitte nicht mehr fragen, ob in meinem Radiosender damals auch Frauen gearbeitet haben, die Kopftuch trugen. Einverstanden?

Beruf: Türke

Was Türken den Deutschen so alles über
Türken erzählen

Über das Bild der Deutschen im Ausland ist nicht nur viel
geschrieben worden, sondern es wird auch regelmäßig
untersucht. Dabei schneidet Deutschland immer gut ab,
teilweise auch mit Sehr gut. Diese Resultate rufen hierzulande starkes Kopfschütteln hervor. Das können die
Deutschen gar nicht glauben, dass sie in solch einem tollen Land leben! Nur in der Türkei und in Ägypten wird
die Bundesrepublik eher negativ als positiv gesehen, so
eine Studie der BBC aus dem Jahr 2008. Was erzählen
denn da die Türken zu Hause über die Deutschen? Wissen die Türken etwa besser Bescheid, weil sie hier leben?
Vielleicht haben sie es sich aber auch nur einfach gemacht
und einen Deutschen gefragt, wie denn die Deutschen so
sind. Denn dieser müsste es doch wissen, er ist ja selbst
einer.

Er fragt zum Beispiel einen Menschen aus Schweinfurt.
Jemanden, der am Stadtrand ein Reihenhaus besitzt. Dass
der Befragte Murat heißt und nicht perfekt deutsch sprechen kann, darüber sieht er hinweg. Der Schweinfurter

wird Folgendes erklären: »Also, die Deutschen sind zuverlässig, pünktlich, fleißig und vor allen Dingen ordentlich. Die Straßen sind sauber und der Müll wird sorgfältig getrennt. Wir haben die besten Autobahnen der Welt und es ist eine Lust, in diesem Land zu leben. Man darf zwar auf dieses Land nicht stolz sein, aber heimlich bin ich es doch.«

Was erzählen denn da die Türken zu Hause über die Deutschen?

Ein Deutscher, der alleine in einer Sechs-Zimmer-Wohnung in Berlin-Charlottenburg wohnt, wird ihm dagegen bei einem Espresso vielleicht Folgendes antworten: »Die Deutschen sind ein humorloses Volk, das verbissen arbeitet, auf Sauberkeit setzt, intolerant gegenüber anderen ist, zum Lachen in den Keller geht und grundsätzlich alles besser weiß. Insgesamt ist es schwer und manchmal unmöglich, in diesem Land zu leben.« Nur dass seine Landsleute die Mülltrennung erfunden haben, findet er gut.

Da steht nun der Fragende und ist erstaunt. Welcher Antwort soll er denn nun Glauben schenken? Wer hat denn nun recht? Wenigstens wurden hier noch zwei Meinungen eingeholt. Er hätte auch nur einen einzigen Deutschen fragen, nach Hause reisen und dort die Einschätzung entweder aus Schweinfurt oder Berlin unbesehen weiterverbreiten können.

Mit der gleichen Vorgehensweise ist man den Türken gegenübergetreten. Wenn man etwas über die Türken wissen wollte, hat man sie einfach gefragt. Denn wenn diese nicht wissen, wie die Türken sind, wer soll es denn dann wissen?! Die ersten Gastarbeiter wurden übrigens nicht gefragt. Die sollten und wollten ja wieder fort. Die Italiener wurden auch nicht befragt, die kannte man ja. Man hatte zwar nicht Goethes »Reise nach Italien« gele-

sen, aber immerhin wurde daheim die italienische Eis-
diele aufgesucht und die Urlaubsreise ging nach Rimini.
Wozu da noch lange fragen? Dass die meisten der einge-
reisten Italiener aus dem armen Süden und nicht aus dem
wohlhabenden Norden Italiens stammten, war egal.

***

Erst als irgendwann in den Achtzigerjahren der Verdacht aufkeimte, dass die Türken zwar nicht für immer
in Deutschland bleiben würden, aber wohl für viel länger, als man bisher gedacht hatte, entstand nach immerhin zwanzig Jahren ein zartes Interesse für die Türken
im Lande. Was waren das für Leute, was taten die so den
ganzen Tag und wie kamen sie in Deutschland zurecht?
Bezahlt vom deutschen Steuerzahler begaben sich einige
Mutige auf Expeditionen in die fremde Kultur im eigenen
Land. Aber wo sollte die Reise beginnen und wie sollte
man mit den Forschungsobjekten in Kontakt treten? Neben den wissenschaftlichen Mitarbeitern, die die gewonnenen Erkenntnisse für die deutsche Öffentlichkeit ak-
ribisch notierten, analysierten und bewerteten, wurden
also auch Sherpas benötigt, die den Reiselustigen das Gepäck trugen, über Stromschnellen halfen und die Tram-
pelpfade im unwegsamen Gelände kannten. Es wurden
Dolmetscher gebraucht und natürlich auch Fremdenfüh-
rer, die die Forscher in die Bräuche und Sitten der Türken
in Deutschland einführten.

*Was waren das für Leute, was taten die so den
ganzen Tag und wie kamen sie in Deutschland zurecht?*

Schnell sprach sich unter den Türken herum, dass Hilfskräfte benötigt wurden. Viele wiesen das Ansinnen der
Deutschen ab, ihnen bei den Forschungen behilflich zu
sein. Sie hielten diese Unternehmungen für eine einma-

lige Angelegenheit, die schnell wieder in Vergessenheit geraten würde. Aber einige wenige ahnten, dass da etwas Großes auf sie zurollte. Sie hatten schon ein wenig in die deutsche Mentalität reingeschnuppert und wussten: Wenn die Deutschen etwas machen, dann machen sie es gründlich. Außerdem winkten die Expeditionsleiter mit Geld. Wie hoch die Entlohnung sein müsste, wussten sie nicht so genau, begab man sich noch auf gänzlich neues und unbekanntes Gelände. Aber auf jeden Fall sollten sich die Fremden in ihrem Dienst wohlfühlen, denn die Zeiten des Kolonialismus waren lange vorüber. Da die Expeditionsleiter nicht aus eigener Tasche bezahlen mussten, war die Bezahlung erfreulich und inspirierend. So wurde das Gewerbe des Berufstürken in Deutschland geboren. Ein Beruf, der nicht erlernt werden kann, sondern in den ein Mensch hineingeboren werden muss.

Für Berufstürken ist die Integration der Türken in Deutschland nie abgeschlossen. Nur so gibt es immer etwas zu tun.

Berufstürken deutscher Herkunft sind nur vereinzelt anzutreffen. Es sind Menschen mit einer persönlichen Affinität zur türkischen Kultur, meist getrieben von Gutmenschentum und mit einem sehr großen Sendungsbewusstsein. Da sich diese deutschen Berufstürken überwiegend kleineren Problemgruppen in der Angelegenheit Integration zuwenden und ihnen der wirtschaftlich-staatliche Hintergrund fehlt, sind es nur Randfiguren. Sie werden aber gerne zu Veranstaltungen eingeladen. Einmal um die Teilnehmeranzahl zu erhöhen, und zum anderen, um die Ausgewogenheit der Veranstaltung zu unterstreichen.

Berufsbedingt ist ein Berufstürke natürlich der Auffassung, dass die Integration der Türken in Deutschland nie abgeschlossen sein kann. So gibt es immer etwas zu tun.

Ich war noch keine drei Tage in meiner neuen Arbeit beim Radio tätig, da erhielt ich ein wohlwollendes Schreiben von Nisan B. Solch ein türkischsprachiges Radio in Deutschland sei eine tolle Idee, schrieb er mir, er hätte diese Idee auch schon immer gehabt. Er sei überaus glücklich, nun auch in Deutschland türkische Musik zu hören, aber die Moderation und die Beiträge wären nach seinem Geschmack ein wenig verbesserungsfähig. Er würde sich gerne mit mir treffen, damit er mir in einem persönlichen Gespräch erläutern könne, wo denn der Hebel anzusetzen sei.

Solche Briefe bekommen die Radiomacher zuhauf. Auch die Hörer von deutschen Radioprogrammen, meist pensionierte Deutschlehrer, äußern sich immer wieder in ähnlicher Art und Weise. Ich wollte das Schreiben von Nisan B. schon mit einer höflichen, aber bestimmten Absage beantworten, da fiel mir die beigelegte Kopie eines Zeitungsartikels mit Foto ins Auge. Darauf war zu sehen, wie Herr B. aus der Hand des Bundespräsidenten ein Bundesverdienstkreuz an irgendeinem Band verliehen bekam. Herr B. habe sich tatkräftig und nachhaltig für die Integration der Türken in die deutsche Gesellschaft bemüht, so war dem freundlichen Artikel zu entnehmen. So jemandem mochte ich nicht einfach absagen. Also vereinbarte ich mit ihm den gewünschten Termin.

Herr B. entpuppte sich als ein älterer Herr, der überaus sprachgewandt war. Das heißt, er sprach und ich hörte zu. Zu Beginn erläutere er mir seine Vita, von Beruf sei er Lehrer gewesen, er habe Türken Unterricht in deutscher Sprache erteilt. Anfang der Achtzigerjahre sei aber dringend seine Hilfe benötigt worden, er wäre gerufen worden, einer deutschen Behörde dabei behilflich zu sein, die türkische Seele zu ergründen. Das sagte er wirklich in diesen Worten. Um welche Behörde es sich dabei gehandelt habe, daran konnte er sich leider nicht mehr erinnern.

Jedenfalls war es seine Aufgabe, Mitteilungsblätter, die in der türkischen Gemeinde wöchentlich verteilt wurden, zu übersetzen. Jetzt wunderte ich mich, für so etwas gibt es in diesem Land ein Bundesverdienstkreuz? Schon sah ich mich selbst in nächster Zukunft mit dem Kreuz mit dem längsten und wichtigsten Band ausgestattet.

Da Herr B. während seiner Rede, wenn auch selten, Luft holen musste, konnte ich fragen, ob es denn nur bei der Übersetzung geblieben wäre. »Aber nein«, rief er empört aus, »wo denken Sie hin!« Er habe selbstverständlich auch den Inhalt geändert. Eigenmächtig. Schließlich sei er Türke und wisse sehr genau, was die Türken lesen wollen. Herr B. sorgte also dafür, dass die Mitteilungen des deutschen Staates nicht zur Flucht aus der türkischen Staatsbürgerschaft führten. Damit war – ohne dass er davon Kenntnis erhielt – auch dem deutschen Staat gedient, denn der wollte ja damals noch, dass alle irgendwann wieder nach Hause gehen. Außerdem fungierte Herr B. als wandelnder Ablass, er war das lebendige Symbol dafür, dass etwas für die Türken in Deutschland getan wurde. Nach zwanzig Jahren.

Was ihn an meinem Radiosender am meisten störe und sorge, sei, dass schlechtes und falsches Türkisch von den Moderatoren gesprochen würde. Höflicherweise machte ich ein betroffenes Gesicht. Nun, der Mensch spricht nun mal in der Umgangssprache, und die will er auch hören. Sonst wäre Radio hölzern und langweilig und die Hörer würden sich ganz schnell eine andere Frequenz suchen. Radioprogramme sind eben keine Lehrstunde für besseres Deutsch – oder Türkisch. Mit Ausnahme vielleicht der Angebote der öffentlich-rechtlichen Anstalten, die einen kulturellen Inhalt haben. Aber die haben meines Wissens nach auch nicht so viele Hörer.

Herrn B. sagte ich diplomatisch, dass ich mir seine Kritik zu Herzen nehme und der Sache auf den Grund gehen würde. Doch er war noch nicht fertig. Auch die Inhalte der Sendungen ließen zu wünschen übrig. Seiner Ansicht nach sollten diese sich mehr an die Traditionen und Lebensgewohnheiten der in Deutschland lebenden Türken halten.

Mein Hinweis, dass wir genau das nicht beabsichtigten, sondern Türken in Deutschland über die Geschehnisse in Deutschland informieren wollten, erntete ich ein verständnisloses Kopfschütteln. Um seine Position zu stärken, wies er mich zum wiederholten Mal auf seine Auszeichnung hin. Nun hatte ich mich im Vorfeld des Treffens darüber informiert, dass die Ehrung des Herrn B. schon 15 Jahre zurück lag, sodass ich ihn sehr höflich, aber bestimmt darüber informierte, dass sich die Zeiten geändert hätten.

Ich wollte mich gerade für das Gespräch bedanken, als Herr B. sich in sehr emotionale Verbesserungsvorschläge für die Musikauswahl hineinsteigerte. Als Deutscher könne ich schließlich keine Ahnung von türkischer Musik haben. Da hatte er zweifellos recht. Brauche ich auch nicht. Denn die Auswahl von Musik in Radioprogrammen ist ganz einfach: Es werden die Stücke ausgewählt, von denen man weiß, dass sie besonders vielen Hörern gefallen. Das ist Algebra im Radio.

Geduldig erklärte ich Herrn B. am Ende unseres mehrstündigen Gesprächs dieses kleine Regelwerk bei der Musikauswahl. Er schien zu verstehen, aber schrieb mir dennoch einige Titel und Künstler auf einen Zettel, von denen er in unserem Programm zu hören wünsche. Ich steckte ihn ein. Als wir uns endlich zum Abschied die Hände schüttelten, teilte er mir noch seine Honorarforderung mit. So gingen wir auseinander.

Es folgten noch sehr, sehr viele Gespräche dieser Art. Aber nicht immer handelte es sich dabei um so rührende Einzelpersonen wie Herrn B.

Bloß nicht – sich helfen lassen

Damit sind nicht die Schlepper in Istanbul gemeint, die Sie gerne hilfsbereit beim Einkaufen begleiten und Sie garantiert in die teuersten Geschäfte ihrer Verwandten und Bekannten führen werden, sondern die Deutschtürken, die grundsätzlich alles billiger besorgen können. Es wird immer etwas für Sie dabei sein. Meist kostenlos oder für kleines Geld. Die Deutschtürken sind die größten Downloader, Hacker, Hersteller von Plagiaten, Nachahmer und Faker. Sie werden dabei nur noch von den Chinesen übertroffen. Warum neu erfinden, wenn man es auch nachmachen kann?

Vergewissern Sie sich, bevor Sie die Sachen in Gebrauch nehmen, ob Sie nicht die Haftung für die Dinge übernehmen. Schlimmer ist es noch, wenn Sie am Stromkabel einen elektrischen Schlag erleiden. Vergleichsweise harmlos ist es, wenn sich das günstig erworbene Herrenhemd beim Bügeln in seine Bestandteile auflöst.

Die Deutschtürken sind die größten Downloader, Hacker, Hersteller von Plagiaten, Nachahmer und Faker. Sie werden dabei nur noch von den Chinesen übertroffen.

Eine lästige Eigenschaft ist auch die Hilfsbereitschaft. Und oft ist diese noch nicht mal nett gemeint. Eigentlich basiert sie auf dem alten Geschäft der Tauschwirtschaft. Besorge ich dir was, besorgst du mir was. Das Gefährliche daran: Sie wissen nicht, wann und was sie als Gegenleistung erbringen sollen. Unter Dienstleistung versteht der Deutschtürke einen persönlichen Gefallen, eine Art Hilfestellung. Und Sie werden etwas besorgen müssen. Das ist das alte Dorfprinzip, so funktionieren geschlossene Gesellschaften. Es ist die Sozialversicherung der Deutschtürken, die sie mitgebracht haben und nicht gedenken aufzugeben. Und wie immer alles bargeldlos und nicht anonym.

Unter Dienstleistung versteht der Deutschtürke einen persönlichen Gefallen, eine Art Hilfestellung. Aus diesem Grund bezahlen Deutschtürken nur äußerst ungern für Handwerksarbeiten, Autoreparaturen oder weitere Dienste. Wert ist nur das, was man anfassen kann. Fragen Sie also immer nach der Gegenleistung, die Sie erbringen müssen. Die Antwort wird sein: keine! Aber lassen Sie sich nicht täuschen, die Sache hat einen Pferdefuß (siehe auch den Hinweis auf Seite 224).

Ich bekam im Laufe der Zeit viele, sehr viele Schreiben, die ich unter der Rubrik Kuriositäten abheftete. Mit den Jahren wurde mir bewusst, dass Berufstürken keine Einzelkämpfer sind, sondern dass es sich um eine ganze Branche handelt. Die Idee mit dem deutsch-türkischen Radiosender hatten sie auch alle schon gehabt. Oft waren die Absender Vertreter von staatlich unterstützen Organisationen. Staatlich unterstützt heißt nichts anderes, als dass sie öffentliche Gelder bekommen. Da mittlerweile auch die europäische Gemeinschaft gerne Geld in solche Töpfe wirft, laufen die Geschäfte dieser Gilde bestens und auch die Zukunft sieht rosig aus.

Neben den Briefeschreibern der Branche gibt es noch die richtig cleveren Profis. Die bieten ihre Dienste nicht an, sondern sie warten darauf, dass man auf sie zukommt. Das sind diejenigen, die es verstanden haben, ihr Berufstürkentum zur Wissenschaft zu erheben. Denn da der Deutsche alles gründlich und auch sehr gerne wissenschaftlich angeht, hatten sie schnell Institute und wissenschaftliche Zentren gegründet. So konnten sie den deutschen Politikern bei Problemen mit den Türken in Deutschland und bei Strategien zur Integration mit gründlich erhobenen Statistiken zur Seite stehen. Auch diese Vertreter wurden dann irgendwann mit einem Kreuz am Band geehrt – eigentlich eine etwas merkwürdige Auszeichnung bei Menschen mit muslimischem Hintergrund.

Diese wissenschaftlich orientierten Berufstürken waren ein wenig verschnupft, dass sie im Vorfeld der Gründung des türkischsprachigen Radioprogramms nicht um kostenpflichtigen Rat und teure Tat gebeten worden waren. Aber nicht nur die Enttäuschung über die in ihren Augen sträfliche Vernachlässigung ihres Wissens machte sie bitter, sie witterten auch gefährliche Konkurrenz in ihrem abgesteckten Claim. Denn im Gegensatz zu ihnen bekam der Sender keine staatliche Unterstützung. Das durfte nicht Schule machen!

Und noch eine Gefahr drohte: Ein deutscher Deutscher sollte nicht in ihre Phalanx einbrechen können. Der könnte ja vielleicht zu ganz anderen Erkenntnissen gelangen und dem Berufstürken in die Suppe spucken. Nun lag es mir vollkommen fern, mich in ihrem Metier beweisen zu wollen, denn meine Aufgabe war die Leitung eines Radioprogramms und nicht die Einflussnahme auf die deutsch-türkische Befindlichkeit.

Diese wissenschaftlich orientierten Berufstürken waren ein wenig verschnupft, dass sie im Vorfeld der Gründung des türkischsprachigen Radioprogramms nicht um kostenpflichtigen Rat und teure Tat gebeten worden waren.

Trotzdem blieb das Verhältnis gespannt. Ab und zu veranstaltete der türkische Radiosender ein Event und lud dazu auch den einen oder anderen Vertreter der Dachverbände der türkischen Kultur-, Eltern-, Integrations-, Moscheen-, Förder-, Wirtschafts-, Heimat- und Religionsvereine ein. Wichtig war es, keinen zu vergessen. Die meisten von ihnen kamen. Die Berufstürken aus den wissenschaftlichen Instituten und Zentren kamen nicht, sie waren immer noch beleidigt.

Dennoch kam ich mit diesem Typus des Berufstürken immer wieder in Berührung. Meine Begegnungen mit ihnen fanden meistens anlässlich von Podiumsdiskussionen statt. Diese Veranstaltungen dienen dazu, dass man sich gegenseitig noch mal versichert, wie wichtig die Integration der Türken in die deutsche Gesellschaft ist. Diese Treffen mit den wissenschaftlichen Berufstürken waren meistens höflich, aber eher distanziert. Die Idee mit dem deutsch-türkischen Radioprogramm hatten sie übrigens auch schon alle gehabt.

***

Berufstürken sind die Diener zweier Herren. Auf der einen Seite müssen sie ihre staatlichen und kommunalen Auftraggeber bei der Stange halten. Auf der anderen Seite dürfen sie die türkische Gemeinschaft nicht aus dem Auge verlieren, denn sie müssen ja beobachten, ob diese sich auch so verhält, wie sie es ihren Auftraggebern weitergeben. So bilden die Berufstürken das Scharnier zwischen den Deutschen und den Türken im Zusammenhang mit Integration. Da darf kein Körnchen ins Getriebe kommen.

Für die Berufstürken ist es ein Glücksfall, wenn der deutsche Staat mal wieder ein Gesetz oder eine Vorschrift erlässt, die die Türken in Deutschland betreffen. Eine großartige Quelle des Gelderwerbs, denn das Berufstürkentum lebt davon, dass die deutsche Politik glaubt, sie könne nicht direkt mit den Türken sprechen. Dabei geht es nicht nur darum, die Türken mit den sozialen Segnungen Deutschlands vertraut zu machen. Deutschland möchte auch manchmal gerne etwas von den Türken haben.

Eines Tages kam der Staat auf die treffliche Idee, doch einmal zu überprüfen ob Menschen, die in Deutschland soziale Leistungen empfangen, in der Türkei nicht etwa über Vermögen verfügen. Zum Beispiel in Form von

Grundstücken. Nun wird davon ausgegangen, dass gerade Sozialhilfeempfänger kein Deutsch verstehen – denn sonst würden sie ja den Deutschen nicht auf der Tasche liegen. Also leisteten die Berufstürken sprachliche und inhaltliche Hilfestellung. Nun ist Grundstück nicht gleich Grundstück, und eine Geröllhalde in Anatolien ist nicht gleichzusetzen mit einem baureifen Grundstück am Stadtrand von Istanbul. Als Erfüllungsgehilfen der Behörden holten die Berufstürken die entsprechenden Informationen ein, um auf diese Weise dem Staatshaushalt etwas Gutes zu tun.

Für die Berufstürken ist es ein Glücksfall, wenn der deutsche Staat mal wieder ein Gesetz oder eine Vorschrift erlässt, die die Türken in Deutschland betreffen.

Nun sind auch deutsche Politiker nicht mehr so blauäugig zu glauben, dass die Berufstürken alles eins zu eins weitergeben. Weder in die eine noch in die andere Richtung. Meist genügt ein kurzer Hinweis vonseiten der Behörden, dass, sollte einer falsch spielen, er umgehend vom Fleischtopf verbannt werden würde. Manchmal werden aber auch Kontrolleure angesetzt, um herauszufinden, welche von den Berufstürken als Doppelagenten agieren könnten.

***

Das Problem mit den Berufstürken ist, dass sie Umstände und Verhaltensweisen zu Problemen erklären, die gar keine sind. Warum sie das machen? Ganz einfach: Ohne Probleme mit den Türken gäbe es auch keine Berufstürken. Allerdings werden die Türken auf diese Weise zu Problemtürken. Und was mit einem passiert, wenn einem das Präfix Problem vorangestellt wird, haben wir alle bei Bär Bruno hinlänglich erfahren.

Nun steht die Integration nur selten im Fokus der Öffentlichkeit und es macht Mühe, das Thema am Köcheln zu halten. Es wird meistens nur dann herausgekramt, wenn ein aktueller Anlass vorliegt. Das kann eine furchtbare Bluttat eines Einzelnen sein, die Rede eines Bundespräsidenten oder die Präsentation des Sachbuches eines Autors, der kein Blatt vor den Mund nimmt. Manchmal ist aber auch nur die allgemeine Nachrichtenlage gerade etwas dünn. Dieser Zustand bereitet dem einen oder anderen Berufstürken Kopfzerbrechen.

Wenn sich in Deutschland gerade wenig tut, werden gerne die Entwicklungen in den europäischen Nachbarländern beobachtet. Wenn in den Vororten von Paris und Straßburg Jugendliche mit Migrationshintergrund Autos anzünden, wird schnell der Zeigefinger warnend in den Himmel gereckt. Dabei ist es relativ egal, ob Türken in die Vorfälle verwickelt sind oder nicht. Sofort wird gefordert, die deutsche Politik müsse etwas unternehmen, damit sich solche Vorfälle wie in Frankreich nicht auch bald auf deutschem Boden abspielen. Ein Programm zur Verhinderung solcher Ausschreitungen wird eingefordert. Das kostet natürlich Geld. Aber das ist ja bei den Berufstürken bestens angelegt.

Wenn in den Vororten von Paris und Straßburg Jugendliche mit Migrationshintergrund Autos anzünden, wird schnell der Zeigefinger warnend in den Himmel gereckt. Dabei ist es relativ egal, ob Türken in die Vorfälle verwickelt sind oder nicht.

Sicherlich geben auch die Berufstürken zu, dass nicht alle Türken Problemfälle sind. Aber auch die Berufstürken kennen »Aber-Sätze«: »Sicher, nicht alle Türken sind kriminell/integrationsunwillig/erschleichen staatliche Unterstützungen, aber ...« Sich gegen diese Vereinnahmung zu wehren, fällt den frisch ernannten Problemtürken schwer. Sie sind nicht organisiert, sie fallen nicht auf und sie sind integriert. Viele wehren sich nicht aus falsch verstandener Höflichkeit gegenüber den Deutschen, viele haben auch resigniert und wollen mit diesem öffentlichen Ringelreihen nichts zu tun haben. Aber einigen ist auch der fatale Zug zum Duckmäusertum zu eigen.

Zu einem Podiumsgespräch »Die Türken in der deutschen Öffentlichkeit« waren Vertreter der deutschen und türkischen Medien eingeladen worden. Wie immer waren die Tischkärtchen mit den Namen nach Fraktionen geordnet. Hier die Vertreter der deutschen Medien mit den deutschen Namen und dort die Vertreter der türkischen Medien mit den türkischen Namen. Feinfühlig wurde ich zwischen die beiden Lager platziert. In der Diskussion prasselten herbe Vorwürfe auf meine türkischen Kollegen nieder, sie würden in ihren Medien immer noch ein falsches Bild – es wurde höflich und politisch korrekt von einem nicht richtigen Bild gesprochen – der Deutschen in ihren türkischen Medien verbreiten. Ich spürte, wie sich meine türkischen Kollegen innerlich krümmten. Sie gelobten untertänig, das in Zukunft zu ändern. Ich war empört. Zunächst einmal: Der Titel der Diskussion lautete nicht »Die Deutschen in der türkischen Öffentlichkeit«, sondern genau anders herum. Aber die Türken waren viel zu eingeschüchtert, um darauf hinzuweisen. Mein Einwurf, es möge doch bitte über das Thema gesprochen werden, nahm die deutsche Seite nur widerwillig zur Kenntnis.

Die türkischen Kollegen kamen gar nicht auf die Idee sich zu wehren. Sie stellten nicht einmal die Behauptungen der Gegenseite infrage. Meine Frage, woher denn die genauen Kenntnisse der Ankläger über das Bild der Deutschen in den türkischen Medien stammen, konnten diese nur rudimentär beantworten. Wussten sie überhaupt, wovon sie redeten? In der Pause der Veranstaltung dankten mir die türkischen Kollegen für mein Eintreten. Dieses Lob hatte für mich einen faden Beigeschmack, weil ich über ihr Verhalten enttäuscht war. Nach so langer Zeit in Deutschland und so viel Mitarbeit an der deutschen Gesellschaft hätten sie ruhig auf Augenhöhe diskutieren können.

***

Eine türkischstämmige Professorin mit deutscher Staatsbürgerschaft hatte in einer deutschen Zeitung Kritik am türkischen Staat geübt. In diesem Punkt ist man in der Türkei sehr empfindlich. In der türkischen Öffentlichkeit lösten diese Äußerungen eine Welle der Empörung aus. Marktplatz der Emotionen sind in solchen Fällen die Kommentare in den türkischen Zeitungen. Hier versuchen die Leser, sich gegenseitig mit Schmähungen zu übertreffen. Als dann einer der Kommentatoren gar forderte, man solle dieser Frau ihr Haus über dem Kopf anzünden, waren die deutschen Politiker alarmiert. »Haus anzünden« und »Türken« – da ist man in Deutschland sehr empfindlich.

Von oberer Stelle der deutschen Politik wurde der Verleger des betreffenden Blattes zum Rapport einbestellt und ihm bei dieser Gelegenheit die Leviten gelesen. Der Kommentar sei eine Aufforderung zu einer strafbaren Handlung, so wurde ihm vorgeworfen. Wie hatte er nur zulassen können, das so etwas in seiner Zeitung gedruckt wurde! Und weit und breit kein Berufstürke zur Stelle, um die Angelegenheit aufzuklären.

Wenn in Deutschland jemand sagt: »Dem sollte man den Kopf abreißen«, so wird niemand auf die Idee kommen, das auch wirklich in die Tat umzusetzen. Genauso handelt es sich bei der türkischen Redensweise »Dem sollte man das Haus überm Kopf anzünden« um den Ausdruck starken Widerwillens gegenüber Taten und Äußerungen einer Person. Er wird oft gedacht und selten öffentlich niedergeschrieben. Deutsche Zeitungen drücken sich in solchen Fällen übrigens viel sublimer aus: Herr Müller oder Frau Meier solle mal in sich gehen, oder sie sollen, wenn sie schon im Glashaus sitzen, nicht mit Steinen werfen. Maximale Missbilligung wird ausgedrückt, wenn es heißt, jemand stehe mit seiner Äußerung nicht auf dem Boden der Grundgesetze.

Warum nur griffen die Berufstürken nicht ein? Es wäre doch ein Leichtes gewesen, den Deutschen zu erläutern, dass es sich bei der Angelegenheit nur um eine zwar sehr emotionale, aber doch gebräuchliche Redewendung handelt. Ein kleiner Hinweis, dass auch im Türkischen eine Sache nicht so heiß gegessen wie gekocht wird, wäre doch ganz hilfreich gewesen. Nun, zum einen sind sie gar nicht gefragt worden. Und zum anderen wissen sie ganz genau, was die Deutschen gerne hören. Deshalb verurteilten sie unisono den schändlichen Kommentar. Die türkische Mentalität hat mit heiß Gekochtem eben keine so großen Probleme.

***

Es gibt auch die »echten« Berufstürken in Deutschland, die Vertreter des türkischen Staates. Sie arbeiten in den Konsulaten und in der Botschaft ihres Landes. Sie haben die schwierige Aufgabe, die staatsbürgerlichen Rechte und Pflichten ihrer Staatsangehörigen in Deutschland zu regeln. Denn auch wenn sie teilweise schon seit drei Generationen hier leben, sind die meisten Türken in Deutschland immer noch türkische Staatsbürger. Und die müssen genauso behandelt werden wie die anderen im Heimatland. Das bedeutet für den türkischen Staat einen erheblichen verwaltungstechnischen Aufwand.

Um den großen Kostenblock zur Versorgung seiner türkischen Landsleute in Deutschland aus seinem Haushalt streichen zu können, forderte ein türkischer Ministerpräsident die Türken in Deutschland auf, doch endlich deutsche Staatsbürger zu werden. Das hat aber nicht zum erwarteten Zulauf geführt. Vielleicht führte der Staatsmann mit seinem Aufruf auch etwas anderes im Schilde: Als deutsche Staatsbürger könnten nämlich die aus der Türkei stammenden Menschen in Deutschland auch wählen und somit auf Geheiß von Ankara ein wenig die deutsche Politik mitbestimmen.

Um den großen Kostenblock zur Versorgung seiner türkischen Landsleute in Deutschland aus seinem Haushalt streichen zu können, forderte ein türkischer Ministerpräsident die Türken in Deutschland auf, doch endlich deutsche Staatsbürger zu werden.

So bleibt für die echten Berufstürken einiges zu tun. Nicht nur die Wahlen, die in der Türkei anstehen und zu denen die Türken in Deutschland ihre Stimme abgeben dürfen, müssen organisiert werden. Junge Männer müssen auch ihren Wehrdienst in der Türkei ableisten, und dieser ist mit dem deutschen nicht zu vergleichen. Das Militär geht bei seiner Ausbildung der Rekruten wesentlich energischer um. Wenn die in Deutschland wohnenden türkischen Wehrpflichtigen den Dienst verweigern, drohen ihnen bei der Einreise in ihr Heimatland schwere Repressalien. Zwar besteht für sie die Möglichkeit, den Wehrdienst zeitlich ein wenig zu verschieben und auch die Ausbildung an der Waffe zu verkürzen, aber ganz kommen sie nicht darum herum. So kam es, dass ein männlicher Kollege mir in der Mitte seiner dreißiger Lebensjahre erklärte, er müsse für einige Zeit in die Türkei, um dort seinen Wehrdienst abzuleisten. Solche Auszeiten sehen deutsche Arbeitsverträge gar nicht vor. Später achtete ich darauf, dass männliche türkische Staatsbürger ihren Dienst am Vaterland schon abgeleistet hatten, wenn sie eingestellt wurden.

Kurioserweise sind nur die wenigsten Mitarbeiter der türkischen Konsulate und Botschaften der deutschen Sprache mächtig. Es mangelt bestimmt nicht an Menschen türkischer Staatsangehörigkeit, die perfekt deutsch sprechen. Aber da gibt es wohl eine Richtlinie, die vorgibt, Deutschland als einen weiteren Verwaltungsbezirk der Türkei zu betrachten und nicht als Ausland. Die mangelnde Sprachkenntnis war hinderlich, denn die Vertreter des türkischen Staates waren bei allen Veranstaltungen des Senders angemessen einzuladen.

***

Aber wenn schon der Ministerpräsident der Türkei dazu auffordert, dann können auch von deutscher Seite ganz ungeniert Werbekampagnen gestartet werden, die die türkischen Staatsbürger dazu verlocken sollen, endlich deutsche Staatsbürger zu werden. Es werden die Vorzüge aufgezeigt, die solch ein Wechsel der Staatsbürgerschaft mit sich bringt. Der Neubürger genießt das aktive und passive Wahlrecht, er kann Beamter werden und die lästigen Visa-Formalitäten bei der Reise in EU-Länder entfallen. Der Vorteil für junge türkische Männer kann angesichts der Diskussion um die Wehrpflicht in Deutschland aber auch ganz einfach auf einen Nenner gebracht werden: keine Wehrpflicht.

Aber auf längere Sicht wird auch der Berufstürke aussterben wie so manches Handwerk, das im Laufe der Zeit nicht mehr benötigt wurde – Köhler, Küfer, Wannenmacher.

Sollten diese Kampagnen Erfolg haben, bedeutete dies eine große Gefahr für die wirtschaftliche Grundlage der Berufstürken. Denn mit der Annahme der deutschen

Staatsbürgerschaft entziehen sich ihre Schäfchen immer mehr der Inobhutnahme. Auch die Vorstellung, dass immer mehr Türken die deutsche Sprache beherrschen, treibt ihnen den Schweiß auf die Stirn.

Wie gut, dass es die Religion gibt. Staatsbürgerschaften kann man wechseln, die Religion bekanntermaßen eher weniger. Es bleibt also zunächst noch etwas zu tun für die Berufstürken. Aber auf längere Sicht wird auch ihr Beruf aussterben wie so manches Handwerk, das im Laufe der Zeit nicht mehr benötigt wurde – Köhler, Küfer, Wannenmacher. Doch die Wiederauferstehung dieses Berufs in leicht transzendierter Form ist heute schon voraussehbar: Später werden dann die Berufsdeutschen gebraucht, die der Mehrheitsgesellschaft erklären, wie sie so sind, die Restdeutschen. Sie können dann helfen, die deutsche Seele zu ergründen.

Reiche Migranten – arme Migranten
Auch Türken verdienen auf ehrliche
Weise ihr Geld

In den Sechzigerjahren war das Automobil das Statussymbol schlechthin. Es war das sichtbar gewordene Zeichen für die erfolgreiche Teilnahme seines Besitzers am
Wirtschaftswunder. Es wäre direkt schade gewesen, das
Auto in einer Garage zu verstecken, deshalb wurde es für
alle sichtbar vor dem Haus abgestellt. Selbst ein VW Kä-
fer war noch willkommen, um als Statussymbol zu dienen. Aber der Mercedes-Benz war der Adelige unter den
Symbolen. Sein Besitzer hatte sich das größte Stück vom
wachsenden Kuchen geholt. Das waren noch die Zeiten,
als ein Mercedes-Benz nicht verkauft, sondern dem Kunden gegen viel Geld zugeteilt wurde. Er durfte ihn dafür
dann in Sindelfingen zeremoniell abholen.

Viele dieser Autos wurden von Türken zusammenge-
schraubt. Liebevoll und traurig sahen sie den fertigen
Automobilen hinterher, wenn diese die Fertigungshallen
verließen. Einmal so einen Wagen zu besitzen, das war
ihr ganz großer Traum. Dann würden die Gastgeber ihnen endlich auf die Schulter klopfen und vielleicht sogar

sagen: »Gut gemacht, Ali!« Doch das konnte gar nicht funktionieren. Denn die Besitzer dieser Autos waren neidisch. Und Neid ist eine der Eigenschaften, die nicht auf der Haben-Seite der deutschen Kultur stehen. Neid ist der Bruder der Missgunst. War dieser Wagen auch mit sauberem Geld erworben worden? Dem Landarzt, der im Mercedes seine kranken Patienten besuchte, dem gönnte man einen solchen Wagen. Aber seinem Nachbarn, von dem niemand wusste, was der eigentlich arbeitete?

Die erste Ölkrise nahm den Deutschen ein wenig die Freude an ihrem Statussymbol. Denn sie bemerkten, dass ihr Auto mit Benzin betrieben wird. Und dass dieser Kraftstoff immer teurer und immer knapper wurde. Trotzdem war die Strahlkraft des Autos ungebrochen. Jetzt wurde es langsam schick, einen Zweitwagen zu haben. Die Gastarbeiter hatten es mittlerweile zu einem Ford gebracht. Dafür wurde ihnen in der türkischen Heimat anerkennend auf die Schulter geklopft. Die Gastgeber in Deutschland hatten für diesen Wagen aber nur ein mildes Lächeln übrig.

Im nächsten Jahrzehnt wurde erkannt, dass es nun endlich an der Zeit sei, die Umwelt zu schonen. Bei der Umweltverschmutzung spielen Autos eine maßgebliche Rolle. Klar, die Freude der Deutschen an ihren Automobilen war ihnen nicht zu nehmen. Der Benzin fressende Luxuswagen wurde, damit ihn keiner sah, jetzt aber lieber in die Garage gestellt. Vor der Tür stand der kleine Zweitwagen.

Der Gastarbeiter hatte es geschafft. Er besaß einen Mercedes, auch wenn er gebraucht war. Für ihn hatte er hart gearbeitet und lange gespart. Deshalb fuhr er auch gleich damit in seine Heimat. Dort gab es ein großes Hallo. Der Besitzer war der reiche Mann aus Deutschland. Doch die Reaktion in Deutschland: »Jetzt fahren bei uns auch schon die Türken Mercedes, allein, was die alte Kiste an Benzin verbraucht. Und diese Stinkdiesel!«

Das Auto verschmutzt nicht nur die Umwelt, sondern macht auch den Fahrer dick und träge. In den Neunzigern hieß es fit zu werden, die Figur zu stählen und die Gesundheit zu verbessern. Zu diesem Behufe war das Fahrrad genau das richtige Sportmittel. Zu den mittlerweile drei Autos gesellte sich also noch ein Drahtesel. Die Deutschen fuhren Fahrrad. Die Migranten türkischer Herkunft rieben sich verdutzt die Augen. Wie kann man Fahrrad fahren, wenn man ein Auto hat? Fahrrad fahren ist in der türkischen Kultur völlig unbekannt. Selbst bei angestrengtem Nachdenken fällt mir in meinem gesamten türkischen Bekanntenkreis nicht einer ein, der Fahrrad fährt.

Die Deutschen fuhren Fahrrad. Die Migranten türkischer Herkunft rieben sich verdutzt die Augen. Wie kann man Fahrrad fahren, wenn man ein Auto hat?

Viele Migranten türkischer Herkunft besaßen nun endlich einen niegelnagelneuen Mercedes. Jetzt sollte es gelingen. Endlich musste der ehemalige Gastgeber sein Lob aussprechen! Der Migrant traf ihn schwitzend auf seinem Fitnessrad sitzend an und zeigte stolz auf sein Auto. »Ach weißt du, Ali, ist doch viel zu ungesund, in so einer Karre rumzufahren, kauf dir doch lieber ein Fahrrad und beweg dich mal ein bisschen …«

»Mensch Murat, wo hast du eigentlich die Kohle her für so 'ne Kiste? Wohl ein bisschen mit Koks gedealt, was? Oder wird das Teil vom Sozialamt bezahlt?«

Anfang des neuen Jahrhunderts geschah dann ein Wunder. Die Deutschen türkischer Herkunft konnten es kaum fassen. Die Automobilindustrie erfand das SUV, das Sport Utility Vehicle, dieser Traum einer Mischung aus Geländewagen und Luxuslimousine. SUV heißt auf deutsch übersetzt: Super unnützes Vehikel. Kein Mensch weiß mehr, von wem und warum es erfunden worden ist. Die Benzinpreise hatten mittlerweile schwindelerregende Höhen erklommen und die Umwelt konnte nur noch japsen. Dieser zu Blech gewordene Traum eines Autos wurde zumeist von einzelnen Personen gefahren, die die Musik ganz laut aufdrehen mussten, um sich in den Weiten des Innenraums nicht allzu verloren vorzukommen. In seinen Kofferraum passte ein halbes Rennpferd. Doch meistens wurden nur Tennisschläger und Golftaschen darin transportiert. In einer Garage konnte es nicht versteckt werden, dafür war es viel zu groß respektive die Garage zu klein. Das wollte man auch nicht. Schließlich war das ganze Ding so konzipiert worden, dass seinem Besitzer größtmögliche Aufmerksamkeit zuteil wurde. Toll, dachten sich die deutschen Enkelkinder mit türkischem Migrationsuntergrund, so ein Teil möchte ich auch haben. Jetzt sollte endlich wahr werden, was dem Großvater und dem Vater versagt worden war. Auf dieses Auto ist man nicht nur stolz, es fordert ein, was dem türkischen Migranten in vierzig Jahren nicht gegeben wurde: Anerkennung. »Mensch Murat, wo hast du eigentlich die Kohle her für so 'ne Kiste? Wohl ein bisschen mit Koks gedealt, was? Oder wird das Teil vom Sozialamt bezahlt?«

***

Beim Auto ist der Deutsche dem Türken also immer eine Nasenlänge voraus. Das Handy aber ist ausschließlich für den Türken erfunden worden. Alle weiteren Besitzer anderer Kulturen sind Nebennutzer, sekundäre Zielgruppe, Zweitverwerter. Dieses Gerät wurde erfunden, weil die Türken nicht gerne lesen, sondern eher hören und vor allem sprechen. Der Türke kann immer und überall telefonieren. Beim Essen, beim Arbeiten, beim Fußballspielen, während seiner Hochzeit, beim Autofahren, hier natürlich in einem SUV, und wer weiß, vielleicht auch beim Beten.

»Mit dem Ding wollen Sie sich unter Türken begeben?« Der Türke, der es gut mit mir meinte, wies auf mein Handy, welches ich auf den Besprechungstisch gelegt hatte. Betroffen schaute ich das mobile Telefon an.

»Warum?«

»Eh, das ist ja ein ganz altes Teil!«

»Ja«, sagte ich, »kaum zwei Jahre alt, und ich kann bestens damit telefonieren.«

»Ne, wirklich? Zwei Jahre alt?« Er lachte und schüttelte den Kopf. »So ein altes Teil, mit dem werden Sie bei den Türken aber keinen Eindruck machen. Die werden Sie für einen unbedeutenden armen Schlucker halten. Besorgen sie sich mal ein fetteres mit einem großen Display und natürlich am besten Marke Soundso, drunter machen wir es nicht, dann können Sie es auch, ach quatsch, dann müssen Sie es auch auf den Tisch legen, sonst sieht ja keiner das tolle Ding!«

***

In München hatten sich 21 Unternehmen um eine frei gewordene Radiofrequenz beworben. Auch zwei türkische Anbieter waren darunter. Um sich nicht gegenseitig Konkurrenz zu machen, hatten wir uns mit einem von ihnen zusammengeschlossen. Auf der Liste der Bewerber waren stattliche Namen und sehr ernsthafte Konkurrenten, unter anderem der deutsche Ableger des katholischen Radio Marias.

Wir hatten es fast geschafft, nach der Anhörung aller Kandidaten kamen wir unter die letzten zwei, der Mitbewerber war das katholische Radioprogramm. Zunächst verwechselten einige Gremienmitglieder ein türkischsprachiges Radioprogramm mit einem muslimischen Programm. Es gelang uns aber, diesen Irrtum aufzuklären.

Der Kollege des anderen türkischen Anbieters, Aziz, hatte mir Instruktionen mit auf den Weg zur letzten Anhörung gegeben. »Sag bloß nicht, dass du aus Berlin bist. Gegen Türken haben die Münchener nichts, aber gegen Berliner«, so warnte er mich. So gingen wir in die zweite und letzte Anhörung vor den Medienräten. Leider verloren wir. Es mag wohl auch daran gelegen haben, dass Aziz die meiste Zeit während der Anhörung auf dem Podium damit verbrachte zu telefonieren. Wer weiß.

Nun gibt es noch kein SMT, Süper Mobile Telephone, und das Ding kann auch nicht tiefergelegt und mit vier Auspuffrohren versehen werden.

Der traditionelle Dorfklatsch ist nicht ins Internet abgewandert, er findet heute übers Handy statt. Jeder kann mit jedem alles besprechen. Die Grundfunktion eines Handys ist die Telefonie. Aber entscheidend ist nicht, was es kann, sondern wie es aussieht und welche Firma es hergestellt hat. Außerdem muss es immer das neuste Modell sein. Handy ist nicht gleich Handy. Es ist das Statussymbol für den kleinen Gebrauch. Einer Studie vom August 2010 zufolge rangiert der Besitzer eines iPhone im Status klar vor dem Besitzer eines Smart, Golf oder Opel, auch vor dem Besitzer eines Mountainbikes oder einem Mallorca-Urlauber. Die ranghöheren Statussymbole sind dann auch entsprechend teurer: Porsche, Seychellen, Ticket fürs WM-Finale. Da ist das Handy ein guter Deal: Grundsätzlich gilt: Handy auf den Tisch, ob Konferenztisch, Bistrotisch, Arbeitstisch oder Küchentisch. Das Ding muss von allen gesehen werden. Nun gibt es noch kein SMT, Süper Mobile Telephone, und das Ding kann auch nicht tiefergelegt und mit vier Auspuffrohren versehen werden. Aber Abhilfe ist da. Eine Veredlung des

Gehäuses mit Diamanten etwa, und wenn es dazu nicht reicht, tut es eine Lederhülle von Georgio Armani auch. Oder auch ein Zweithandy, so wie damals mit den zwei Autos. Klar ist: Sie müssen sich ganz schön anstrengen, um mit den Türken da mithalten zu können!

***

Das eigentliche Statussymbol des Deutschen ist sein Haus. Es muss ein Haus sein, eine Eigentumswohnung gilt schon nicht einmal mehr als Haus zweiter Klasse. Ein Haus muss es sein. Am besten frei stehend. Natürlich mit Garage oder mindestens Parkplatz. Es ist nicht nur das Haus, welches ihn mit Stolz erfüllt, sondern auch die Einrichtung desselbigen. In keinem Land Europas gibt es wohl so eine Dichte von Möbelhäusern pro Einwohner wie in Deutschland. In dieses werden Leute eingeladen, damit sie sich die Lebensleistung seines Besitzers anschauen können.

Natürlich werden türkische Menschen nur in Ausnahmesituationen in dieses Haus gelangen. Aber sie ahnen, dass ihren ehemaligen Gastgebern viel an ihren Häusern liegt. Sie selbst können so etwas selten aufweisen. Ihre Großeltern waren emotional sowieso immer auf dem Sprung nach Hause. Den Eltern war schon klar, dass das nichts mehr wird mit der Rückkehr, aber sie waren nicht im Bauspargewerbe der Deutschen zu Hause, sodass es ihren Kindern zum größten Teil versagt bleibt, in einem eigenen Haus zu leben. Mit diesem Statussymbol können sie keinen Boden gutmachen. Das dauert wohl noch eine Generation.

Sie erzählen lieber von ihrem Grundstück und manchmal von ihrem Haus in der Türkei. Damit bedienen sie gerne die Klischees der Deutschen, die glauben, dass alle Türken ihr verdientes Geld in Immobilien in der Heimat angelegt hätten. Sie meinen damit ihren ehemaligen Gastgeber zufriedenstellen zu können, wenn sie den Eindruck im Raume stehen lassen, sie würden dereinst wieder aus seinem Land verschwinden.

***

»Der Deutsche denkt immer, ein wohlhabender Russe kann nicht auf rechten Wegen zu seinem Reichtum gekommen sein, da muss mindestens die Mafia, Mädchen- oder Waffenschmuggel im Spiel sein. Die deutschen Medien berichten nur zu gerne von diesen Oligarchien und russischen Verbechern, die in Saus und Braus leben. Dass ein Russe auch durch Arbeit wohlhabend geworden ist, daran denken die gar nicht.«

Sergew K., 43, Medienunternehmer

Prinzipiell mögen die Deutschen keine reichen Menschen. Schon gar nicht die, die ihren Reichtum auch stolz zeigen. Es ist diese Grundforderung, dass man selbst und auch andere nicht auffallen sollen. Menschen, die ihren Reichtum bewusst zeigen, fallen auf, und damit fallen sie auch gleich wieder raus aus dem deutschen Verhaltensmuster.

Gelobt sei der Bildungsbürger, ein Mensch mit guter allgemeiner Bildung und einem Beruf, der nicht auf einer merkantilen Grundlage fußt. Dieser sollte ein nicht zu großes Haus besitzen, einen Wagen der mittleren Kategorie fahren, einen gebrauchten Kleinwagen als Zweitwagen besitzen und regelmäßig mit dem Fahrrad fahren. Bei Geselligkeiten erzählt er von seinem Urlaub in irgendeinem Land, in dem er die ganze Zeit beschäftigt war, die dortigen Sehenswürdigkeiten zu erkunden. Bei dieser Gelegenheit hat er sich auch gleich mit den Grundlagen der dortigen Sprache vertraut gemacht. Sollte er davon erzählen, dass er in einem Luxusressort war, um den lieben langen Tag auf einer gemieteten Jacht der Hochseefischerei nachzugehen, so wird er bei dieser Geselligkeit schnell alleine sein. Auch sein Versuch, mit der Erzählung über den Erwerb eines neuen achtzylindrigen Cabriolets wieder in das Gespräch zurückzukehren, würde scheitern. Die übrigen Gäste würden sich fragen, wie der denn hier überhaupt hinkommt, wer den denn eingeladen hat und welchem Beruf der wohl so nachgehe, wenn er sich solche Dinge leisten könne. Wahrscheinlich ist das ein Immobilienmakler oder Anlageberater oder ein Unternehmensberater oder ein Bankmanager. Auf jeden Fall kein ehrbarer Bürger!

Wenn schon reich, dann bitte wie die Gebrüder Aldi. Also zurückgezogen in einem einfachen Bungalow mit einer Mauer drum herum wohnen. Und sich bloß nicht blicken lassen!

»Wenn sich in Deutschland Menschen treffen, die sich nicht kennen, dauert es nicht lange, dann fragen sie sich gegenseitig, was sie so beruflich machen. Ich höre dann so Berufe wie Hochschullehrer, Arzt oder Richter. Wenn ich dann an der Reihe bin und sage, dass ich Schausteller bin, sehe ich immer in betroffene, ja fast mitleidige Gesichter. Manche gucken so, als würden sie mir gleich einen Zehn-Euro-Schein in die Tasche stecken.«

Michael M., 42, Betreiber von ambulanten Amüsiergeräten und Millionär

Kaufleute, also Händler, werden von den Deutschen gar nicht geschätzt. Die Verachtung dieses Berufs ist so groß, dass sich dieser Berufszweig in seiner Verzweiflung das Adjektiv ehrbar zugelegt hat. Es hat aber nichts genutzt, denn gleich wurde verlautet, dass der Begriff ehrbarer Kaufmann ein Widerspruch in sich sei.

Bloß nicht – handeln!

Sie werden immer den Kürzeren ziehen. Im Urlaub lässt der Deutsche sich gerne zum Handeln über den Preis hinreißen. Wenn man dann dort schamlos übers Ohr gehauen wird, so bucht man diese negative Erfahrung als pittoreskes Urlaubserlebnis ab. Aber in seiner Heimat will man solche Erlebnisse nicht machen, weder als Käufer noch als Verkäufer. So wie man bei roter Ampel nicht über die Straße gehen darf, ist ein Gezerre um den Preis nicht erlaubt. Wenn Sie es dennoch bei einem deutschen Verkäufer versuchen, wird er Ihnen entgegendonnern: «Wir sind hier doch nicht auf einem türkischen Bazar!» Aber den haben die Deutschtürken aus ihrer Heimat mitgebracht.

Analog dem planlosen Leben ist auch der Preis einer Ware oder Dienstleistung, welche eigentlich als kostenlos gilt, nur eine vage Andeutung eines vielleicht möglichen Werts. Dienstleistungen sind für Deutschtürken freundliche Hilfestellungen, die man gerne mit einer Tasse Tee, oder wenn es sich einen umfangreicheren Dienst handelt, mit einem warmen Mittagessen entlohnt.

»Wir sind hier doch nicht auf einem türkischen Bazar!« Aber den haben die Deutschtürken aus ihrer Heimat mitgebracht.

Die Eigenart des Feilschens über den Preis wird bei vielen deutschen Einzelhändlern gefürchtet. Der Einzelhandel ist derart nicht gewohnt, und ist auch nicht gewillt, die orientalisch anmutende Tradition zu übernehmen. Zwar hat man mit ausgeklügelten Rabattsystemen versucht, dieser Malaise entgegenzutreten. Aber das freie Handeln ist nicht erlaubt. Besonders der Automobilhandel fürchtet die Deutschtürken wie der Teufel das Weihwasser. Auch das gezückte Bündel

Banknoten lässt ihn nicht erweichen. Das Feilschen geht so los: Warum zahlen, man kann ja mal zuerst versuchen, es kostenlos zu bekommen. Bezahlen kann jeder, nicht das Geld ausgeben ist das Problem, sondern das Geld einnehmen. Erzählen Sie einem Deutschtürken, dass Sie das eine oder andere zu einem bestimmten Preis erworben haben, so wird er Ihnen sofort antworten, dass er es viel billiger bekommen hätte. Auch wenn er Sie anflunkert, er hat seine Stellung als bester Händler der Welt zu verteidigen und da ist ihm jedes Mittel recht. Denn von allen Händlern dieser Welt hält er sich für den besten. Und er kennt genau Ihre Schüchternheit und Ihre Scham, offen über den Wert einer Ware zu feilschen. Er wird Ihnen völlig wertlose Dinge überteuert andrehen und später werden Sie merken, dass er Sie wie einen Idioten behandelt hat. Also lassen Sie die Finger von solchem Tun und gehen Sie weiter in den global organisierten Handelsketten einkaufen. Da werden Sie auch veräppelt, aber Sie haben ein besseres Gefühl dabei.

In Deutschland wird der unauffällige Bildungsbürger bevorzugt. Diese Eigenschaften weist der wohlhabende türkische Migrant nicht wirklich auf. Außerdem kann er nicht mit dem sogenannten »old money« dienen. Er ist ein Parvenü. Nun kann man sich über die vielleicht etwas ruppigen Angewohnheiten eines zu Geld gekommenen Bauunternehmers aus Castrop-Rauxel noch amüsieren. Aber ein Neubürger türkisch-kurdischer Herkunft, durch die harte Arbeit eines Kaufmanns zu Wohlstand gekommen, den darf es nicht geben. Auf keinen Fall darf er sich öffentlich zeigen. Auch die Medien schätzen solche Menschen nicht. Wenn erfolgreiche Migranten gezeigt werden, dann sind es Ärzte, Professoren, hohe Angestellte im öffentlichen Dienst und Touristikunternehmer, neuerdings auch Politiker und Fußballer.

Murat Arslan: drei Kinder, eine Dönerfabrik, dreißig sozialversicherungspflichtige Angestellte, davon zwölf deutsch-deutscher Herkunft, drei Auszubildende: einer marokkanischer Herkunft, einer russischer und einer spanischer Herkunft. Produktionsleistung 18.000 Dönerspieße pro Tag für ganz Nordeuropa. Fuhrpark: sechs Lkws, diverse Kleintransporter. Besitzer einer großen Villa mit Pool und eigenem Tennisplatz. Lieblingsautos: Mercedes CLK 600, BMW Cabriolet und Maserati. Jährliche Steuerzahlungen: xxx!«

Wenn erfolgreiche Migranten gezeigt werden, dann sind es Ärzte, Professoren, hohe Angestellte im öffentlichen Dienst und Touristikunternehmer, neuerdings auch Politiker und Fußballer.

Von so jemandem will anscheinend keiner etwas hören, lesen oder sehen. Bei so jemandem holt der deutsche Bildungsbürger das Monokel aus der Tasche, rümpft die Nase und steckt selbige in ein gutes Buch.

Nun gibt es Gott sei Dank nicht nur Bildungsbürger in diesem Land, es gibt auch die Dauerneider, Menschen, die ihr Leben lang glauben, warum auch immer, zu kurz gekommen zu sein. Diese Spezies neidet jedem alles, selbst dem Hartz-IV-Empfänger seine staatliche Unterstützung. Bei diesem kann kein Migrant punkten, weder der Steuerzahlende noch der Sozialhilfeempfangende. Diese Dauerneider haben nichts Spezielles gegen Ausländer. Denn sie haben auch etwas gegen Politiker, Professoren, Ärzte, Besitzer von Autohäusern und viele mehr. Wenn sie ein großkalibriges Auto erblicken, sagen sie, dass man so einen Wagen nicht bräuchte. Wenn jemand von einer tollen Fernreise erzählt, erklären sie, dass es auf dem eigenen Balkon sowieso viel schöner sei. Selbst den materiellen

Erfolg von bewunderten Sportprofis neiden sie diesen: »Wie, mit einem bisschen Tennisspielen verdient der so viel Geld?« Leider ist die Gruppe der Dauerneider keine kleine. Mit der Wiedervereinigung Deutschlands wurde sie noch erheblich ausgebaut.

Wenn Murat Arslan in seiner Freizeit mit seinem Maserati Ausflüge macht, kann er sich verstärkter Kontrollen durch die Polizei sicher sein. Denn diese nimmt vermutlich an, dass er den Wagen gestohlen hat oder im Kofferraum drei Kilo Kokain liegen. Außerdem steht der Fahrer vermutlich auf der internationalen Fahndungsliste.

Die Öffentlichkeit liebt den armen Migranten, der in seiner Kultur verhaftet geblieben ist und dem sie so ungefähr alles unterstellen kann. An diesem kann sie sich reiben. Er ist in dieses Land gekommen, weil er zu faul zum Arbeiten war. Die vielen Kinder, die er hat, entsprechen nicht seinem kulturellen Hintergrund, sondern sind ausschließlich dazu da, um den größtmöglichen Betrag an Kindergeld zu kassieren. Er widersetzt sich jeglicher Ausbildung und kennt alle sozialen Zuwendungen dieses Staates. Er sitzt in der sozialen Wärmestube und will auf keinen Fall aus dieser raus. Außerdem ist er schlichtweg dumm. Er muss sich sogar den Antrag auf Hartz IV von Fachleuten ausfüllen lassen. Leider sieht er für die empörte Öffentlichkeit genauso aus wie Murat Arslan. Wie schafft es nur der arme Migrant, einen Maserati zu fahren?

So richtig mögen müsste die deutsch-deutsche Öffentlichkeit den unscheinbaren Migranten. Diesen Typus von Mensch, der einem unspektakulären Beruf nachgeht, einen Golf fährt und in einem Reiheneckhaus wohnt. Ein Paar, dessen weiblicher Part im Reisebüro arbeitet, kein Kopftuch trägt und die zwei Kinder morgens zur Kindertagesstätte bringt, die – obwohl muslimische Mädchen – selbstverständlich am gemeinsamen Schwimmunterricht teilnehmen dürfen. Ein Typus, der seinen Glauben so weit reduziert hat, dass er nicht in eine Moschee geht. Der also dem Großteil der Menschen gleicht, deren Eltern und Großeltern aus der Türkei stammen. Der Migrant, der nicht auffällt. Migranten aus Afrika können auch alle diese Kriterien erfüllen, sie fallen aber dennoch auf. Sie können nun mal nicht aus ihrer Haut heraus.

Unser Land braucht Migranten, so fordern es auch die Wirtschaftsverbände. Aber es sollen nur die Besten kommen, die mit einer guten Ausbildung.

Unser Land braucht Migranten, so fordern es auch die Wirtschaftsverbände. Aber es sollen nur die Besten kommen, die mit einer guten Ausbildung – nur die Besten kommen in den Westen. Aber das ist schwierig. Menschen, die eine gute Ausbildung haben, verlassen äußerst ungern ihre Heimat. Warum auch, denn die meisten haben dank ihrer Ausbildung sowieso gute Chancen in ihrem Heimatland. Außer sie werden in diesem politisch und oder religiös verfolgt, dann müssen sie das Land verlassen. Sie kommen aber ungern in Länder, die zwar auf der einen Seite ihre Ausbildung gerne sehen, sie aber, wenn auch mit subtileren Mitteln, wegen ihrer Lebensweise und ihrer Kultur nicht akzeptieren wollen.

Denn dann könnte es zu folgendem Gespräch in der Einwanderungsbehörde kommen:

»Soso, Sie wollen nach Deutschland einwandern. Sie haben eine gute Ausbildung, das sehen wir gerne. Sie sind Softwarespezialist, klasse, das sind genau die Leute, die uns so fehlen. Was, Sie kommen aus Pakistan, welcher Religion sind Sie denn? Ach, Sie sind Muslim, soso, Sie haben Familie, Frau und zwei Kinder, genauer gesagt, zwei Töchter, und Ihre Frau hat keine Ausbildung, das heißt sie geht keiner Tätigkeit nach, ist also Haus-

frau. Was, sie trägt ein Kopftuch? Hmh, also das wird jetzt ein wenig kompliziert mit Ihrer Einwanderung. Ihre Frau müsste nämlich ihr Kopftuch ablegen und sich emanzipieren. Bei uns heißt das, sie muss eine Ausbildung in irgendetwas machen, na, schlimmstenfalls kann sie ja Altenpflegerin werden und ihre Töchter müsste dann am gemeinsamen Schwimmunterricht teilnehmen. Soso, das wollen Sie nicht. Na dann können Sie nicht rein in unser weltoffenes und tolerantes Land.«

Die Besten gehen in Länder, die sie so akzeptieren, wie sie sind. Zu diesen Ländern gehört Deutschland eindeutig nicht. Denn Deutschland ist kein Einwanderungsland, das ist so oft verlautbart worden, dass es sich bis zu den gebildeten Schichten in Islamabad und Bangalore herumgesprochen hat.

***

Reiche Migranten, die sich nicht scheuen, ihren erworbenen Wohlstand öffentlich zur Schau zu stellen, zeigen anderen gerne anschaulich, was sie in diesem Land erreichen können. Selbstverständlich kompensieren sie mit dem Herzeigen von Statussymbolen ihre geringe gesellschaftliche Anerkennung.

Das ist der Grund, warum sie manchmal eine groteske Liebe zu Markenprodukten an den Tag legen. Es muss immer alles vom Feinsten und Besten sein. Sie sind geradezu geschaffen für den Empfang von Werbebotschaften. Aber die werbetreibende Industrie nimmt diese Menschen nicht nur nicht zur Kenntnis, sie möchte auch nicht, dass sie ihre Produkte kaufen. Sie sind der Auffassung, dass ihre teuer kreierte Marke durch diese Menschen beschädigt werden könnte.

So zum Beispiel erfreuten sich die Automobile einer Modellreihe eines bayrischen Herstellers einer so außerordentlichen Beliebtheit bei jungen Migranten, dass der Hersteller befürchtete, die normalen Käufer könnten dieses Produkt meiden. So wie der Besitzer einer englischen Luxuskarosse mit einem Zuhälter gleichgesetzt wird, so färbt auch das bayerische Automobil auf seinen Besitzer ab. Leider konnten die Hersteller den Erwerb ihrer Autos durch die Käuferschicht aus dem Migrantenmilieu nicht verbieten. Aber den Abverkauf hatten sie auch nicht forciert.

Eines der Statussymbole, die bei Türken überhaupt nicht punkten, sind Kreditkarten.

Ich war maßlos erstaunt, als ich bei meinem türkischen Freund M. zu Besuch war. Zwar wusste ich schon, dass er gern zeigt, dass er es zu etwas gebracht hat. So chauffiert er in einem nagelneuen Auto von diesem Unternehmen aus Sindelfingen umher, er hat eine hohe Affinität zu elektronischen Produkten, die mit i beginnen, aber dass er über ein eigenes Ankleidezimmer verfügt, das toppte das ganze noch, es war wie in dem Film »Der große Gatsby«. Ordentlich hingen seine Hemden, Anzüge und Hose auf Bügeln, nur hatte er sie nicht nach Farben sortiert, sondern nach Markennamen von A = Armani bis Z = Zegna. Einfach großartig, das Ganze. Er war es auch gewesen, der nicht mitansehen konnte, wenn ich mit ihm in einem durchgeschwitzten T-Shirt Tennis spielte. Er nahm meinen Geburtstag zum Anlass, mich mit einem atmungsaktiven Leibchen eines bekannten Markenherstellers auszustatten.

Eines der Statussymbole, die bei Türken überhaupt nicht punkten, sind Kreditkarten. Denn sie sind nicht sichtbar, was nützt einem schon ein vermeintliches Luxusgut, wenn die Umgebung es nicht sehen kann. Die mit der Karte verbundenen Dienstleistungen werden überhaupt nicht geschätzt, weil Dienstleistungen keinen Wert an sich für türkische Migranten darstellen.

Eröffnen Sie nie ein Bankkonto! (Oder: Bunkern Sie kein Geld auf der Bank!)

Wenn Sie das tun, ist Ihr schönes Geld verloren. Sie werden es nie wiedersehen, sondern nur als abstrakte Zahl entweder mit einem S oder einem H davor. Und jeder weiß, wie viel Sie besitzen, denn die drei großen G – Bank-, Arzt- und Beichtgeheimnis – gibt es nicht mehr, und hat sie auch eigentlich früher nicht gegeben. Und was noch schlimmer ist: Jeder kann ran an Ihr Geld, jeder bucht ab, das Finanzamt sowieso. Außerdem wollen die ständig Kontoauszüge zu Ihrer Steuererklärung.

Die Deutschtürken handeln da ganz anders, sie lieben das bare Geld, das Bündel an Geldscheinen in ihrer Tasche. Das ist viel praktischer: Man hat immer etwas dabei und kann sich durch ständiges Nachzählen schnell einen Überblick über die momentane Finanzsituation verschaffen. Außerdem kann keiner ran an das schöne Geld. Sollte doch jemand etwas haben wollen, so haben sie es gerade nicht bei sich. Den schlimmsten Fall, eine gerichtliche Taschenpfändung, umgehen sie so, dass sie dann nichts in der Tasche haben. Das Geld ist gerade bei jemand anderen. Denn für Türken ist ihr Geld nie weg, es ist höchstens bei jemand anderen. Es macht mehr Eindruck in der türkischen Gesellschaft, beim Bezahlen ein Bündel Banknoten aus der Tasche zu ziehen, als eine blinkende Kreditkarte zu benutzen. Die Noten schnippt der Türke dann lässig hin und auf die paar Euro Rückgeld verzichtet er gerne, diese Geste lässt sein Ansehen noch mehr steigen.

Das alles gilt nicht nur für kleinere Beträge, gerne werden auch Autos gleich in bar bezahlt. Oder auch Rechnungen im Geschäftsverkehr, Quittungen braucht es nicht, man hat Vertrauen. Geldbündel, je dicker, desto besser, verleihen dem Besitzer großes Ansehen und Respekt. Wenn Sie einem

Türken sagen, dass Sie viel Geld auf dem Konto haben, lächelt er Sie nur milde an. Und wenn Sie so verwegen sind, ihm auch noch Ihren Kontoauszug zu zeigen, wird er in schallendes Gelächter ausbrechen. Er wird Sie schlicht für einen Idioten halten. Denn nur Bares ist Wahres. Wollen Sie mit einem dicken Auto imponieren, so erleben Sie auch eine Bauchlandung, denn der Wagen kann ja entweder von der Autovermietung sein oder vom Freund geliehen.

Nun kann man in Deutschland zwar ohne Anerkennung leben, aber nicht ohne Bankkonto. Wohin sonst soll denn der Staat seine Zuwendung reichen? Natürlich haben auch Türken ein Bankkonto. Auf dem ist natürlich nichts drauf. Wenn etwas Geld kommt, wird es gleich abgehoben und in die Tasche gesteckt. Wenn Sie also bei Türken punkten wollen: am besten einige Tausend Euro mitnehmen, und klammern sie es mit einer Büroklammer, schöner kann man nicht zeigen, dass man viel hat. Lässt sich auch gut angeben mit der Büroklammer, aber bitte kleine Scheine nehmen, das sieht dann nach mehr aus. Und bitte im Restaurant türkisch bezahlen (siehe Seite 229).

Aber eine Sache lässt sich auch ohne Reichtum, wenn auch mit fleißigem Lernen, erreichen: die deutsche Staatsbürgerschaft. Wenn der türkische Migrant alle Tests bestanden hat, wird ihm diese in einer feierlichen Zeremonie übertragen. Die Feier findet meistens in einer nüchternen deutschen Amtstube statt. Unter einer deutschen Fahne und der des entsprechenden Bundeslandes verleiht ein Vertreter des Oberbürgermeisters oder Landrates nach einer kurzen, manchmal auch längeren Rede dem türkischen Migranten seine Urkunde als deutscher Staatsbürger. Alle sind glücklich, der Vertreter über den gelungenen Akt der Integration und der türkische Migrant über die Anerkennung der Deutschen. Aber diesem Ereignis ging für den neuen Staatsbürger nicht nur ein langer Prozess des Lernens voraus. Er musste sich auch von seiner türkischen Staatsbürgerschaft trennen. Das ist nicht nur ein verwaltungstechnischer Vorgang, sondern ein großer emotionaler Spagat.

Aber eine Sache lässt sich auch ohne Reichtum, wenn auch mit fleißigem Lernen, erreichen: die deutsche Staatsbürgerschaft.

Istanbul besitzt einen der modernsten Flughäfen der Welt, den Havalimanı Atatürk. Er ist das Tor zur Türkei und gleichzeitig auch eine Visitenkarte des Landes. Er dient zudem als Drehscheibe in den nahen und mittleren Osten. Wie auf vielen Flughäfen dieser Welt ist die Einreise mit gewissen Beschwerlichkeiten verbunden, eine davon ist die lange Schlange an der Passkontrolle.

Geduldig stellte ich mich mit meinem deutschen Begleiter türkischer Herkunft an das Ende der Schlange an. Nach einer längeren Zeit des Wartens waren auch wir an der Reihe. Er ging zum Schalter und nach einem kurzen Disput mit dem Beamten kam er zu mir zurück und sagte im Vorbeigehen, dass er sich wieder hinten anstellen müsse. Völlig ungläubig schaute ich ihm hinterher. Bei mir ging alles fix und problemlos. Natürlich wartete ich auf meinen Begleiter. Im zweiten Anlauf klappte es dann auch. Was denn los gewesen wäre, fragte ich ihn. »Ach, der Beamte hat meinen deutschen Pass mit meinem türkischen Namen gesehen und meinte, Vaterlandsverräter sollten sich noch mal anstellen.«

Bloß nicht – den türkischen Staat kritisieren

Sollten Sie sich doch dazu hinreißen lassen, vergewissern Sie sich, ob Ihr Gesprächspartner möglicherweise kurdischer Herkunft ist, wenn ja, dann können Sie ungebremst loslegen. Sollte es jedoch ein Türke sein, so loben Sie ausschließlich das türkische Staatsgebilde. Denn selbst Türken dürfen ihren Staat nicht kritisieren. Die Türken und ihr Staat, das ist eine verordnete Liebe, über die das Militär wacht. Sie bewahren zäh und energisch die Hinterlassenschaft von Atatürk.

Bitte nicht lächeln, wenn Sie in Büros oder Wohnzimmern bei Deutschtürken eines dieser vielen Fotos von Atatürk hängen sehen. Denken Sie einfach, es wäre der deutsche Bundespräsident. Der Besitzer des Bildes drückt damit seine uneingeschränkte Treue zum türkischen Staatsgebilde und seinem Gründer Atatürk aus. Dabei ist es völlig egal, ob er mittlerweile deutscher Staatsbürger oder in Deutschland geboren worden ist.

Keine Fahne wird in Deutschland so oft geschwungen wie die türkische.

Für die Deutschen, denen jedweder politische Personenkult zuwider sein muss, ist diese Verehrung eine unverständliche Tatsache. Wundern Sie sich auch nicht, wenn ein Deutschtürke Ihnen in vollkommener Begeisterung ein Bild von Atatürk schenkt, stellen Sie es in den Keller und hängen Sie es auf, wenn Ihr türkischer Freund Sie besuchen kommt, er wird es Ihnen mit lebenslanger Freundschaft danken. Gerne wird er auch versuchen, in Ihnen ein wenig nationalistische Leidenschaft zu entfachen und Ihnen bei nächster Gelegenheit eine Deutschlandfahne mitbringen. Kein Volk der Welt wedelt so gerne mit der Fahne wie die Türken, vielleicht mit Ausnahme der Bewohner der DDR, die auch gerne mit ihren Winkelementen hantierten. Keine Fahne wird in Deutschland so oft geschwungen wie die türkische.

Atatürk zu kritisieren, bedeutet für einen Türken das Gleiche, wie wenn ein CDU-Mitglied die Lebensleistung von Konrad Adenauer infrage stellen würde. Der 10. November, Atatürks Todestag, verwandelt die Türkei in einen Atatürk-Rausch. So werden in Istanbul selbst die Hochhäuser mit gigantischen Fotos des Staatsgründers zugehängt. Bei einem Besuch an diesem Tag in Istanbul meinte mein deutsch-türkischer Begleiter, so stelle er sich die Feiern zum Geburtstag von Kim Jong-il in Nordkorea vor. Ich war froh, dass er es gesagt hatte. Ich selbst hätte es mich nicht getraut. Denn auf so etwas steht in der Türkei Gefängnisstrafe. Die Person, die die Regierung der Republik Türkei, die Justizorgane des Staates oder die Einrichtungen des Militärs oder der Polizei öffentlich verunglimpft, wird mit Haft zwischen sechs Monaten und zwei Jahren bestraft. Die Person, die das Türkentum, die Republik oder die Große Nationalversammlung der Türkei öffentlich verunglimpft, wird mit Haft zwischen sechs Monaten und drei Jahren bestraft. Wenn die Verunglimpfung des Türkentums durch einen Staatsbürger im Ausland begangen wurde, wird die Strafe um ein Drittel erhöht. Dies scheint dazu geführt zu haben, dass die Türken in Deutschland ihren türkischen Staat besonders verehren.

Der türkische Staat mit seiner kemalistischen Philosophie verdingt seine Staatsbürger zu einer treuen Liebe diesem gegenüber. Da gibt der Türke nicht einfach mal so seine Staatsbürgerschaft bei seinem Konsulat in Deutschland ab. Doppelte Staatsbürgerschaften sind ja nicht erlaubt, seitdem ein Ministerpräsident mit dieser Thematik seinen Wahlkampf führte und über diese auch ins Amt gelangte. Der türkische Migrant gerät auch in die Gefahr, bei seinen eigenen Leuten nicht nur Kritik zu ernten, sondern sogar isoliert zu werden. Aber nach vielen Gesprächen in seiner Familie und einem langen Ringen mit sich selbst hat er den nicht ganz einfachen Prozess durchgestanden. Denn es erwartet ihn auch einiges: freies Reisen durch den EU-Raum, der Beruf eines Beamten, der Dienst an der Waffe, das passive und aktive Wahlrecht, nicht mehr seine Aufenthaltserlaubnis verlängern zu müssen, ein Ausweis für die Videothek seiner Wahl, eine Wohnung in einem besseren Teil seiner Stadt und viele Dinge mehr. Aber die Staatsbürgerschaft, so glaubt der türkische Migrant, bringt ihm vor allem eins: die Anerkennung der Deutschen.

Deutsche Zollbeamte zeichnen sich sowieso durch ein lockeres und familiäres Verhalten gegenüber den Neubürgern türkischer Herkunft aus.

Nun kann er nicht mit seinem Pass wedelnd durch die Straßen laufen, um jedem zu zeigen, dass er jetzt ebenfalls zur Mehrheitsgesellschaft gehört. Aber er kann bei bestimmten Gelegenheiten das Dokument vorlegen und stolz darauf verweisen. Zum Beispiel bei der Reise von einem deutschen Flughafen in die Türkei. Ein freundlich gemeintes »Geht es wieder nach Hause, Murat« eines deutschen Zollbeamten kann er sich gewiss sein. Sollte sein Ziel aber Ibiza sein, so kann dem Beamten auch die Bemerkung entschlüpfen: »Ach, es geht ja nach Spanien und nicht nach Hause.« Und dafür die ganze Quälerei.

Deutsche Zollbeamte zeichnen sich sowieso durch ein lockeres und familiäres Verhalten gegenüber den Neubürgern türkischer Herkunft aus. Auf einem meiner vielen Flüge in die Türkei bediente ich mich einer Fluggesellschaft, die ihr Angebot überwiegend an Menschen richtet, die mal schnell zu einem günstigen Preis in ihr

Heimatland wollen. Das Aufgeben des Gepäcks ist ein großes Problem. Denn einige Menschen türkischer Herkunft sind immer noch der Vorstellung verhaftet, dass es in ihrem Land viele Dinge noch nicht käuflich zu erwerben gibt. Wie früher, als auf dem Ford Transit Matratzen auf das Dach gepackt wurden und sich im Laderaum ein Kühlschrank befand, versuchen sie auch heute noch, per Flugzeug viele Dinge in die Türkei zu transportieren. Es gibt jedes Mal eine heillose Debatte um das Übergepäck. Da ich vorhatte, nur einen Tag in Istanbul zu bleiben, hatte ich nur Handgepäck. Das wurde natürlich ausgespäht. Meine türkischen Freunde hatten mich gewarnt, lass dir nur ja nicht das Gepäck von anderen aufschwatzen, du weißt nie, was darin ist. Aber das alte türkische Paar war so hilflos und nett, außerdem habe ich als getürkter Deutscher Respekt vor alten Menschen gelernt. So ließ ich mich überreden, einen Zwanzig-Kilo-Koffer auf mein Ticket mitzunehmen. Der Zollbeamte durchschaute natürlich sofort die Abmachung. Lässig schob ich meinen Personalausweis über die Behördentheke. »So, und was hast du so in deinem Koffer?«, fragte der Staatsbeamte. Irritiert blickte ich ihn an. Er schaute wieder auf meinen Ausweis. »Oh, entschuldigen Sie, Herr Felten, sie können selbstverständlich durch.« Es hat schon Vorteile, wenn man deutsch-deutscher Staatsbürger ist.

Die Gutmenschen werden böse

Du bist nur dann ein guter Mensch, wenn du so bist wie ich

Die Freundschaft zwischen den Türken und den Gutmenschen war und ist immer eine einseitige. Nämlich die Freundschaft der Gutmenschen zu den Türken. Nicht umgekehrt.

In den Siebzigerjahren waren die Gutmenschen noch Bösmenschen, die teilweise mit Gewalt gegen den Staat, seine Institutionen und seine Vertreter kämpften. Den Türken schenkten sie damals wenig Beachtung. Die standen unbehelligt in Köln und Sindelfingen am Fließband und fertigten Autos. Wenn die Bösmenschen ab und zu glaubten, sie bräuchten auch die Arbeiterklasse für ihren Kampf, schauten sie auch einmal bei den Türken vorbei. Aber die schauten nur entsetzt zurück. Denn so wie die Bösmenschen gekleidet waren, konnten die Türken nichts mit ihnen anfangen.

Dann ging der saure Regen auf die Wälder in Deutschland nieder. Die Bösmenschen entdeckten die Umwelt, sie wollten nun Wälder retten, Autos von den Straßen verbannen und Atomkraftwerke abschaffen. Sie strömten aus ihren Kneipen und Versammlungssälen in die freie Natur. Sie waren so eine Art Waldvögel. Aber sie liefen und flatterten nicht nur einfach planlos herum, sondern schlossen sich zu einer Bewegung zusammen. Zur Bewegung der guten Menschen. Und sie sahen, dass nicht nur die Tiere und Pflanzen schützenswert waren, sondern auch die Türken.

Denn 1980 hatte es in der Türkei den zweiten Militärputsch gegeben. 125.000 Türken und Kurden verließen die Türkei und kamen als Asylbewerber in die Bundesrepublik. Es waren politische Flüchtlinge mit überwiegend linker Gesinnung und damit waren sie den Gutmenschen sympathisch und herzlich willkommen. Außerdem hatten diese politischen Flüchtlinge in ihrer Heimat für die Freiheit gekämpft. Auch die Gutmenschen hatten ja einmal für irgendeine Freiheit gekämpft. Um welche es sich dabei gehandelt hatte, war jedoch längst in Vergessenheit geraten. Die Gutmenschen boten den Flüchtlingen ihre Hilfe an, nicht zuletzt, um ihr schlechtes Gewissen ein wenig zu beruhigen.

Die Gutmenschen hatten ihre außerparlamentarische Opposition beendet und versuchten, im Marsch durch die Institutionen in die vordersten Reihen des Staates und der Wirtschaft zu gelangen. Aber sie wollten nicht die spießigen Wohlstandsbürger sein, die sie so lange bekämpft hatten. Sie wollten sich mit einem Flair der Weltoffenheit, des guten Geschmacks und einer Kleinwenigkeit von Andersartigsein umgeben. Multikulti war das Gebot der Stunde.

Multikulti war die Bereicherung der deutschen Kultur durch andere Kulturen und der Traum, dass von diesen Wärme abstrahlen und den Deutschen ein Lächeln ins Gesicht zaubern könnte. Denn auch die Gutmenschen liefen nicht mit verklärtem Ausdruck im Gesicht durch die Welt. Sie waren verbissen bemüht, mindestens die

Umwelt, wenn schon nicht die Welt zu retten. Ein gewiss sehr ehrenwertes Anliegen. Aber wie Deutsche nun mal so sind: Beim Abarbeiten eines Plans bleibt für Lebensfreude keine Zeit.

Multikulti war die Bereicherung der deutschen Kultur durch andere Kulturen und der Traum, dass von diesen Wärme abstrahlen und den Deutschen ein Lächeln ins Gesicht zaubern könnte.

Multikulti hieß auch, dass man grundsätzlich zu allen Ausländern lieb und nett sein und sie zuvorkommend behandeln musste. Da trug man die deutsche Geschichte bis 1945 tief in den Knochen. Es war politisch korrekt, nichts gegen Ausländer zu haben. Das nutzten natürlich die bösen unter den lieben Ausländern schamlos aus. Vor allem die übervollen Sozialkassen hatten es ihnen angetan. Sie stellten hocherfreut fest, dass sie auch ohne einer Arbeit nachzugehen in Deutschland gut leben konnten. Eine gelungene Überraschung! In der Türkei waren soziale Sicherungssysteme zu dieser Zeit nahezu unbekannt. Die Türken verstanden die Deutschen nicht, dass sie so teilnahmslos über die schwarzen Schafe in ihren Reihen hinwegsahen. Die Türken bekamen Multikulti gar nicht so richtig mit, denn sie waren mit sich selbst beschäftigt und von den Deutschen nahm auch keiner mit ihnen Kontakt auf. Die konservativen Kräfte im Land waren sowieso der Meinung, dass sie ja bald nach Hause gingen, und die Gutmenschen nahmen eigentlich nur die politischen Aktivisten unter den Türken wahr. Hier vor allem Kämpfer für ein freies Kurdistan, allen voran die Mitglieder der PKK. Seufzend betrachteten die Gutmenschen deren Tun und unterstützten sie dabei. Hier konnten sie ihr abgelegtes Rebellentum ein wenig weiterpflegen.

Kinder bekamen die Gutmenschen in diesen Jahren nur wenige. Schon in den Siebzigern waren viele der Meinung, in eine solche Gesellschaft könne man beim besten Willen keine Kinder setzen. Es war ja die Zeit des Kalten Krieges und der Stationierung von Atomraketen in Westdeutschland. Und außerdem war die Gesellschaft dabei, die Umwelt zu zerstören. Also blieb eine ganze Generation von Kindern ungeboren. Gab es bis zum Jahr 1967 noch jährlich über eine Million Neugeborene, so sank die Geburtenrate in der Zeit danach auf jährlich knapp 600.000 neuer Deutscher. In der Zahl sind die Kinder der in dieser Zeit in Deutschland lebenden Gastarbeiter mit eingerechnet. Damals fand die wirkliche, tief greifende Veränderung der deutschen Gesellschaft statt.

***

Dann geschah die Sensation. Die Menschen hinter der Mauer riefen: »Wir sind das Volk!« Dann war die Mauer weg und es strömten 20 Millionen weitere »Ausländer« nach »Deutschland«. Gorbatschow sei Dank war Deutschland nun wenigstens flächenmäßig größer geworden.

Die Wiedervereinigung war nicht nur für viele Westdeutsche, sondern auch für die Türken ein Schock. Hatten sie sich doch in drei Jahrzehnten an die Gewohnheiten und Eigenheiten der Westdeutschen gewöhnt.

Die Wiedervereinigung war nicht nur für viele Westdeutsche, sondern auch für die Türken ein Schock. Hatten sie sich doch in drei Jahrzehnten an die Gewohnheiten und Eigenheiten der Westdeutschen gewöhnt. Da die meisten Türken – wie auch die meisten Westdeutschen – nicht mit der jüngeren deutschen Geschichte vertraut waren, traf sie dieses phänomenale Ereignis der Weltgeschichte völlig unvorbereitet. Die Türken empfanden die

Ostdeutschen als ein barbarisches Volk. So wie die Römer die Goten.

Aber auch die Ostdeutschen waren schockiert, als sie auf die Türken trafen. Hatten sie doch geglaubt, der Westen würde so aussehen, wie sie ihn im Westfernsehen gesehen hatten. Das Westfernsehen hatte jedoch die Türken selten oder fast gar nicht im Programm gehabt. Also kannten die Ostdeutschen sie auch nicht, obwohl sie in Berlin-Mitte und Berlin-Kreuzberg durch die Mauer getrennt fast dreißig Jahren Seite an Seite gelebt hatten. Jetzt standen sie sich gegenüber.

Die Neunziger waren die Nischenzeit der Türken. Sie verstanden den ganzen Wirbel, der um die neuen Bundesländer gemacht wurde, nicht, und außerdem hatten sie Angst. Angst vor der Ausländerfeindlichkeit der Ossis. Die Angst war so groß, dass sie bis heute den Boden Ostberlins nur äußerst ungern betreten. Auch eine Expansion des Döner in die neuen Länder fand nicht statt. Das ist nicht nur in Berlin so. In Sachsen leben heute gerade einmal 14.000 Türken.

Die Wiedervereinigung hatte aber auch etwas Gutes für die Türken, sie blieben weiter im medialen Abseits und man ließ sie noch ein paar Jahre in Ruhe in ihrer türkischen Welt leben.

Die Deutschen hatten anderes zu tun. Sie mussten die ostdeutschen Landschaften zum Blühen und die neu gewonnenen Landsleute in Arbeit bringen. Denn plötzlich gab es zu viele Leute und zu wenig Arbeit. Auch die Türken wollten und mussten arbeiten. Da kam manch einer auf die großartige Idee, dass die Türken wieder zurück in ihre Heimat sollten. Die frei werdenden Arbeitsplätze könnten dann ja von den Ostdeutschen übernommen werden.

Extrem ärgerlich für die Türken war, dass sie nun gezwungen waren, nun auch die Solidaritätsabgabe zu entrichten. Mit dieser sollten ja die neuen Bundesländer auf Vordermann gebracht werden.

Das mit den blühenden Landschaften hat dann nicht so ganz geklappt. Genauso wie das mit den Arbeitsplätzen. Auch die Türken wurden nun von der Arbeitslosigkeit erwischt. Sie wurden zu Zahlen in der Arbeitslosenstatistik. Die Gutmenschen wandten sich ab von den Freiheitskämpfern der PKK und machten sich auf den langen Weg an die parlamentarische Macht. Einige der Türken wurden mitgenommen und gingen den Weg mit. Der Rest wurde alleine gelassen.

In den Neunzigerjahren herrschte die Spaßgesellschaft, auch gerne Freizeitgesellschaft genannt, in Deutschland. Für Spaß waren die Gutmenschen jedoch nicht zu haben. Sie waren auch zu alt für Spaß. Sie bemühten sich weiter geschmeidig um gesellschaftliche Anerkennung, sie wollten in die Regierung. Die nachwachsende Generation in Deutschland interessierte sich nicht mehr für weltkulturelle Umzüge, sondern gestaltete mit der Love-Parade in Berlin unter dem Motto »Friede, Freude, Eierkuchen« ihren eigenen Umzug. Für die Türken war die Love-Parade der Untergang des Christentums oder um es einfach zu sagen: Die Deutschen waren jetzt vollkommen verrückt geworden.

Unvorstellbar für konservative Türken, was sich da abspielte. Ihre eigenen Töchter bedecken das Haupthaar mit Kopftüchern und die deutschen Mädchen zeigen ihre nackten Brüste. Weiter können zwei Welten nicht auseinanderliegen. Sie gingen noch nicht einmal hin, um Tee und Nüsse zu verkaufen. Aber die türkischen Jungs fanden es cool und gingen hin – um nackte Mädchen zu erspähen. Und die türkischen Mädchen hätten am liebsten mitgemacht. Es war ein Kulturschock und die türkischen Generationen drifteten auseinander.

Mittlerweile waren die meisten der Türken in Deutschland geboren. Die Türkei kannten sie nur von ihren Urlaubsaufenthalten. Dort zu leben konnten sich nur noch die wenigsten vorstellen. Außerdem haperte es oftmals mit der türkischen Sprache, viele von ihnen taten sich mit der Zweisprachigkeit schwer.

Unvorstellbar für konservative Türken, was sich da abspielte. Ihre eigenen Töchter bedecken das Haupthaar mit Kopftüchern und die deutschen Mädchen zeigen ihre nackten Brüste.

Ab und zu schauten die Gutmenschen mal in Form von Besuchen in türkischen Restaurants bei ihnen vorbei. Oder es stand eine Wahl an, da wies man stolz auf die Türken in den eigenen Reihen hin und bat die Staatsbürger türkischer Herkunft, doch bitte ihr Kreuz an der richtigen Stelle zu machen. Als Gegenleistung versprach man ihnen Schutz vor dem unsäglichen Lärm vom rechten Rand der Politik.

Und dann waren die Gutmenschen wieder weg. Denn sie hatten Wichtigeres zu tun. Sie übernahmen in vielen Parlamenten die Regierungsverantwortung. Dank auch dem türkischen Staatsbürger deutscher Herkunft. Kinder bekamen die Gutmenschen auch in den Neunzigerjahren kaum, dafür waren sie jetzt zu alt.

***

Nach dem 11. September 2001 war die Welt nicht mehr wie zuvor. Für die Türken in Deutschland hatte das eine unmittelbare Auswirkung. Mit Verwunderung entdeckten die Deutschen, dass die Türken ja Muslime sind. Das war der erste Ansatz, doch einmal genauer hinzugucken, wer die eigentlich wirklich sind, die Türken, und was sie so den ganzen lieben langen Tag treiben. Da kam einiges zum Vorschein: War das blitzende Messer zum Schaben des Döners nicht in Wirklichkeit eine Waffe, die zum

Angriff auf die Mehrheitsgesellschaft geschmiedet wurde? Wurden die Kühlschränke nicht dazu benutzt, den Sprengstoff für mögliche Bombenattentate zu kühlen?

Nach dem 11. September 2001 war die Welt nicht mehr wie zuvor. Für die Türken in Deutschland hatte das eine unmittelbare Auswirkung.

Die Religion, das Patriarchat, die mangelnden Deutschkenntnisse, Zwangsheirat, Ehrenmorde, Kopftücher, die Unterdrückung der Frauen, die Scharia, die Gewalt in und außerhalb der Familie, die Arbeitslosigkeit und der Unwillen zur Arbeit. Es gab viel zu tun und man packte es an. Natürlich hatten die Deutschen einen Plan, nämlich den Integrationsplan. Das mit der Religion war allerdings schwierig. Schließlich ist man tolerant gegenüber anderen Religionen.

Jetzt passierte den Türken etwas Furchtbares: Ihre Freunde, die Gutmenschen, kehrten zurück. Doch dieses Mal getreu dem Motto »Du bist nur dann ein guter Mensch wie ich, wenn du so bist wie ich«. Das Thema Arbeitslosigkeit überließen sie der Bundesagentur für Arbeit, die mangelhaften Deutschkenntnisse wurden an die Schulbehörden überwiesen, das Thema Religion wurde ausgeklammert, weil die meisten von ihnen mit Religionen, außer der fernöstlichen, sowieso nichts anfangen können.

Aber das Patriarchat, das Kopftuch, die fehlende Emanzipation der türkischen Frau, die Zwangsheirat, die »Ehrenmorde« wurden zur Chefsache erklärt. Weniger von den Gutmännern als von den Gutfrauen.

***

In den Neunzigerjahren hatten die Gutmenschen erkannt, dass es für ihr gesellschaftliches Fortkommen nicht reicht,

Wanderwege für Kröten einzurichten, sondern dass man die Redaktionsstellen in den Medien besetzen muss. Einige von ihnen waren dort mittlerweile in den Chefsesseln angekommen. Und auch in vielen weiteren Bereichen der deutschen Gesellschaft konnten Gutmenschen Fuß fassen: in der Politik, in den Schulen, in staatlichen Institutionen, in Verbänden, in Vereinen, in Arbeitsgemeinschaften, in irgendwelchen Ausschüssen für oder gegen etwas. Diese Positionen waren nun sehr hilfreich bei der Integration der Türken. Also die Integration der Türken in die Reihen der Gutmenschen. Nicht zu verwechseln mit der Integration der Türken in die deutsche Gesellschaft.

Das Menschenbild der Gutmenschen ist ein überaus positives. Es fußt auf dem Gedanken, dass die Umerziehung von Menschen grundsätzlich möglich sei. Denn schließlich hat es beim Flaschenpfand ja auch geklappt.

Gutmenschen stammen überwiegend aus dem Bildungsbürgertum und sahen in ihren frühen Zeiten die türkischen Arbeiter höchstens als eine Klasse an, die sich weigerte, ihren Kampf für eine bessere Welt mitzumachen. Doch nun ging es nicht mehr um Atomkraftwerke, Umweltschutz, Energiesparen und Waleretten, sondern um die Umerziehung des Prekariats einer ihnen völlig fremden Kultur. Mit ihren Integrationsbemühungen betraten sie dünnes Eis, denn das waren jetzt nicht mehr die türkischen Restaurants, die freundlichen Gemüsehändler mit der Gratis-Orange und die Berufstürken in den eigenen Reihen.

Das Menschenbild der Gutmenschen ist ein überaus positives. Es fußt auf dem Gedanken, dass die Umerziehung von Menschen grundsätzlich möglich sei. Denn schließlich hat es beim Flaschenpfand ja auch geklappt.

Die Gemengelage in einem anatolischen Dorf ist aber eine ganz andere. Hier wird nach der Tradition der kurdischen Berge gelebt. Die Werte, die diese Menschen über Jahrhunderte als lebenswichtig und notwendig erachtet haben, können nicht von heute auf morgen abgelegt werden. Vor allem wenn versucht wird, diese Werte in ihr Gegenteil zu verwandeln.

Aber furchtlos, wie sie nun einmal sind, packten die Gutmenschen genau dort an, wo es den türkischen Türken besonders wehtut: in der türkischen Familie und ihren Strukturen. Dass diese Menschen in ihrer sozialen Entwicklung nicht auf der gleichen Stufe standen wie die Gutmenschen, wurde von ihnen geflissentlich übersehen. Sie glaubten, dass die türkischen Türken in zehn Jahren das nachholen könnten, wozu die Europäer vierzig bis fünfzig Jahre gebraucht hatten: die Emanzipation der Frau, die Abschaffung des Patriarchats und die Zerstörung des Werts der Familie.

***

Gut, dass türkische Türkinnen ein Symbol für ihre Rückständigkeit haben, an dem man sie jederzeit erkennen kann: Das Tragen des Kopftuchs bringt alle diese überholten Werte sichtbar zum Ausdruck. Der logische Schluss: Man müsste einfach diese Frauen dazu bringen, ihr Kopftuch abzulegen, und schon wären alle Probleme gelöst.

Das Kopftuch ist ein Stück Stoff, welches Frauen um ihr Haar wickeln. So zum Beispiel Ehefrauen deutscher Politiker, die eine Audienz beim Papst haben. Denn die weiblichen Haare gelten auch in der christlichen Kultur unter anderem als ein Ausdruck der weiblichen Sexualität. Das Tragen des Tuches ist eine Reminiszenz an die Tradition des katholischen Christentums, auch nachdem die katholische Kirche in den stürmischen Zeiten der Siebzigerjahre in Deutschland Schiffbruch erlitt. Daher wird es heute noch bei einer Audienz mit dem Papst angelegt. Da die

Gutmenschen mit diesen Dingen nicht so vertraut sind, wurden die Frauen der deutschen Politiker aus ihrem Integrationsplan kurzerhand ausgeklammert. Es sind ja genug andere da.

Nun hat das Kopftuch auch eine ganz einfache Funktion, nämlich die Haare vor Schmutz und widrigen Wettereinflüssen zu schonen. Das hatten schon die Frauen auf dem Land erkannt, indem sie das Stück Tuch trugen. Am Sonntag zum Kirchgang wurde dann ein besonders schönes Stück Stoff genommen. Auch von den verheirateten Frauen wurde es angelegt. Solch eine verwerfliche Tradition soll es noch in Süddeutschland oder im südlichen Italien geben. Schade, dass die Gutmenschen ihren Italienurlaub hauptsächlich in der Toskana verbringen.

Nur tragen türkische Türkinnen das Kopftuch auch im Alltag. Dazu werden sie von ihren Männern mit harter Hand gezwungen, wie zu vielen anderen Dingen auch. Sie tragen es nicht freiwillig, das wissen wir ganz genau.

Natürlich sind Gutmenschen nicht ganz meschugge, sonst wären sie ja auch nicht in die Parlamente gelangt. Sie wissen nämlich ganz genau, dass es sich bei dem Kopftuch um ein Stück Kultur handelt. Deshalb raten sie den türkischen Türkinnen, es doch einfach so zu machen, wie sie es selbst taten: von heute auf morgen die Tradition über Bord werfen. Wenn sie dann schon beim Werfen sind, sollen sie sich auch gleich ihrer Männer entledigen. Einfach kappen und das gewachsene, komplizierte und fragile System der Familie auf den Müll werfen. Aber bitte umweltgerecht und getrennt entsorgen. Ach ja, und wenn sie Kinder haben, das kommt ja bei türkischen Türkinnen noch vor: ab in den Kindergarten und vor allem von der Großmutter fernhalten, damit die nicht als reaktionäres Element die schöne Revolution unterwandert. Jetzt aber los zum Studieren, empfohlene Fächer: Pädagogik, Sozialwissenschaften und vergleichende Kulturgeschichte.

Das wird ein Leben! Morgens die drei Kinder in der Kita abgeben, dann in die Universität gehen und abends die Kinder wieder abholen. Für noch kinderlose Türkinnen gilt die Maßgabe: keine Kinder. Wenn überhaupt, dann ein Alibikind mit vierzig. In der Zwischenzeit dürfen sie sich Katzen halten. Aber Pflicht ist auch, andere türkische Türkinnen zu diesem guten Leben zu missionieren, sonst klappt der Umbau der türkischen Familien nicht so kurzfristig wie geplant.

***

Schöne Zukunftsmusik! Aber es ist natürlich alles nicht so einfach, denn viele türkische Frauen wurden einfach gekauft. Sie wurden zwangsverheiratet und importiert. Denn Deutschtürkinnen haben eine maßvolle Emanzipation bereits durchlaufen und sind gar nicht mehr gewillt, diese konservativen Machtspiele der türkischen Familien mitzumachen. Diese deutschen Türkinnen erkennt man übrigens daran, dass sie kein Kopftuch tagen. Also erkennt man sie nicht.

Diese deutschen Türkinnen erkennt man übrigens daran, dass sie kein Kopftuch tagen. Also erkennt man sie nicht.

Die Zwangsheirat ist eine alte Tradition, nicht nur bei den Türken. Sehr beliebt war sie bis vor Kurzem auch bei uns. Vor allem bei deutschen Adelsgeschlechtern oder auch bei Familien, die über beträchtliche Besitztümer oder Unternehmen verfügen. Damit die großen schönen Höfe nicht verloren gingen, hatte man ein probates Mittel: Die Väter suchten für ihre Söhne und Töchter den Bräutigam oder die Braut aus. Ausschlaggebend war nicht Sympathie, Liebe oder Zuneigung, sondern der Besitz, den das neue Familienmitglied mit einbrachte. Die Verheiratung der Kinder bedeutete Existenzsicherung und Zukunftsgestaltung – denn Haben kommt von Behalten. Noch heute heißt es im Bayrischen und im Westfälischen als Erstes: »Wie viel Hektar hat sie?«

Die Verheiratung unter Minderjährigen wird durch die Gesetze der Bundesrepublik Deutschland geregelt. Hier müssen die Gutmenschen nicht eingreifen. Hier greifen die staatlichen Stellen ein.

Die Zwangsheirat und die gekaufte Braut sind für die türkische Türkenfamilie die letzte Möglichkeit, ihre dörfliche Tradition auch in Deutschland naht- und zeitlos weiterzuführen und sich hartnäckig der Anpassung an die Lebensweise in Deutschland zu verweigern. Am türkischen Dorf in Deutschland werden sich die Gutmenschen die Zähne ausbeißen. Zwangsheirat ist verwerflich, das steht außer Frage. Die Verheiratung unter Minderjährigen wird durch die Gesetze der Bundesrepublik Deutschland geregelt. Hier müssen die Gutmenschen nicht eingreifen. Hier greifen die staatlichen Stellen ein.

Das sind Strukturen, die nur mit viel Geduld und langem Atem aufgebrochen werden können. Mit einer richtig verstandenen Toleranz werden auch diese Menschen erkennen, dass Annäherung an die Errungenschaften der Mehrheitsgesellschaft sie letztendlich weiterbringt. Druck, liebe Gutmenschen, erzeugt Gegendruck. Das ist ein Naturgesetz.

***

Die Ehre im anatolischen Dorf in Deutschland ist eine weitere Rutschbahn, auf die man sich begeben kann. Mit dem Begriff Ehre verbinden die Deutschen, nicht nur die Gutmenschen, eine fatale und furchtbare Erinnerung. Bis 1945 wurden Grausamkeiten unvorstellbaren Ausmaßes – Völkermord, Vergewaltigungen – im Namen der Ehre begangen. Das ist der Grund, warum die Gutmenschen als bekennende Nicht-Patrioten so allergisch reagieren, wenn die türkische Ehre im Spiel ist. Recht haben sie.

Denn Ehre heißt in der Konsequenz nichts anderes, als dass ein Konflikt von einer Generation auf die nächste weitergegeben wird. Die Ehre im anatolischen Dorf in Deutschland ist letztendlich die Angst, nicht so zu leben wie die anderen. Hier gibt es den Begriff der Toleranz nicht. Hier gilt: Auge um Auge und Zahn um Zahn. Die Ehre wird dann verletzt, wenn einer aus der Gemeinschaft gegen die sittlichen Werte der Gemeinschaft verstößt. Dann ist es egal, ob es einer aus der eigenen Familie oder einer anderen Familie war. Fehlverhalten kann mit dem Tode bestraft werden. Der Mord aus Ehre oder der Ehrenmord.

Doch Mord bleibt Mord. Das ist die geplante Tat, die zum Tod eines Menschen führt. Gründe können ihn erklären, aber niemals entschuldigen. Erklärungen dürfen niemals zu mildernden Umständen führen. Deutsche Medien benutzen diesen Begriff gerne, die türkisch-deutsche Gesellschaft kann damit nichts anfangen. Sie ist höchst verwundert, wenn sie diesen Begriff in den deutschen Medien liest oder hört. Ehrenmord? Mord ist Mord und wird auf das Schwerste verurteilt.

Da die Deutschtürken ein gespaltenes Verhältnis zu den deutschen Medien haben, haben sie noch gar nicht mitbekommen, dass es »Ehrenmorde« auch in deutschen Dörfern in Deutschland gibt:

Kleinleichtersbach 2010: Der deutsche Familienvater Harald P. (44 Jahre, Steuersachbearbeiter), ein Migrationshintergrund liegt nicht vor, hat seine Frau und seine beiden Kinder im Alter von drei und fünf Jahren umgebracht und anschließend versucht sich selbst zu töten. Der Grund sei, so vermutet die Staatsanwaltschaft, dass der Täter es nicht habe überwinden können, *dass seine Frau ihn verlassen wollte, weil sie ein Verhältnis zu einem anderen Mann hatte. Er fühlte sich wohl in seiner Ehre gekränkt und befürchtete zum Gespött der Dorfgemeinschaft zu werden. Die Bewohner des kleinen Dorfes sind fassungslos.* »*Er war doch so ein treu sorgender Familienvater und hat jeden Abend mit seinen Kindern Fußball gespielt*«, *so der entsetzte Nachbar der Familie P.*

***

Alle türkischen Männer im anatolischen Dorf in Deutschland schlagen ihre Frauen grün und blau. Zum Beispiel wenn sich die Frauen weigern, das Kopftuch anzulegen, und auch aus viel geringeren Anlässen. Der deutschdeutsche Mann tut so etwas nicht. Denn häusliche Gewalt spielt in deutschen Familien keine Rolle. Natürlich, ab und zu rutscht einem Hartz-IV-Empfänger die Hand aus, wenn ihm seine Frau ein Bier bringt, das nicht kühl genug ist. Schwamm drüber, denkt der Gutmensch, kann schon mal passieren. Die haben es auch wirklich schwer, die von der Gesellschaft Benachteiligten.

Wenn wir Deutsche uns beim Prügeln so gut auskennen, sind wir in der Tat Experten, die den Türken auch hier noch einen guten Rat geben können, finden Sie nicht?

Dass alle Türken Prügelprinzen sind, ist genauso glasklar, wie alle deutsch-deutschen Männer Kinderschänder sind. »Alle deutschen Männer sind Kinderschänder. Schon wieder erschüttert ein Fall von grauenhafter Kinderschändung Deutschland. Helmut S. soll in den letzten Jahren über fünfzig Kinder sexuell missbraucht haben.« So berichten türkische Medien. Sie wissen, dass so etwas ständig in Deutschland vorkommt. Der deutsche Mann neigt eben dazu, Kinder zu missbrauchen, eine Eigenschaft, die auch gerne mit dem Genuss von Alkohol einhergeht. So sieht es für die türkischen Medien aus. Tatsache ist: Laut einer anerkannten Statistik werden in Deutschland nach Selbstangaben 2,6 Prozent der Mädchen und 0,9 Prozent der Jungen im Familienumfeld sexuell missbraucht. Das heißt, in einer durchschnittlich großen Schule bilden diese Kinder eine Gruppe mit der Stärke einer ganzen Schulklasse.

Weniger schlimm, dafür zahlreicher, sind die Kinder, die häusliche Gewalt in Form von körperlicher Züchtigung erfahren. Drei Viertel der Deutschen wurden in ihrer Kindheit körperlich gezüchtigt, 10 Prozent wurden laut eigenen Angaben körperlich misshandelt. Wenn wir Deutsche uns beim Prügeln so gut auskennen, sind wir in der Tat Experten, die den Türken auch hier noch einen guten Rat geben können, finden Sie nicht?

***

»Wir hier in München fühlen uns wohl, wir sind ja nicht so wie die Asi-Türken in Berlin, die auf Staatsknete leben und noch am liebsten im Hinterhof ihrer Mietskasernen Schafe züchten wollen, um sie dann im Treppenhaus zu schächten. Mir san mir in Bayern. Und weißt du, warum? Hier beten die Leut' noch, die haben noch Respekt vor der Religion wie wir auch und außerdem lieben sie ihre Tradition, ziehen auch mal ihre Trachtenanzüge an und veranstalten ihre Umzüge. Ganz so wie bei uns früher zu Hause. Hier läuft alles in geordneten Bahnen.«

Bülent B., 46 Jahre, Besitzer einer Werbeagentur, stammt von der Ägäisküste

Die Meinung des türkischstämmigen Münchners ist identisch mit der Meinung des Münchner Münchners. In der bayrischen Hauptstadt leben ca. 80.000 Menschen, die aus der Türkei stammen. Kaum ein Pinguin ist zu sehen. Das hat mehrere Gründe: Wer in München leben will, benötigt Geld, recht viel Geld. Das hat aber der Münchner Türke nur dann, wenn er die deutsche Sprache erlernt, eine Ausbildung genossen und sich den Regeln der Mehrheitsgesellschaft angepasst hat. Er hat schnell verstanden, dass sich die Regeln und Traditionen der bayrischen Gesellschaft von seiner eigenen Welt nur marginal unterscheiden. Es gibt eigentlich nur zwei Dinge, die nicht so ganz in seinen kulturellen Hintergrund passen: Das Trinken von Bier und der Verzehr von Schweinshaxen und weiteren Teilen des unreinen Tiers. Aber beim Trinken von Bier lässt der Münchner Türke mal fünfe gerade sein.

Das sieht natürlich in Berlin etwas anders aus. In dieser Stadt hat wahrscheinlich jeder Bürger seine eigene Wertvorstellung vom gemeinschaftlichen Leben. Und daran haben mit Verlaub gesagt die Gutmenschen einen nicht unerheblichen Anteil. Klar, die Teilung der Stadt war auch mit daran schuld. Aber insbesondere war es die Befreiung von der Wehrpflicht, die die Gesellschaft dieser Stadt prägte.

Denn als die Gutmenschen noch die Bösmenschen waren, zogen viele von ihnen in diese Stadt, um ihrer Einberufung zu entgehen. So entstand eine etwas eigenartige Blickrichtung auf menschliche Gemeinschaften. Während viele von den Bösmenschen dann zu Gutmenschen wurden, blieben doch einige dem Geist der Siebzigerjahre verhaftet. Heute veranstalten sie keine Krawalle mehr in dieser Stadt, dafür sind sie zu alt. Denn mit sechzig Jahren auf dem Buckel kann man nicht mehr so gut Pflastersteine werfen. Das haben sie jetzt der jüngeren Generation übergeben, die in ihrer »Wertegemeinschaft« groß geworden ist.

Die Türken waren in dieser grenzwertigen Lebensgemeinschaft stark verunsichert. Was sie hier erlebten, entsprach nun ganz und gar nicht ihrer tradierten Form des Zusammenlebens. Also zogen sie es vor, unter sich zu bleiben und ihre dörfliche Gemeinschaft weiter fortzuführen.

Es ist schon witzig, dass nun gerade die Menschen, die einen entscheiden Anteil daran hatten, dass eine Integration dieser Menschen in den vierzig Jahren nicht stattgefunden hat, sich an dieser nun verheben wollen. Die Menschen in den anatolischen Dörfern in Deutschland sehen sich nun Angriffen von Menschen ausgesetzt, die genau das nicht widerspiegeln, was sie eigentlich sind.

Der Maßgabe »Du bist nur dann ein guter Mensch, wenn du so lebst wie ich« widersetzen sie sich. Denn auch die Schlausten unter den Dorftürken können bei Betrachten der gutmenschlichen Weltordnung keinen Vorteil für sich erkennen.

»Versteht du, das sind doch Spinner, haben vor nichts und niemandem Respekt, noch nicht mal vor älteren Menschen. Und weißt du, die haben ja meistens noch nicht mal selbst Kinder und da kommen die daher und sagen mir, wie ich mit meiner Familie zusammenleben soll. Was tun die eigentlich so den ganzen Tag?«
Can, 42 Jahre, in Berlin lebend, zeitweise ohne Arbeit

In dieser Stadt hängen sogar die Araber die deutsche Fahne raus, wenn die deutsche Fußballnationalmannschaft ihre Spiele gewinnt. Gut – Türken sind keine Araber. Bloß nicht einen Türken als Araber titulieren, in diesem Augenblick kann sich auch der Hochschullehrer türkischer Abstammung an seine Wurzeln erinnern und dann geht das mit der Ehre wieder los. Da hängt sie, die Fahne, und die Enkel der Bösmenschen zerstören sie. Da soll sich mal ein Mensch im deutschen Wertesystem auskennen. Und im Staatsbürgertest gab es auch keine Frage bzw. Antwort dazu.

Tja, vielleicht sollte man mal einen Blick über den Weißwurst-Äquator werfen. Da glänzt anscheinend nicht nur die Weißwurst in der Sonne. Ohne eine wirtschaftliche

Perspektive und eine gesicherte Werte- und Normenvor-stellung lassen sich die anatolischen Dörfer nicht erobern. Sondern sie bleiben wie die Menschen in diesem kleinen gallischen Dorf. Und in diesem spielen die Frauen auch keine besondere Rolle.

In dieser Stadt hängen sogar die Araber die deutsche Fahne raus, wenn die deutsche Fuß-ballnationalmannschaft ihre Spiele gewinnt.

Bitte, liebe Gutmenschen, bei euren gut gemeinten Bemühungen zur Integration der Türken in welche Ge-sellschaft auch immer: Macht weiter, denn in einer De-mokratie darf ja bekanntermaßen jeder mitmachen. Aber zerstört jetzt nicht auch noch die türkischen Familien!

Der Untergang des Abendlandes
*Wenn die Minderheitsgesellschaft schneller
wächst, als die Mehrheitsgesellschaft
schrumpft*

Migrationen hat es immer gegeben und wird es immer
geben. Jedes Land auf dieser Welt ist letztendlich ein
Einwanderungsland. In Mitteleuropa sind während des
Zweiten Weltkriegs zwei Generationen aufgerieben worden. Es war unmöglich, dieses Fiasko aus eigener Kraft
zu beheben. Nur die Einwanderung von Millionen Menschen aus fremden Ländern und fremden Kulturen konnte diesen Verlust kompensieren.

*Jedes Land auf dieser Welt ist letztendlich ein
Einwanderungsland.*

Dies zeigt ein einziger Blick auf die Bevölkerungsstatistik. Sie ist unbestechlich und objektiv. Diese Statistik ist so
wertvoll, dass sie jeden Abend kurz vor der Tagesschau
vorgestellt werden sollte. Nicht die Börsen-News, nicht
das Wetter sollte die Zuschauer interessieren, sondern
ausschließlich, wie viele Menschen an diesem Tag gebo-

ren, gestorben, ab- und zugewandert sind. Sie müsste die tägliche Bettlektüre all unserer Politiker sein, sie sollte die Grundlage allen politischen und wirtschaftlichen Handelns sein. Die Anzahl der Menschen ist die Basis alles Tuns und Handelns jeglicher Personen. Das klingt langweilig, ist aber so.

Was jeder erkennen kann, der die Augen nicht vor dem Offensichtlichen schließt: Wir brauchen neue Immigranten.

Die Bevölkerungsstatistik sagt uns, wie das Land in fünf, zehn, zwanzig und fünfzig Jahren aussehen wird – wenn nicht vorher politisch gehandelt wird. Es kann errechnet werden, wie viele Kindergartenplätze gebraucht werden, wie viele Studenten es geben wird und wie hoch die Anzahl der Rentner sein wird. Aber anscheinend liest sie keiner. Und wenn sie doch jemand liest, vielleicht sogar ein Politiker, legt er sie vor Entsetzen gleich wieder beiseite. Denn was dort steht, ist fürchterlich. Das gibt keine Wählerstimmen, das gibt Aufruhr im Lande.

Was jeder erkennen kann, der die Augen nicht vor dem Offensichtlichen schließt: Wir brauchen neue Immigranten. Viele. Aber der Nachschub aus europäischen Ländern und der Türkei stockt. Diesen Ländern geht es längst wirtschaftlich so gut, dass nur wenige ihrer Einwohner bereit sind, nach Deutschland zu kommen. Neue Einwanderer müssen aus Afrika geholt werden, aus Zentralafrika. Die bringen nicht nur ihre Hautfarbe mit, sondern auch ihre Gebräuche und auch ihre Religion. Vielleicht müssen wir sogar Immigranten aus Iran und Afghanistan, Allah sei uns gnädig, anwerben.

Das ist übrigens keine neue Erkenntnis. Die Statistiken gab es immer schon und man hat sie immer gelesen, nur hat keiner die Konsequenzen daraus gezogen. Denn das kann man ja keinem Wähler zumuten. Diese Wahrheit behält man lieber für sich. Aber irgendwann muss mal mit der Wahrheit herausgerückt werden.

***

Die gut organisierten und sozial einigermaßen ausgewogenen Gesellschaften in Europa funktionieren nur über das jährliche Wachstum der Wirtschaft. Um dieses zu sichern, muss die Bevölkerung ausreichend konsumieren. Das Konsumverhalten wird stimuliert durch Millionen von Werbebotschaften, die pausenlos auf die Menschen abgeschossen werden. Das ist nicht weiter schlimm, daran haben wir uns längst gewöhnt. Aber wir alle müssen immer mehr und dann noch mehr konsumieren. Nicht damit das Wirtschaftswachstum überproportional steigt, sondern weil keine neuen Konsumenten nachwachsen. Für all die Kinder, die in der Vergangenheit nicht geboren wurden, müssen wir schließlich mitkonsumieren.

Auch Migranten sind Konsumenten. Das weiß auch die herstellende Industrie, aber sie werden als solche kaum beworben. Einen Werbespot für helal (erlaubte) Kost im deutschen Fernsehen gab es noch nie. Warum eigentlich nicht – bei über 4 Millionen Muslimen in Deutschland? Werbung für Produkte, die die Bedürfnisse von Migranten stillen, würde der Mehrheitsgesellschaft in Erinnerung rufen, dass es diese gibt. Das darf ihnen nicht zugemutet werden. Außerdem könnte sich Werbung für diese Zielgruppe negativ auf die anderen Produkte des Werbetreibenden auswirken.

Der Industrie wird auf Dauer nichts anderes übrig bleiben, als auch um diese Menschen zu werben.

Also keine türkischen Produkte in der Werbung, aber auch keine Türken. Klar, es gibt Werbespots mit ausländischen Darstellern, meistens für eine junge Zielgruppe, aber die Ausländer werden europäisiert dargestellt. Eine Frau mit Kopftuch, die eine Telefon-Flatrate eines Netzbetreibers anpreist, ist im deutschen Fernsehen unvorstellbar. Noch. Der Industrie wird auf Dauer nichts anderes übrig bleiben, als auch um diese Menschen zu werben. Halten Sie also Ihre Augen auf: Wenn es ein solches Commercial gibt, dann sind die Migranten wirklich in der deutschen Gesellschaft angekommen.

***

Es werden Menschen benötigt für alle Bereiche des Lebens, nicht nur Facharbeiter, die so dringend fehlen, sondern auch Rentenzahler, Steuerzahler, Konsumenten und Menschen, die sich fortpflanzen.

Die Anzahl der Neugeborenen hat sich von knapp über einer Million im Jahr 1967 auf nicht mehr ganz 600.000 im Jahr 1977 fast halbiert und ist in den folgenden Jahren bis heute auf diesem Level geblieben. Die Kinder der Migranten sind in dieser Zahl bereits mit eingerechnet. Ohne diese würde es in Deutschland bald fast keine Einwohner mehr geben. In der Mitte dieses Jahrhunderts werden die meisten der vor 1967 Geborenen gestorben sein. Danach kommen nicht mehr viel. Die Frage nach der Herkunft des Einzelnen wird sich dann schon lange nicht mehr stellen.

***

Würden die Deutsch-Deutschen irgendwann aussterben, wäre das nicht weiter schlimm, Kulturen und Völker kommen und gehen. Verhindern kann man diese Entwicklung sowieso nicht mehr. Sie ist die logische Konsequenz des Handelns der Deutschen und ihres Wirtschaftssystems. Aber nicht nur die Deutschen sind davon betroffen, den anderen europäischen Ländern geht es genauso. Die Kulturhybriden werden zur Mehrheitsgesellschaft in Europa. Aber es wird befürchtet, dass es mit dem Aussterben der rein Deutschen zu einer Verdummung im Lande kommt.

Damit wird auch unterstellt, dass Migranten grundsätzlich nicht so intelligent wie Deutsche sind. Ob das am Hirn oder an der Kultur liegt, wird nicht näher erläutert.

Es gehört mit zu den Folgen einer »gelungenen« Integration, dass auch schlechte Wertvorstellungen aus der Mehrheitsgesellschaft übernommen werden.

Die Mehrheitsgesellschaft muss sich beeilen, sonst wird das nichts mit der Integration. Sonst schrumpft sie schneller, als die Minderheitsgesellschaft wächst. Denn die gewollte und geforderte Ausbildung hat dazu geführt, dass viele erst spät oder überhaupt keine Kinder bekommen.

Mittlerweile werden Anreize gesetzt, dass sich auch die gut ausgebildeten Menschen einer Familie widmen können. Damit sind nicht nur die rein Deutschen gemeint, sondern auch die integrierten gut ausgebildeten Deutschen mit Migrationshintergrund.

»Du jetzt auch noch, damit liegen mir schon ständig meine Eltern in den Ohren. Mein Vater meint immer, als ich so alt war wie du, war ich schon Vater von vier Kindern. Aber meine Frau und ich, wir haben lange studiert und jetzt seit einiger Zeit erst richtig Fuß gefasst im Beruf. Wenn meine Frau jetzt aufhören muss zu arbeiten, dann verliert sie den Anschluss in ihrem Beruf. Wir wollen auch noch was von der Welt sehen. Außerdem haben wir unser Leben so eingerichtet, dass wir auf beide Gehälter angewiesen sind. Die Wohnung können wir nicht über ein Einkommen allein finanzieren, das hat uns damals auch die Bank gesagt. Klar, sie ist ein wenig groß für uns beide, aber wir haben gern ein wenig mehr Platz und das zweite Auto müssten wir auch aufgeben. Wir sind doch noch jung, da haben wir noch ein bisschen Zeit für eigene Kinder.«
Mesut, 36 Jahre, seine Frau ist 34 Jahre alt

»Was wir vor Wien nicht geschafft haben, das schaffen wir heute in den deutschen Kreißsälen.« Dieser böse Spruch einiger weniger Menschen türkischer Abstammung stimmt nun wirklich nicht, sie schaffen es auch nicht mehr via Kinderproduktion.

Es gehört mit zu den Folgen einer »gelungenen« Integration, dass auch Wertvorstellungen übermittelt werden, die verwerflich sind. Einst hatte man mit dem Wort Familienplanung etwas überaus Positives verbunden, nach der Erfindung der Empfängnisverhütung galt Familienplanung als der Begriff schlechthin. Er stand unter anderem für eine geplante Familie mit einer überschaubaren Kinderzahl. Doch auf einmal wurde es als asozial betrachtet, viele Kinder zu haben. Kinderreiche Familien wurden nicht nur belächelt oder kritisiert, sie mussten sich auch noch abschätzige Bemerkungen gefallen lassen. Ob sie auch noch etwas anderes, Vernünftigeres machen könnten, als Kinder zu bekommen. Dann wurden immer weniger Kinder in die Welt gesetzt. Die heutigen Versuche, diese Entwicklung zu korrigieren, sind zwar ehrenwert, aber nahezu nutzlos.

***

Immer noch ist derjenige verdächtig im Lande, der viele Kinder bekommt. »Da sitzen dann kleine Kopftuchmädchen in sozialen Wärmestuben.« Der Spruch ist so böse und wird noch böser, wenn man den sozialen und kulturellen Hintergrund dazu kennt. Es soll Kulturen auf dieser Welt geben, in denen Kinder als etwas ganz Normales und Natürliches angesehen werden, so wie bei uns der Besitz einer Hauskatze. Sie werden auch nicht unbedingt als Bereicherung des eigenen Lebens betrachtet, so wie in unserem Land Kinder gerne dargestellt werden. Wenn ein Mensch schon alles hat und besitzt, kann ein Kind natürlich als eine Bereicherung des Alltags angesehen werden. In anderen Kulturen sind Kinder einfach da. Sie haben ja auch einen Zweck, sie nähren die Alten und erhalten die Lebensgemeinschaft.

Die Reindeutschen brauchen das nicht: Zur Versorgung der Alten haben sie die Rentenversicherung und die Erhaltung ihrer Lebensgemeinschaft interessiert sie nicht.

Als Problem wird allerdings gesehen, dass die falschen Menschen die meisten Kinder bekommen.

Aber der Spruch greift natürlich noch weitere Klischees auf: dass Menschen aus muslimischen Kulturen so lange Kinder bekommen, bis ein männlicher Nachfolger geboren wurde, und dass diese Menschen Kinder in die Welt setzen, um soziale Zuwendungen zu erhalten. Aber für diejenigen, die solche Sprüche klopfen, ist das noch nicht genug. Sie stellen dazu noch fest, dass Menschen aus einer anderen Religion niemals intelligentere Kinder bekommen würden.

Als Problem wird allerdings gesehen, dass die falschen Menschen die meisten Kinder bekommen. Und dazu gehören nicht nur die Menschen aus anderen Kulturen. Das weiß auch der Verursacher dieses Spruchs, aber er hat es so gesagt, dass jeder glaubt, er hätte es so gemeint, dass die Menschen aus den muslimischen Kulturen besonders dumm und besonders fruchtbar seien. In Wirklichkeit verläuft der Graben gar nicht zwischen Abendland und Morgenland. Unsere Gesellschaft teilt sich in zwei Parallelgesellschaften: in die, die am Wohlstand partizipieren, und die, die es nicht tun.

Zu der einkommensschwachen Gruppe zählen selbstverständlich auch »reine« Deutsche, aber auch Menschen aus anderen Kulturen. Über diese Gruppe wird in Deutschland nicht gern öffentlich gesprochen. Eine kurze Zeit lang verwendete man für sie den Begriff Prekariat.

Später und im Umgangsdeutsch werden sie Hartz-IV-Empfänger genannt. Es wird viel Aufhebens um diese Gruppe gemacht, obwohl sie nicht als potenzielle Wähler gelten. Denn sie wählen eher die Nichtwählerpartei. Aber die Versorgung dieser Gruppe liegt so vielen guten Menschen am Herzen, dass die Parteien bei diesen Barmherzigen die entsprechenden Stimmen bei einer Wahl abholen können, wenn sie sich nur lautstark genug um das Wohl der Armen und Benachteiligten kümmern. Unter Versorgung ist jetzt nicht zu verstehen, dass es ihnen hoffentlich nicht an irgendetwas fehlt. Der Streit geht mittlerweile eher darum, dass sie nicht zu viel bekommen.

Diese prekäre Parallelgesellschaft scheint überproportional viele Kinder zu bekommen. Das stimmt aber nicht. Die andere, arbeitende und steuerzahlende Gesellschaft bekommt unterproportional wenige Kinder.

Diese prekäre Parallelgesellschaft scheint überproportional viele Kinder zu bekommen. Das stimmt aber nicht. Die andere, arbeitende und steuerzahlende Gesellschaft bekommt unterproportional wenige Kinder. Ein eklatantes Missverhältnis, welches zu extremen Problemen führt. Eine rührende Vorstellung ist, dass gut ausgebildete und im deutschen Wertesystem angekommene Migranten die Lücke in der Gesellschaft ausfüllen könnten. Sie sollen das übernehmen, was anderen nicht gelungen ist. Da ist ein Widerspruch geschaffen worden: Beruflicher Erfolg durch eine exzellente Ausbildung und Kinderreichtum, das passt nicht zusammen. Es werden zwar viele Anreize gesetzt, beides zu verbinden, aber solange der Wert der Familie und des Kindes nicht auf die gleiche Stufe gehoben wird wie der Besitz einer Wohnung, eines Autos oder ein anerkannter Beruf, wird die Lücke in der Gesellschaft nicht geschlossen werden. Ein Umbau des Wertesystems hätte allerdings zur Folge, dass der private Konsum darunter leiden würde. Die Wirtschaft würde schrumpfen. Da aber das Wachstum der Wirtschaft oberste Priorität in Europa und auch anderswo hat, wird dieser Umbau sicherlich nicht stattfinden.

Zum Glück hat die schrumpfende Mehrheit in Deutschland ja immer noch ihre Türken. Diese werden natürlich zur Versorgung der Alten gebraucht. Es werden nicht nur Rentenzahler benötigt, sondern auch immer mehr Altenpfleger. Da ist es doch schön, dass der Respekt vor alten Menschen in dieser Kultur so hochgehalten wird. Vielleicht sollen die Türken deswegen so gut Deutsch lernen, damit ihnen die Alten verständliche Anweisungen geben können. Aber Vorsicht! In Deutschland sind schon die ersten Altenheime für Muslime eröffnet worden. Die Integration der Türken in Deutschland schreitet also voran, auch sie geben jetzt schon ihre Eltern und Großeltern in Heime. Ein absolutes Tabu, über das in der türkischen Gemeinschaft nicht gesprochen wird.

Das war aber bei den Deutschen in den Sechzigerjahren auch nicht anders. Diese hatten damals nur den Vorteil, dass eine ganze Generation von Vätern weggefallen war, im wahrsten Sinne des Wortes. Die alte Mutter konnte noch in der Familie versorgt werden. Außerdem wurden die Menschen zu jener Zeit noch nicht so alt. Immerhin hatten sie eine Wirtschaftskrise, zwei Weltkriege und mehrere Hungerjahre mitgemacht, da war viel Kraft verbraucht worden.

Aber die meisten Türken werden in der Gesellschaft aufgehen. Ob das dann durch Integration oder Assimilierung oder beides geschieht, ist letztendlich egal. »Warum arbeiten Sie für Türken?« Diese Frage wird so nicht mehr gestellt werden. Sie wird sich später an die Kulturhybriden richten und lauten: »Warum arbeiten Sie für Afrikaner?«

Sonst wird das nichts

Was beide Seiten tun können, damit es mit der Integration besser klappt

Das mit der Integration der Türken scheint einfach nicht zu funktionieren. Im Allgemeinen ist man der Auffassung: Wenn die erst mal alle Deutsch können – damit sind natürlich die Türken gemeint –, dann wird das schon irgendwie. Der einzige Haken an dieser Überlegung: Es können viele Deutsch. Warum funktioniert es trotzdem nicht?

Es gibt doch so viele Dinge, die Deutsche und Türken gemeinsam haben. Die Deutschen lieben ihren Fernseher genauso sehr wie die Türken: Hier wie dort wird etwa drei Stunden am Tag in die Röhre oder auf den Flatscreen geschaut. Die Türken lassen das Gerät allerdings fast den ganzen Tag an, auch wenn sie nicht immer hinschauen. Der Fernseher wird wohl als zweite Lichtquelle genutzt. Durch die intensive Nutzung gehen die Geräte natürlich auch schneller kaputt. Das ist wahrscheinlich der Grund, warum in türkischen Haushalten immer die neuesten Modelle stehen. Aber noch lange keine Erklärung, warum die Integration nicht gelingt.

Auch bei der Annäherung an ein rechtes Leben in geistiger Entwicklung sieht es bei Deutschen und Türken ähnlich aus. Die buddhistischen Lehren haben in den letzten vierzig Jahren die deutsche Gesellschaft weitaus offener gemacht. Doch so sehr sich die im Christentum Verwurzelten auch bemühen und darin üben, ihre Religion zu reformieren: Von einer erfolgreichen Annäherung an Buddha und Co., geschweige denn von Erleuchtung kann gar nicht die Rede sein. Ebenso bei den Türken, die sich mit den fernöstlichen Weisheiten generell schwertun und im Islam noch keine Basis für Veränderungen geschaffen haben.

***

Der größte Unterschied zwischen den sonst gar nicht so unterschiedlichen Wertesystemen ist der Stellenwert der Familie. Für viele Deutsche ist die Familie ein Unwert geworden. Die Türken dagegen wollen nicht kinderlos bleiben, zehn Katzen großziehen und in einer abbezahlten Fünf-Zimmer-Eigentumswohnung leben. Zumindest *noch* nicht. Deshalb spielt die Hochzeit eine entscheidende Rolle im Leben der Türken, auch in Deutschland. Während ihre Bedeutung bei einem Großteil der Deutschen erst hinter der des Kaufs eines neuen Autos rangiert, ist die türkische Hochzeit ein zentrales Ereignis für die gesamte Familie. Da werden gerne mal 10.000 Euro und mehr investiert. Denn mit der Hochzeit wird schließlich auch die soziale Stellung der Familie in der Gemeinschaft zementiert. Bei den Deutschen dagegen könnte es in Zukunft ein guter und sinnvoller Brauch werden, wenn das Hochzeitspaar gleich die Scheidungsanwälte ihres Vertrauens als Trauzeugen mit vor den Altar brächten.

Als ich zum ersten Mal eine türkische Hochzeit besuchte, war ich überwältigt. Wir, also meine Frau und ich, und natürlich auch unsere Kinder, waren zur Hochzeit eines türkischen Kollegen eingeladen. Die Kinder hatten schnell abgewinkt. Für eine akzeptable Entschuldigung dafür, dass sie nicht mitkamen, musste ich lügen. Mein Sohn hatte mir den entscheidenden Tipp gegeben: »Sag einfach, wir haben uns mit dem Ebola-Virus infiziert.«

Der größte Unterschied zwischen den sonst gar nicht so unterschiedlichen Wertesystemen ist der Stellenwert der Familie.

»Und was ziehen wir da an?«, fragte meine Frau. »Na was wohl, dunkler Anzug und festliches Kleid. Es ist ja schließlich eine Hochzeit.« – »Welches Geschenk?« – »Na wie immer. Irgendeine Kleinigkeit für den Haushalt. Aber kein Nudelholz. Wir wollen ja nicht, dass mit dem Ding irgendwann die Schwiegermutter erschlagen wird.«

Wir waren nicht pünktlich zur angegebenen Uhrzeit da, so viel hatte ich schon gelernt. Kein Türke kommt pünktlich. Aber dass die angegebene Adresse stimmt, hatte ich nicht glauben wollen. Das Fest fand tatsächlich in einem großen städtischen Gemeindezentrum statt. Im Foyer war schon eine Menge los und wir erblickten einige Menschen in ballonseidenen Jogginganzügen. Das waren eindeutig keine Deutschen vom Campingplatz. Meine Frau und ich schauten uns ungläubig an. Das sind wahrscheinlich die Leute vom Cateringservice, bemerkte ich. Im Saal befanden sich dann um die 1.000 Gäste. Vom edlen Outfit bis zum besagten Sportdress war so ziemlich alles dabei.

Es wurde ein langes Fest. Mit dem Brautpaar sprachen wir geschätzte sechzig Sekunden. Es war eine kurdische Hochzeit. Da war es selbstverständlich, dass jeder, der das Brautpaar kannte, einfach einmal vorbeikam und ebenfalls bewirtet wurde. Auch die Geschenke waren typisch kurdisch: Ich heftete dem Bräutigam, wie alle anderen auch, einen Geldschein an den Anzug. Unser mitgebrachtes Geschenk ließen wir stecken. Meine Frau freute sich, hatten wir doch jetzt etwas schönes Neues für unseren Haushalt.

Es folgten noch viele Einladungen und Besuche bei türkischen Hochzeiten. Wir haben gelernt uns zu erkundigen, aus welchem Kulturkreis der Türkei die Familien der Brautleute stammten. Denn nicht immer ist Bargeld angebracht.

Bloß nicht – Freundlichkeit mit Freundschaft verwechseln

Das machte der Deutsche schon bei den Amerikanern falsch, deswegen unterstellt er diesen auch Scheinheiligkeit. Dass man freundlich sein kann um der Freundlichkeit willen, ist für die Deutschen schwer zu begreifen. Freundlichkeit als Lebensform setzt voraus, dass man mit sich selbst und der Welt im Reinen ist. Ein Zustand, den Deutsche auch gern als Naivität bezeichnen. Hier gilt: Das Glas ist halb voll und nicht halb leer. Freundlichkeit ist nur eine temporäre Eigenschaft bei den Deutschtürken. Sie kommt und geht genauso schnell vorbei, wie das Gegenüber wahrgenommen wird. Auch hier gilt: aus den Augen, aus dem Sinn. Deswegen ist gesundes deutsches Misstrauen angebracht. Denn auch hinter einem freundlichen Lächeln kann sich eine schwarze Seele verstecken. Und da Distanziertheit eine deutsche Tugend ist, ist diese hier besonders gut angebracht.

Geradezu vorbildhaft ist die deutsch-türkische Gastfreundschaft, die Sie bitte auch immer loben sollen. Denn auf diese ist der Deutschtürke genauso stolz wie auf so viele andere Dinge (siehe auch Essen). Dass auch viele andere Kulturen und Nationen sich ihrer gastfreundlichen Art rühmen, ist dem Deutschtürken egal, seine ist die beste. Kurioserweise hat der Deutschtürke zwar viele Gäste, aber Deutsche sind selten darunter zu finden. Das beruht darauf, dass gelungene Geselligkeit bei den Deutschen oft auf der Grundlage von Alkoholkonsum stattfindet. Und der findet in türkischen Familien nicht statt. Also werden die Deutschen erst gar nicht eingeladen. Wenn doch, dann nur ein ausgewählter Kreis, dem man trauen kann und vor dem man sich nicht für seine türkische Art der Familienzusammenkunft schämen muss.

Deswegen ist gesundes deutsches Misstrauen angebracht. Denn auch hinter einem freundlichen Lächeln kann sich eine schwarze Seele verstecken.

Wenn Sie Kinder haben sollten, egal wie viele und wie alt: bitte mitbringen. Wenn diese nicht gewillt sind, Sie zu begleiten, es nicht den Gastgebern sagen, er wird Sie sonst nötigen, stehenden Fußes nach Hause zu fahren oder dorthin, wo sich Ihre Kinder aufhalten, um sie zu holen. Denn ein Familienfest ohne Kinder kann es nach türkischer Ansicht nicht geben. Und fürchten Sie sich nicht vor Hausmusik auf türkischen Instrumenten, die Ihr an CD-Anlagen und MP3-Player gewöhntes Gehör empfindlich stören wird. Außerdem werden Sie zum Mitsingen und -tanzen aufgefordert. Eine unendlich schwierige Angelegenheit: Denn erstens können Sie die türkische Sprache nicht sprechen und beim besten Willen auch nicht singen und die Rhythmen zum Tanzen sind Ihnen völlig fremd. Aber sich ausschließen gilt als unfreundlich und ungehörig. Machen Sie einfach mit und Sie werden schnell feststellen, dass auch die meisten Deutschtürken nicht singen und tanzen können.

Die Älteren unter den Deutschen können sich noch daran erinnern, dass ihre Großeltern erzählt haben, dass es bei ihnen früher auch solche Geselligkeiten gab. Erzählen Sie es Ihren deutsch-türkischen Gastgebern und sie werden nur ungläubiges Staunen ernten. Und natürlich wird Essen gereicht (über die Folgen des Verzehrs noch einmal den Hinweis auf Seite 30 lesen).

An unseren letzten Besuch auf einer deutschen Hochzeit können wir uns gar nicht mehr erinnern. Offenbar scheuen sich die Deutschen vor dem Projekt Familie. Am Geld kann's aber eigentlich nicht liegen. Auch wenn Kinder nachweislich teurer sind als so manche lang ersehnte Immobilie. Ein Kind kostet von seiner Geburt bis zur Vollendung seines 18. Lebensjahrs ca. 120.000 Euro. So die Statistik. Aber welches Kind ist denn schon selbstständig, wenn es 18 ist? Also müssen bis zum 25. Geburtstag mindestens noch 65.000 Euro hinzugerechnet werden – kleine Kinder, kleine Sorgen, große Kinder, große Kosten. Erst dann, so hat es der Gesetzgeber vorgeschrieben, sind die Eltern nicht mehr für ihre Kinder unterhaltspflichtig. Das macht summa summarum 185.000 Euro. Bei zwei Kindern sind es 370.000 Euro.

Jeder seriöse Anlageberater würde von einer solchen Investition abraten und den Kauf einer Immobilie empfehlen. Das ist dann eine Kapitalanlage für das ganze Leben und mit etwas Glück steigt die Immobilie auch noch im Wert. Bei Kindern hingegen ist das Geld auf jeden Fall verloren. Natürlich, es gibt Hilfe vom Staat, Steuererleichterungen, Kindergeld und vieles mehr. Aber Steuererleichterungen gibt es beim Kauf von Immobilien auch. Menschen, die der Auffassung sind, dass Türken nur wegen der staatlichen Zuwendungen so viele Kinder haben, sind meistens selbst kinderlos. Dafür haben sie mindestens zwei Katzen. Dass Kinder und Familie einfach zur türkischen Kultur dazugehören, darauf kommen die wenigsten.

In diesem Zusammenhang scheint der schöne Aber-Satz »Kinderlärm ist Zukunftsmusik – aber bitte nicht in der direkten Nachbarschaft« einfach gruselig. Das Problem besteht darin, dass in diversen Urteilen und Verwaltungsvorschriften Kinderlärm mit Gewerbe- und Verkehrslärm gleichgesetzt und somit zum Störfaktor erklärt wird. Aber es soll Abhilfe geschaffen werden. Neue Vorgaben sehen vor klarzustellen, dass Kinderlärm in der Regel keine schädliche Umwelteinwirkung im Sinne des Bundes-Immissionsschutzgesetzes ist. Diese späte Reaktion zeigt nur umso deutlicher, wie mühselig es bislang war, in Deutschland Kinder großzuziehen oder ein Kind zu sein. Ein Glück, dass die Türken solche Schikanen in Kauf nehmen und brav gegen unser demografisches Defizit ankämpfen.

Ein Glück, dass die Türken solche Schikanen in Kauf nehmen und brav gegen unser demografisches Defizit ankämpfen.

Immerhin wird das Familienministerium mittlerweile ernster genommen, aber bei aller Liebe zum parteiinternen Proporz – eine Familienministerin ohne eigene Kinder ist wie ein Verkehrsminister ohne Führerschein. Zwar werden Gott sei Dank endlich auch Frauen Bundeskanzler, aber einen Mann als Familienminister hat es in Deutschland zuletzt 1985 gegeben.

Zwar können Migranten als genetisch ungeeignet zur Integration bezeichnet werden, aber Menschen, die bewusst auf Kinder verzichten, dürfen keine Vorwürfe gemacht werden. Das war nicht immer so. Früher standen nichtverheiratete Menschen unter dem Generalverdacht, einer sexuellen Orientierung zum eigenen Geschlecht zu unterliegen. Außerdem wurden sie als verantwortungslose Drückeberger bezeichnet. Diese Zeiten sind vorbei und das ist auch gut so. Natürlich gibt es Menschen, die sich sehnlichst Kinder wünschen, die ihnen aber biologisch versagt geblieben sind. Genauso soll es Migranten geben, die ein ganz normales integriertes Leben führen, ohne dabei ihre türkische Kultur aufgegeben zu haben. Aber wenn im gesellschaftlichen Wertesystem nur diejenigen ganz oben stehen, die dreimal im Jahr in fremden Ländern urlauben und zwei Autos haben, werden sich die Türken in dieses System nie integrieren. Eine Gesellschaft, die den Wert der Familie nicht in sich trägt, wird von Menschen, für die Kinder und Familie das Wichtigste sind, mit Misstrauen betrachtet. So wird das nichts mit der Integration.

Nun gibt es unendlich viele Gründe, warum immer mehr Deutsche keine Kinder mehr haben und auch in Zukunft nicht haben wollen. Genauso viel wird von staatlicher Seite getan, um diese Entwicklung zu stoppen. Finanzielle Anreize und andere Erleichterungen sollen bewirken, dass Frauen Karriere und Kinder miteinander vereinen können. Geld allein nutzt aber nichts, wenn das Wertesystem nicht korrigiert wird.

Irgendwann wird auch kein Geld mehr für wirtschaftlich benachteiligte Kinder benötigt werden, weil es einfach keine Kinder mehr geben wird. Wann werden eigentlich einmal Werbespots gesendet, in denen das Mutter- und Vaterglück kommuniziert wird? Oder werden die letzten Kinder der Deutschen etwa als Weltkulturerbe der UNESCO unter Schutz gestellt? Willkommen im Land Hedonia!

Zum Glück wissen wir ja, dass die Türken in Deutschland die deutschen Medien nicht nutzen. Das sollten sie auch nicht, denn sonst würden sich viele entschieden der Integration widersetzen. Zu volkstümlichen Weisen schunkelnde Rentner sind schließlich nicht gerade ein Anreiz, diese Gesellschaft lieb zu gewinnen. Liebe Türken, meidet das deutsche Fernsehen! Sonst wird das nichts mit der Integration.

Zu volkstümlichen Weisen schunkelnde Rentner sind schließlich nicht gerade ein Anreiz, diese Gesellschaft lieb zu gewinnen.

Die kinderfeindliche Einstellung der Deutschen erfahren die Türken allerdings auch im täglichen Leben. Ein deutsches Restaurant zu besuchen ist für die meisten Türken schlicht undenkbar. Dies nicht wegen des Schweinefleischs, da kommt man noch drum herum. Viel schlimmer für türkische Familien ist, dass in deutschen Restaurants im Beisein von Kindern Alkohol getrunken wird. Das ist es, was sie von unseren Gaststätten fernhält. Aber auch wenn sie einmal in die Versuchung kommen sollten: Die Kleinen würden sich bei solch einem Besuch unglaublich langweilen – sie wären wahrscheinlich die einzigen Kinder im ganzen Lokal.

Zahlen Sie türkisch!

Hiermit ist nicht gemeint, mit türkischer Lira zu bezahlen, sondern das Begleichen einer Rechnung im Restaurant auf eine einfache Art und Weise. Treffen sich fünf Deutsche zum Essen. Es wird gespeist und getrunken, jeder, was er mag, manchmal wird auch gelacht, es werden aber eher ernsthaftere Themen diskutiert, wie z. B. die entsetzliche Umweltverschmutzung in China durch die Chinesen. Vor lauter Empörung scharrt man unter dem Tisch mit seinen Nike- oder Adidas-Schuhen. Dann geht es ans Bezahlen. Die Bedienung erscheint mit Stift, Block und Rechnung. Jetzt wird auf der Rechnung auseinanderdividiert, was jeder Einzelne zu zahlen hat. Horst 21,60 Euro, Monika 20,50 Euro, Ewald 29,50 Euro (der trinkt ein bisschen zu viel), Ingrid 17,20 Euro (sie will schlank bleiben), Ernst 19,80 Euro. Jeder zahlt brav seinen Obolus. Die Prozedur des Bezahlens dauert 10 Minuten.

Treffen sich fünf Türken zum Essen, wird gespeist und getrunken, jeder was er mag, und viel gelacht. Es dauert lange, so ein Essen, weil man sich viel zu erzählen hat. Über die letzte Hochzeit im Bekanntenkreis, über die Kinder, über Urlaube und Weiteres. Dann geht es ans Bezahlen. Die Bedienung kommt mit der Rechnung. Sie beträgt 118,70 Euro. Alle geben einen Anteil – jeder zu gleichen Teilen – am Ende liegen 125,00 Euro auf dem Tisch. Die Prozedur dauert eine Minute. Wenn Sie mit Türken Essen gehen und es wird türkisch bezahlt, sollten Sie nicht denken, Sie wären eingeladen.

In deutschen Supermärkten sind Türken auch recht selten anzutreffen. Denn hier ist das Angebot an Wein, Schnaps und Bier größer als an Kindernahrung. Das Angebot an Tiernahrung sowieso. Im Jahr 2009 gaben die Deutschen rund 3 Milliarden Euro für Tierfutter aus (über 1 Milliarde davon verschlangen Hunde). Zum Vergleich: Für Babynahrung und -pflege zahlten sie nur 1 Milliarde Euro. Damit das so bleibt, wurden im selben Jahr 61,8 Millionen Euro in Werbung für Haustiernahrung investiert. Der Staat nimmt 243 Millionen Euro durch die Hundesteuer ein und für 83 Millionen Euro versichern sich die Tierhalter gegen den Fall, dass ihr Liebling einmal unachtsam über die Straße läuft oder ein Kind beißt. Am meisten wird aber für Arzneimittel für die kranken Tierchen ausgegeben: sage und schreibe 310 Millionen Euro. Muss das Tier zum Arzt, so kümmern sich 11.000 Tierärzte um seine Genesung. Ungünstiger ist es, wenn ein Kind krank wird, denn dann stehen nur 9.500 Kinderärzte zur Verfügung. Dass die lieben Tierchen auch possierlich aussehen, dafür sorgen 1.350 Hundesalons, die jährlich 50 Millionen Euro für ihre Leistungen berechnen. Die Branche braucht nicht um ihre Zukunft zu bangen, denn jährlich werden 500.000 Hundewelpen gekauft. Das ist doch was, da kommt ja fast auf jedes neugeborene Kind in Deutschland ein putziges Hündchen.

Die Fixierung vieler Türken auf die eigene Familie führt für viele zu einer Abschottung von der Mehrheitsgesellschaft.

Auch in deutsche Haushalte verirren sich junge, frisch verheiratete Türken immer seltener. Sobald sie Kinder bekommen, werden sie von ihren deutschen Freunden mitleidig angeschaut. Früher oder später wird ihnen sogar Hausverbot erteilt – aus Angst, dass die Babys die teuren Designermöbel zerkratzen oder den Teppichboden beflecken könnten. Außerdem haben die Katzen Angst vor Kindern. So kommt es, dass selbst junge Türken immer weniger deutsche Freunde haben.

Was ist das denn für ein Bild, das wir Menschen aus einer anderen Kultur von uns vermitteln? Und dann haben wir noch den Anspruch, dass die Türken so werden sollen wie wir! Darauf können wir lange warten. Mit dieser Art Kinderfreundlichkeit werden wir bei den Türken nicht einmal in hundert Jahren punkten. Denn unsere Werte könnten nicht weiter auseinanderliegen. So wird das nichts mit der Integration.

Die Fixierung vieler Türken auf die eigene Familie führt für viele zu einer Abschottung von der Mehrheitsgesellschaft. Für manche wird sie aber auch zu einem Spagat: Wir suchten für ein Plakat, welches Partyveranstaltungen bewerben sollte, eine junge Türkin als Modell. Nicht dass sie besonders freizügig auf dem Plakat gezeigt werden sollte, aber sie sollte das Publikum abbilden, welches sich auf diesen Events einfindet. Junge Männer und Frauen, die sich rausputzen, um Spaß zu haben. Bei dieser Gelegenheit zeigen die Frauen auch gern, was sie haben. Eine junge Dame hatte Fotos eingereicht, die uns gut gefielen. Sie zeigten sie mit einem Bikini-Oberteil und einer Lederhose gekleidet beim Tanzen. Wir wurden uns schnell einig, dass sie das Plakatgirl sein sollte. Auch beim Gespräch war sie recht offenherzig angezogen. Alles ging seinen werbetechnisch festgelegten Gang. Kurz bevor die Plakate öffentlich gezeigt werden sollten, rief sie mich ganz aufgeregt an. Sie fragte, ob denn die Plakate auch in dem Stadtviertel, in dem ihre Eltern wohnen, gezeigt würden. Natürlich, sagte ich, überall in der Stadt. Das geht nicht, denn meine Eltern dürfen mich so nicht sehen. Zu spät, meinte ich. Wie sie denn gekleidet sei, wenn sie ihre Eltern besuche, war meine Frage. »Natürlich nicht so wie damals in Ihrem Büro«, antwortete sie. »Wenn ich meine Eltern besuche, trage ich ein weites Sweatshirt.« Auweia. Da hatten wir bzw. sie bzw. ihre Eltern bzw. unsere Gesellschaft etwas angerichtet! Klassischer Kulturkonflikt …

Ohne den nötigen Freiraum für ihre individuelle Entwicklung wird es für die türkischen Kinder schwierig, sich in Zukunft in der deutschen Mehrheitsgesellschaft zurechtzufinden. Frauen ohne Berufsausbildung haben einen schweren Stand. Nicht nur, dass sie von der deutschen Gesellschaft geächtet werden, sie bleiben auch ihr Leben lang abhängig. Erst vom eigenen Mann und später – Scheidungen gibt es auch bei Türken – vom Staat. Der Schutz und die Unterstützung durch die Familie kann nicht das ganze Leben dauern. Ein intaktes Familiennetz hat viele Vorteile. Wenn aber durch die Zugehörigkeit zur Familie die Selbstständigkeit des Einzelnen auf der Strecke bleibt, ist das Netz eher kontraproduktiv. Das würde jede Türkin so sehen. Ohne einen Plan und Eigenverantwortung hat man keinen Erfolg in der Mehrheitsgesellschaft. So wird das nichts mit der Integration.

Trotzdem: Einen Vorteil haben diese Familiennetze nach wie vor: Im Krisenfall können sie sich überraschend als Finanzspritze entpuppen. Im Januar des Jahres sind die Werbeumsätze bei einem Radiosender, gelinde gesagt, eher zurückhaltend. Denn die Kunden haben ihr ganzes Werbegeld schon im Dezember ausgegeben. In diesem Monat traf ich einen der Werbezeitenverkäufer, einen diplomierten Betriebswirt, in der gemeinsamen Teeküche. Auf meine Bemerkung, im Augenblick liefe es wohl nicht so, wie er sich das wünsche, antwortete er mir, ich solle mir keine Sorgen machen. Das hörte ich natürlich gern. Oh, sagte ich, da ist wohl ein größerer Auftrag im Anrollen. Nein, das wäre nicht der Fall, aber wenn es ihm finanziell nicht gut gehe, dann kümmere sich seine Familie um ihn. Das ist ja wunderbar, sagte ich, ob sich seine Familie dann auch um seine 16 Kollegen kümmern könnte? Meine Bemerkung verstand er nicht.

Aber dürfen sich integrierte Türken eigentlich auch öffentlich über pöbelnde Mitglieder des deutschen Prekariats äußern?

Aber was den kleinen türkischen Familienbetrieb betrifft, haben viele Türken bereits umgedacht. Während die um Integration bemühten Amtsträger den türkischen Familienbetrieb oft als schönes Argument für eine gelungene Eingliederung der Türken in die Mehrheitsgesellschaft anführen, haben die Türken erkannt, dass diese familiären Kleinbetriebe ein Auslaufmodell sind. In einer globalen Wirtschaftswelt werden sie nicht bestehen können. Übrig bleiben schlecht ausgebildete Familienmitglieder, die in die Arbeitslosigkeit abrutschen.

Deshalb stecken die deutschen Türken sehr viel Geld in die Ausbildung ihrer Kinder. Ist die Ausbildung absolviert, sind die türkischen Kinder in der Gesellschaft automatisch zwei Stufen aufgestiegen. Denn ein Zahnarzt türkischer Herkunft finanziert über seine Steuerzahlungen nicht nur die Mitglieder des muslimischen Prekariats, sondern auch die des Deutschen. Aber dürfen sich integrierte Türken eigentlich auch öffentlich über pöbelnde Mitglieder des deutschen Prekariats äußern? Natürlich dürfen sie das nicht. Da würden sie schnell auf ihren alten Status als Gastarbeiter hingewiesen werden. Denn Gäste haben ihren Gastgeber nicht zu kritisieren. So viel zum Thema gesellschaftlicher Aufstieg. Wurden die Türken eigentlich gefragt, ob sie auch die Sozialhilfeempfänger in Ostdeutschland mitfinanzieren wollen? Da galt wohl eher die Maxime mitgefangen, mitgehangen.

***

Öffentliche und auch polemisch geführte Diskussionen über den Wert von Migranten für die deutsche Gesellschaft lösen bei Türken Unbehagen und Ängste aus. Zwar sind sie es gewohnt, dass vom rechten Rand immer mal wieder »Ausländer raus« gebrüllt wird. Wenn sich an diesen Diskussionen Menschen beteiligen, die hohe Ämter in Staat, Politik und Wirtschaft besetzen, dann wird es den Türken mulmig. Aber es klappt doch mit dem Zusammenleben. Nicht zuletzt, weil viele Türken großen Respekt vor den Deutschen haben. Mehr als diese vor sich selbst. Sie schauen tolerant über die eine oder andere fragwürdige Eigenschaft der Deutschen hinweg. Es gibt nur einen schwindenden Anteil der reindeutschen Mehrheitsgesellschaft, für die es schön wäre, wenn alle Gastarbeiter, Migranten, Neubürger, Asylanten und Flüchtlinge sich so verhalten würden wie sie selbst. Aber eigentlich herrscht Ruhe im Land, auch wenn ab und zu ein »muslimischer Mensch« durch das Mediendorf getrieben wird.

Doch vom Medientheater einmal abgesehen, schreitet die Integration der Türken im Alltag erschreckend schnell voran. Das deutsche Flaschenpfand ist das beste Beispiel dafür. Und auch ein Steckenpferd von mir. Wenn ich meinem erwachsenen Sohn erzähle, wie schön es früher war, Bier aus Dosen zu trinken, antwortet er immer: »Ist schon gut, alter Mann, erzähl mir doch mal etwas von deinen Erlebnissen aus dem Ersten Weltkrieg.« Das ist dann der Moment, an dem ich mir wünsche, wirklich ein Türke zu sein. Da haben die Söhne noch Respekt vor ihren Vätern. Also versuche ich, den abgeschmackten Witz bei meinen türkischen Freunden und Bekannten anzubringen. Aber auch diese winken nur ab. Sie erklären mir, dass die Deutschen mit unendlich viel Fleiß und Arbeit dieses durch den Krieg zerstörte Land wiederaufgebaut haben und dass es selbstverständlich sei, alles daranzusetzen, damit dies so bleibt. Und keine leeren Flaschen herumliegen. Da bin ich dann nicht nur alleine unter Türken, da bin ich dann mit meinen dämlichen Witzen alleine mit mir selbst.

Ein Glück ist es auch, dass die Migranten als Kollektiv so schlecht organisiert sind.

Es stimmt, viele Deutsche sind notorische Besserwisser. Das kann einem schon ein wenig auf die Nerven gehen. Aber sie haben auch etwas vorzuweisen. Es ist ja nicht alles falsch, was sie von sich geben. Die Besserwisser sind mir auf jeden Fall lieber als meine deutschen Landsleute, die ständig sagen, man müsste mal dies oder jenes machen und dann wieder Tee trinken. Oder als diejenigen, die sagen, das sei ja eine tolle Sache, da hätten sie auch schon einmal dran gedacht. Ja, denke ich dann, hättest du es einfach mal gemacht und nicht nur daran gedacht.
Koray, 32, Bankkaufmann

Es ist schon lustig, bei all diesen hastig geführten Diskussionen, ob denn nun die Integrationspolitik gelungen oder fehlgeschlagen ist, wenn Studien der Konrad-Adenauer-Stiftung, also nicht die der Gutmenschen, zeigen, dass die Kinder von Migranten viel eher dazu bereit sind, Deutschland im äußersten Notfall mit der Waffe zu verteidigen als die Kinder der Deutschen selbst. Was für ein Glück wir mit den Türken und Migranten haben!

Ein Glück ist es auch, dass die Migranten als Kollektiv so schlecht organisiert sind. Gut, es gibt Tausende türkische Vereine und die anderen Kulturen werden Ähnliches haben. Aber auf die Idee, eine Partei zu gründen, die nicht nur die Interessen der 3 Millionen Menschen türkischer Herkunft, sondern noch dazu die der anderen 15 Millionen Menschen nicht-deutscher Herkunft vertritt, sind sie nicht gekommen. Das ist aber auch tunlichst zu unterlassen, denn dann wäre es mit dem schönen kulturellen Frieden in Deutschland vorbei. Es ist schon geschickt von den deutschen Parteien, egal welcher politischer Couleur, dass sie die Nichtdeutschen und vor allem die türkischen Menschen, die sich politisch betätigen wollen, integrieren. Chapeau, das ist wirklich gelungene Integrationspolitik!

Deutschland schafft sich nicht ab, sondern die Menschen in Deutschland – die Deutschen, die Türken, die Russen, die Ostdeutschen und all die anderen – erfinden das Land jeden Tag neu. Nichts bleibt so, wie es einmal war. Damit müssen sich die ewig gestrigen Türken in ihren anatolischen Dörfern in Deutschland und die ewig gestrigen Deutschen in ihren Reihenhaussiedlungen nun einmal abfinden. Das wird so nichts, wenn unter Integration verstanden wird, dass die einen alles Eigene ablegen, um in der Kultur des anderen aufzugehen. Es müssen sich zwangsläufig schon beide Seiten bewegen.

Deutschland ist kein Zuwanderungsland, so die Hoffnung von vielen. Wenn überhaupt, dann sollen die Guten ins Töpfchen und die Schlechten ins Kröpfchen. Mit anderen Worten: Die zuletzt Genannten sollen da bleiben, wo der Pfeffer wächst. Das ist auch so eine Redewendung aus der Zeit der Religionskriege.

Diese Hoffnung ist trügerisch. Deutschland ist eben doch ein Zuwanderungsland. Warum? Weil es Zugewanderte gibt. Menschen aus fremden Kulturen stellen eine Bereicherung dar. Der Ehrlichkeit halber sollte aber gesagt werden, dass immer welche darunter sind, die man sich in der Art nicht gewünscht hat. Außerdem kann es vorkommen, dass jemand mit hehren Absichten in das Land kommt, die sich aber im Laufe seines Lebens in seinem neuen Land in das Gegenteil verwandeln. Es sind eben Menschen. Es hat ja keiner behauptet, dass wir uns das gefallen lassen müssen.

Menschen aus fremden Kulturen stellen eine Bereicherung dar. Der Ehrlichkeit halber sollte aber gesagt werden, dass immer welche darunter sind, die man sich in der Art nicht gewünscht hat.

In vielen deutschen Köpfen sind die Vereinigten Staaten von Amerika, die auch das Vorbild für die europäische Gemeinschaft abgegeben haben, das Nonplusultra an Demokratie und freier Gesellschaft. Die Freundschaft währt nun schon mehrere Jahrzehnte lang. Da wird auch einmal ein Krieg dieses Freundes zur Verteidigung von wirtschaftlichen Interessen in Kauf genommen. Nun sind die USA immer noch ein Einwanderungsland mit all den damit verbundenen Problemen. Aber auch mit all den damit verbundenen Chancen und Ressourcen.

Gerne wird darauf hingewiesen, dass die transatlantischen Freunde strenge selektive Kriterien bei der Zuteilung von Einwanderungen haben. Im Umkehrschluss wird gefolgert, dass Deutschland das nicht hat. Die deutsche Geschichte nach 1945 wird dabei gerne vergessen. Außerdem gibt es da noch kleine moralische Verbindlichkeiten aus der Vergangenheit. Und apropos USA: Waren die Vorfahren der Amerikaner, die aus Europa mit Schiffen über den großen Teich aufbrachen Angehörige der Oberschichten in ihren Herkunftsländern? Waren sie Universitätsprofessoren, Ärzte, Musiker und Dichter? Oder waren die Vorfahren der Amerikaner nicht eher das Prekariat eines verhungernden Irlands, eines auf mittelalterlichem Niveau darbenden Siziliens und der Armenviertel der Städte Deutschlands und Englands? Waren diese Menschen und ihre Kindeskinder etwa zu dumm, um einen modernen, prosperierenden Staat zu errichten? Oder haben sie, Gene hin, Kultur her, nicht doch etwas Großartiges geschaffen?

Wie sagen die Amerikaner so schön? Ihr Land ist ein »melting pot«. Wir sind aber keine Amerikaner. Wir werden die Türken nicht einschmelzen, sodass sie in unserer felsenfesten deutschen Reinkultur aufgehen und unsichtbar werden. Es wird bei uns keinen Schmelztopf geben, sondern eher eine Salatschüssel.

Der Staat hat dann dafür zu sorgen, dass auch das Dressing stimmt.

Als »salad bowls« werden in den Vereinigten Staaten sogenannte Parallelgesellschaften bezeichnet, die sich zwar unter einem großen gemeinsamen Nenner zusammenfinden, aber dennoch auf ihre eigene kulturelle Herkunft und Tradition Wert legen. Eine bunte Salatschüssel mit leckeren Zutaten aus beiden Kulturen und noch dazu die Gewürze der asiatischen und anderer Kulturen. Der Staat hat dann dafür zu sorgen, dass auch das Dressing stimmt. Sonst wird das nichts mit der Integration.

Güle Güle

Ich sage dann mal Güle Güle. Das bedeutet Servus, Tschüs, By By, Arrivederci. Ich muss gestehen, ich habe es bei den Türken selten gehört, aber sie haben mir versichert, sie würden sich so verabschieden. Dieses Buch ist entstanden durch Zuhören und Sehen. Viele Gespräche mit Kollegen, Freunden, Geschäftspartnern, Politikern, Medienräten, Taxifahrern und Hörer haben dieses Buch beeinflusst. Alle diese haben wissentlich oder unwissentlich etwas zum ihm beigesteuert. Viele haben aber auch dazu beigetragen, dass es Metropol FM überhaupt gibt und ich die Gelegenheit hatte, die (Parallel-)Gesellschaft nicht nur zu besichtigen, sondern auch zeitweise in ihr zu leben. Ich habe mich dort sehr wohl gefühlt. Denn an Herzenswärme, Freundlichkeit und Höflichkeit sind Menschen aus der türkischen Kultur nicht zu übertreffen. Sie haben mir auch meine Ablehnung des Döners und weiterer Produkte aus ihrer bestimmt trefflichen Küche nicht übel genommen. Auch haben sie sich nicht daran gestört, dass ich bei türkischen Festessen nicht mit getanzt und gesungen habe.

Sizinle geçirdiğim zaman çok güzeldi. Kitapta emeği geçen herkese sonsuz teşekkürlerımı ıletıyorum. Sız olmasaydınız bu kitap olamazdı. Umarım benim de sızın artık toplum tarafından sorun olarak değıl, Türk kültürüne aıt bıreyler olarak algılanmanızda katkım olmuştur. Olduğunuz gıbı kalın.

(Es war schön bei euch und ich danke allen, die ihren Beitrag zu diesem Buch beigesteuert haben. Ohne Euch wäre es nie zustande gekommen. Ich hoffe, ich konnte einiges dazu beigetragen, dass ihr als Menschen aus der türkischen Kultur wahrgenommen werdet und nicht als Problemfälle. Bleibt so wie ihr seid.)

Güle, Güle: Akin, Aksu, Asli, Azis, Bettina, Burhan, Ceyhun, Claudia, Ender, Franziska, Fred, Gabriele, Gülsah, Gulsah, Hakan, Hans Otto, Heinz-Werner, Herbert F., Koray, Mehmet, Monira, Murat, Nur, Oliver C. D., Oliver G., Paul, Serkan, Sirin, Tamer, Taner, Thomas S., Zeynep

Teşekkür Ederım
(danke schön)

Die Idee zu diesem Buch hatte ich schon im Herbst 2007, aber leider sind meine ersten Bemühungen der Kontaktaufnahme zur Verlagsbranche im Sand verlaufen. Also blieb das Buch erst einmal ein Textfragment, welches ich zur Seite legte. Im Sommer 2009 stöberte ich noch einmal in den Texten und beschloss einen neuen Anlauf zu wagen. Dank des Fachmanns Oliver Gorus klappte es diesmal auf Anhieb. Er vermittelte mir nicht nur irgendeinen Verlag, sondern ein renommiertes Haus. Harald Kämmerer ist es zu verdanken, dass mein Buch eine exponierte Stelle im Verlagsprogramm erhielt. Ein Text muss immer auch korrigiert werden – vielen Dank dafür an Bettina Burchardt von der Agentur Gorus. Sie hat die Texte behutsam redigiert und mir bei manch einer schwierigen Passage geholfen.

Özgür, teşekkür ederim, hat als arkadaşim (mein Freund) immer bei der einen oder anderen Frage von mir über türkische Lebens- und Sichtweisen als Ratgeber zur Verfügung gestanden.

Vielen Dank Iris, Stefan und Gerald, ihr wisst warum.
Ich danke Andrea, Hannah und Julian. Ohne euch wäre es nicht gegangen.